普通高等学校应用型教材·国际贸易

数字贸易

刘春生 主 编

中国人民大学出版社
·北京·

内容简介

数字贸易是国际经济学界的热门研究课题，也是国际贸易新的驱动力量，正在成为各国政府、企业、行业组织、学界关注的焦点。它的兴起改变了传统贸易模式，带来了更高效、更便捷、更全球化的贸易方式。本书主要介绍数字贸易的基本概念、发展历程、技术支持、政策环境、风险挑战、未来趋势等方面的内容。其中不仅包括数字贸易的主要形式、数字贸易的发展与全球治理、数字贸易的基础设施与宏观环境、数字服务贸易、数据贸易和跨境电商等问题，还对数字贸易在全球经济中的地位和前景进行了展望。本书适合国际贸易、数字经济、信息技术等领域的专业人士和学生阅读，也适合对数字经济和全球化贸易感兴趣的读者参考。

作者简介

刘春生，中央财经大学副教授，硕士生导师，中国人民大学经济学院经济学博士，特华博士后科研工作站博士后，研究方向为贸易与金融。2006 年 7 月进入中央财经大学任教，2013—2016 年担任中央财经大学国际经济与贸易学院副院长，中澳合作项目副主任。国内多家媒体财经评论员；中国证券业协会专家组成员；中国新闻网签约专家；泰国正大管理学院博士生导师，MBA 授课教师。主持或参与多项国家级、省部级课题，在各类期刊上发表论文 50 余篇，曾获教育部第六届高等学校科学研究优秀成果奖（人文社会科学），并多次荣获中央财经大学滋兰树蕙优秀教师奖、诚心优秀教学奖、涌金优秀教学奖。

出版说明

应用型本科教育对于满足中国经济社会发展对高层次应用型人才的需要以及推进中国高等教育大众化进程起到了积极的促进作用。人们已经越来越清醒地认识到，实践教学是培养学生实践能力和创新能力的重要环节，也是提高学生的职业素养和就业竞争力的重要途径。许多非研究型院校师生反映，市场上现有的国际贸易教材大多重理论轻实践，难以满足应用型本科院校的人才培养需要。根据这些院校的特点和培养目标，他们认为教材内容不仅要包含本领域的基本理论问题，让学生对基本概念、基本原理有完整的掌握，而且要包含本领域的实践问题，让学生掌握一定的实务操作方法，以应对未来工作的挑战。本着这一要求，中国人民大学出版社组织浙江大学、西北大学、安徽大学、西安翻译学院、北京第二外国语大学、天津财经大学、广东外语外贸大学、大连海事大学、广东海洋大学、沈阳师范大学等高校的一线教师和专家、学者，设计推出了这套"普通高等学校应用型教材·国际贸易"。这套教材突出了以下几点：

第一，教材内容深入浅出、详略得当、结构合理、难度适中，数据翔实可靠，引用案例新颖，力求体现当前国际贸易领域的最新发展。

第二，根据应用型本科的人才培养目标，教材强化了各项业务的操作规程和实践做法，通过对案例的分析和点评让学生对实务操作有一个真切的体验。

第三，压缩了教材的篇幅，学生可以通过网络获取学习资料、练习题等相关内容，从而减轻了学生的负担。

我国应用型本科教育理念还未完全确立，对应用型本科的教育思路、教学规律、专业建设、教学方法、人才培养模式等关键问题尚未透彻理解和深刻把握，对建设应用型本科院校及专业的路径和方法还处于摸索当中，因此在这套教材的编写方面，出版社并没有提出过于严格的要求，只是在教材的定位、篇幅、编写体例上提出了一些原则性建议，具体编写工作则实行主编负责制，由作者全权处理各教材的编写工作，并对各自编写的内容负责。

这套教材的出版凝结了所有参编教师、专家和学者的辛劳与智慧，凝结了他们对应用型本科人才培养的探索和追求，在此一并表示感谢！

真诚地期待广大教师、学生和其他读者的批评及意见。

中国人民大学出版社

前言

随着全球数字经济的崛起和发展，数字贸易已经成为各国经济发展和国际贸易的重要组成部分。数字贸易通过互联网和数字技术手段，为企业和消费者提供了全新的商业机会和服务方式。同时，数字贸易也带来了挑战和机遇，需要各国政府、企业和社会各界共同努力，促进数字经济的可持续发展和国际贸易的繁荣。数字贸易也已经成为一种新的商业模式和经济形态，其影响已经深刻地改变了传统的商业方式和贸易模式。

数字贸易的兴起，不仅加速了全球市场的融合和互通，而且为中小企业和发展中国家提供了更广阔的市场机会。数字贸易的优势在于，其通过数字化、网络化的手段，突破时间和空间限制，可以大大降低交易成本，提高效率，拓宽市场，促进贸易平衡和经济发展。

数字贸易的发展已经成为不可阻挡的趋势，其主要表现包括：

（1）跨境电商将继续快速增长。跨境电商平台的普及和消费者对国际商品的需求将继续推动跨境电商的快速增长。预计到 2025 年，全球跨境电商市场规模将达到 4.5 万亿美元。

（2）服务贸易将成为数字贸易的新趋势。随着数字技术的普及，数字服务的需求将不断增长。预计到 2025 年，全球数字服务贸易市场规模将达到 1.5 万亿美元。

（3）数字技术的应用范围将不断拓展。人工智能、大数据、区块链等数字技术的应用范围将不断拓展，这将推动数字贸易的发展，并带来更高效、更便捷的贸易方式。

（4）数据隐私和网络安全将成为数字贸易的重要问题。数据隐私和网络安全是数字贸易中的重要问题，保护消费者的个人信息和网络安全将成为政府和企业的重要任务。

（5）本地化趋势将加强。在数字贸易的发展过程中，本地化趋势将逐渐加强。这意味着数字贸易平台需要更好地适应当地的文化、语言和法律法规等环境，以提供更好的服务。

未来数字贸易将继续快速增长，并带来更多机遇和挑战。政府和企业需要积极应对数字贸易的发展趋势，制定相应的政策和战略，以实现数字贸易的可持续发展。

数字贸易的发展对专业人才的培养提出了新的要求，为此，我们编写了《数字贸易》。本教材以习近平新时代中国特色社会主义思想为指导，全面落实党的二十大精神。在吸收相关教材宝贵经验的基础上，本教材的编写团队大量参考数字贸易的政策、法规、新闻、评论、学术论文，突出课程思政与案例教学，将理论与实践相结合、前沿动态与形势分析相结合，试图为学生展现数字贸易的全景。

本教材在梳理数字贸易发展脉络的基础上，介绍了数字贸易的基本概念、特点和发展趋势，以及数字贸易的政策和法律法规等相关内容，试图为参与数字贸易和推动数字经济发展提供理论和实践指导。通过本教材的学习，读者将深入了解数字贸易的基本知识和运作方式，掌握数字贸易的发展趋势和应对策略。

本教材既适用于数字经济、国际贸易等相关专业的学生和研究人员，也适用于从事数字贸易的企业和机构，以及政府相关部门的决策者和管理者。我们希望本教材能够为读者提供全面、系统、实用的数字贸易知识和思路，促进数字经济的发展和国际贸易的繁荣。

本教材由中央财经大学国际经济与贸易学院刘春生担任主编并统稿、定稿，参加编写的人员主要为中央财经大学一线教学、科研人员，分工如下：第1章：刘春生；第2、10章，刘春生、杨斯佳；第3、7章：刘春生、安妮；第4、9章：刘春生、马晶；第5、8章：刘春生、岳丽红；第6章：刘春生、叶维曼。刘春生、金丹负责制作了本教材的全部课程资源（教学大纲、教学案例、课程思政、课后习题解析、课程PPT、教学进度表、试题库）。由于编者水平有限，疏漏在所难免，恳请读者批评指正。

目录

第1章 导论

案例导入

2022年12月14日，由浙江省人民政府和商务部联合主办，杭州市人民政府、浙江省商务厅和商务部外贸发展事务局共同承办的首届全球数字贸易博览会（简称数贸会）顺利闭幕。数贸会是目前唯一经党中央、国务院批准的以数字贸易为主题的国家级、全球性的专业博览会，是贯彻落实党的二十大关于“发展数字贸易，加快建设贸易强国”决策部署的重要举措，也是全国在新的疫情防控形势下举办的首个国家级重大展会，意义重大。本届展会围绕“数字贸易 商通全球”主题，聚焦数字贸易全产业链，科学统筹疫情防控和投资贸易促进，呈现了8万平方米的专业展览展示，取得了丰硕成果。

数贸会聚焦数字贸易全产业链，设置1个综合馆，数字品牌、数字物流、数字内容、数字消费、数字技术和跨境电商6个专业馆，吸引了亚马逊、特斯拉、惠普、阿斯利康、阿里巴巴、腾讯、百度、网易、中兴通讯、科大讯飞等800余家境内外头部企业参展，预计意向贸易成交额达374亿元，极大提振了参展企业开拓市场的信心。286家企业315项产品进行了“首发”“首展”“首秀”，后量子密码平台、国产云计算操作系统、时空遥感云服务平台、元宇宙开放平台、未来社区健康场景解决方案等一大批新产品、新技术、新服务集中亮相。

资料来源：成果发布！首届全球数字贸易博览会圆满闭幕. 今日浙江公众号，2022-12-14.

学习目标

掌握数字贸易的基本概念；理解数字贸易与其他相关概念的异同；了解数字贸易崛起的原因；理解数字贸易的基本特征；了解数字贸易的研究对象；掌握数字贸易的学习方法。

形势分析

中共中央 国务院印发《数字中国建设整体布局规划》

近日，中共中央、国务院印发了《数字中国建设整体布局规划》（以下简称《规划》），并发出通知，要求各地区各部门结合实际认真贯彻落实。

《规划》指出，建设数字中国是数字时代推进中国式现代化的重要引擎，是构筑国家竞争新优势的有力支撑。加快数字中国建设，对全面建设社会主义现代化国家、全面推进中华民族伟大复兴具有重要意义和深远影响。

《规划》强调，要坚持以习近平新时代中国特色社会主义思想特别是习近平总书记关于网络强国的重要思想为指导，深入贯彻党的二十大精神，坚持稳中求进工作总基调，完整、准确、全面贯彻新发展理念，加快构建新发展格局，着力推动高质量发展，统筹发展和安全，强化系统观念和底线思维，加强整体布局，按照夯实基础、赋能全局、强化能力、优化环境的战略路径，全面提升数字中国建设的整体性、系统性、协同性，促进数字经济和实体经济深度融合，以数字化驱动生产生活和治理方式变革，为以中国式现代化全面推进中华民族伟大复兴注入强大动力。

《规划》提出，到2025年，基本形成横向打通、纵向贯通、协调有力的一体化推进格局，数字中国建设取得重要进展。数字基础设施高效联通，数据资源规模和质量加快提升，数据要素价值有效释放，数字经济发展质量效益大幅增强，政务数字化智能化水平明显提升，数字文化建设跃上新台阶，数字社会精准化普惠化便捷化取得显著成效，数字生态文明建设取得积极进展，数字技术创新实现重大突破，应用创新全球领先，数字安全保障能力全面提升，数字治理体系更加完善，数字领域国际合作打开新局面。到2035年，数字化发展水平进入世界前列，数字中国建设取得重大成就。数字中国建设体系化布局更加科学完备，经济、政治、文化、社会、生态文明建设各领域数字化发展更加协调充分，有力支撑全面建设社会主义现代化国家。

《规划》明确，数字中国建设按照“2522”的整体框架进行布局，即夯实数字基础设施和数据资源体系“两大基础”，推进数字技术与经济、政治、文化、社会、生态文明建设“五位一体”深度融合，强化数字技术创新体系和数字安全屏障“两大能力”，优化数字化发展国内国际“两个环境”。

资料来源：中共中央 国务院印发《数字中国建设整体布局规划》. 中国政府网，2023-02-27.

关键概念

数字贸易 数字经济 贸易数字化 数字服务贸易 跨境电商

1.1 数字贸易的基本概念

一、数字贸易的内涵

数字贸易无疑是国际经济学界研究的热门课题，也是国际贸易新的驱动力量，正在成为各国政府、企业、行业组织、学界关注的焦点。但数字贸易是一种新的、仍在发展中的贸易形式，其概念与内涵在不断变化，对其争论也从未停止过，相信未来随着科技的进步、贸易模式和商业模式的变化，数字贸易的概念仍将不断调整和更新。

2012 年，美国商务部经济分析局在《数字化服务贸易的趋势》中提出了“数字化服务贸易”的概念，指由于信息通信技术进步而实现的跨境服务贸易，包括金融和保险服务，商业、技术、咨询服务，版权和许可费服务，通信服务等。2013 年，美国国际贸易委员会提出，数字贸易是指通过互联网传输产品与服务的国内商务和国际贸易活动。2014 年，该委员会对数字贸易的定义进行了调整，认为数字贸易是互联网和互联网技术在产品与服务的生产、订购和交付中发挥重要作用的国内商务与国际贸易活动。2017 年，美国贸易代表办公室指出，广义而言，数字贸易不仅包括个人消费品在互联网上的销售以及在线服务的提供，还包括全球价值链的数据流和智能制造服务的实现，以及其他平台和应用。

国内研究机构、学者对数字贸易内涵的探讨也随着中国互联网经济的大发展而异常活跃。2018 年，国务院发展研究中心《面向大数据时代的数字经济发展举措研究》课题组从贸易的传输通道、交换手段及结算方式角度对数字贸易进行了定义。2020 年，国家工业信息安全发展研究中心发布了《2020 年我国数字贸易发展报告》，指出数字贸易是以数字技术为内在驱动力，以信息通信网络为主要交付形式，以服务和数据为主要标的的跨境交易活动，不仅包括传统服务贸易的数字化转型，而且涵盖了数字技术催生的新模式新业态。

浙江大学马述忠教授等在结合数字贸易发展现状及以往研究定义的基础上，基于中国发展情况对数字贸易重新做了更为全面的定义：数字贸易是以现代信息网络为载体，通过信息通信技术的有效使用实现传统实体货物、数字产品与服务、数字化知识与信息的高效交换，进而推动消费互联网向产业互联网转型并最终实现制造业智能化的新型贸易活动，是传统贸易在数字经济时代的拓展与延伸。该定义认为数字贸易是智能制造发展的基础，进一步深化了数字贸易在国家战略和经济增长中的重要性与基础作用。

前瞻产业研究院认为，数字贸易应指被列在服务贸易下的数字贸易以及贸易数字化。而依据《数字贸易 通用术语》（T/ZADT 0001—2021）团体标准，数字贸易是针对实物商品、数据、数字产品、数字化服务等贸易对象，采用数字技术进行研发、设计、生产，并通过互联网等信息通信技术手段，为用户交付产品和服务的贸易新形态。

综合以上内容，本书认为随着国际贸易和数字经济的发展，数字贸易的内涵正在不断扩大，既包括贸易产品的数字化，如数据交易、数字服务交易、数字化产品交易，也包括贸易方式的数字化，即商品借助于数字化的交易平台、媒介来进行国际贸易。

二、数字贸易与跨境电商

把数字贸易和跨境电商混用的研究不在少数，不过，本书认为，跨境电商和数字贸易涵盖的范畴有着很大不同。

跨境电商是指地理上处于不同关境的买卖双方，通过互联网平台完成浏览、比价、咨询、下单、在线支付等环节，然后利用跨境仓储和物流，最终将商品从卖方送到买方手中的一种国际商务活动。其中，产品或服务入境的称为跨境电商进口；反之，出境的则称为跨境电商出口。跨境电商也可以按照交易主体的不同，分为企业间（B2B）跨境电商、企业对个人（B2C）跨境电商和个人对个人（C2C）跨境电商。从本书的分析来看，数字贸易是比跨境电商更为宽泛的一个概念，数字贸易不仅涵盖数字化形式实现的产品和服务的贸易，主要包括数字化产品和数字化服务的贸易（如在线购买国外的音乐、游戏、网络服务、金融服务等），还涵盖了基于数字化平台实现的传统货物贸易（如跨境电商）。因此，本书的数字贸易概念包含了跨境电商的范畴。

三、数字贸易与数字经济

从概念和内涵来看，数字经济很显然具有更宽泛的外延，经济合作与发展组织（OECD）从生态系统视角对数字经济的范围进行了界定——数字经济是一个由数字技术驱动的、在经济社会领域发生持续数字化转型的生态系统，该生态系统至少包括大数据、物联网、人工智能和区块链。G20 杭州峰会发布的《二十国集团数字经济发展与合作倡议》将数字经济定义为：以使用数字化的知识和信息作为关键生产要素、以现代信息网络作为重要载体、以信息通信技术的有效使用作为效率提升和经济结构优化的重要推动力的一系列经济活动。国务院发布的《"十四五"数字经济发展规划》对数字经济的定义是：数字经济是以数据资源为关键要素，以现代信息网络为主要载体，以信息通信技术融合应用、全要素数字化转型为重要推动力，促进公平与效率更加统一的新经济形态。

数字经济既包括国内的数字经济活动，也包括国际的数字经济活动，而数字贸易很显然是国际贸易活动。数字经济包含数字贸易的范畴，是数字经济在贸易领域的具体化表现，同时，数字贸易也不断丰富着数字经济的形态与模式。

1.2 数字经济时代的到来

一、数字经济的出现

互联网是 20 世纪以来全球最伟大的发明之一。20 世纪 90 年代，互联网以超乎寻常的增长趋势，爆炸性地向经济和社会各个领域进行广泛的渗透和扩张。进入 21 世纪，互联网信息技术可谓日新月异，从台式机到笔记本电脑，从有线网络到无线网络再到移动互联，在经历了 web 1.0 和 web 2.0 时代之后，正在昂首迈进web 3.0 时代。由于互联网的发展，曾经横亘在地球村各个节点的物理距离正在被急剧缩小，而人类生产、生活、消费、投资乃至贸易的空间正在急剧膨胀，互联网在经济、社会、生活中无孔不入，掀起了社会生产和全球消费的新变革。全球的信息快速流动不仅改变着各国产业、经济、贸易、安全的格局，而且带来了国家治理的新挑战。

人们对这种社会经济变革充满各种幻想并进行热烈讨论，信息社会、知识经济、信息经济、网络经济等用于描述该变革的名称接踵而来。在此背景下，1998 年美国商务部公开采用“数字经济”来描述信息技术给美国经济以及世界经济带来的社会变革。“数字经济”的提法真实反映了目前世界所面临的由于数字网络和信息技术带来的经济社会变革，且出于政府权威部门，所以得到广泛认可。

各国对数字经济时代的到来都保持着热切关注。早在 1997 年，日本通产省就提出了“数字经济”的概念，认为它包括四个特征：(1) 没有人员、物体和资金的物理移动的经济是可能的；(2) 合同签订、价值转移和资产积累可用电子手段完成；(3) 作为“数字经济”基础的信息技术将高速发展；(4) 电子商务将广泛拓展，数字信息将渗入人类生活的各个方面。

数字经济首先是一场由数字技术推动的经济革命。当前在以美国为首的发达国家中，这场数字化革命正在以数字技术的不断创新为推动力、以开放的知识为基础，从制造领域、管理领域、流通领域的数字化扩展到包括政府宏观调控的一切经济领域，逐渐形成一个经济体系。该体系是从微观基础的创新出发，通过中观产业发展，进一步渗透并影响到整个经济领域乃至整个社会领域。

数字经济是继农业经济、工业经济之后的主要经济形态，是以数据资源为关键要素，以现代信息网络为主要载体，以信息通信技术融合应用、全要素数字化转型为重要推动力，促进公平与效率更加统一的新经济形态。数字经济发展速度之快、辐射范围之广、影响程度之深前所未有，正推动生产方式、生活方式和治理方式深刻变革，成为重组全球要素资源、重塑全球经济结构、改变全球竞争格局的关键力量。

数字经济包括两个方面：产业数字化和数字产业化。产业数字化是传统产业的数字化过程，主要是应用数字技术带来了产出增加和生产效率的提升等，包括但不限于工业互联网、两化融合、智能制造、车联网、平台经济等融合型新产业、新模式、新业态。而数字产业化指的是数字技术形成产业的过程，为数字经济整体进步提供了基础的技术、产品、服务和解决方案等的产业即信息通信产业，包括电子信息制造业、电信业、软件和信息技术服务业、互联网行业等。

二、数字经济的特征

1. 数据为王

在数字经济时代，信息技术深度渗入各个行业，促成其数字化并积累大量数据资源，进而通过网络平台实现共享和汇聚，通过挖掘数据、萃取知识和凝练智慧，又使行业变得更加智能。

在信息化浪潮中，业务流程高度数字化，数据在公司内部实现了高效采集与储存；数据作为支持性工具，帮助公司实现全球业务可查、可控、可追溯。平台的出现，使数据的流动与共享成为可能；人工智能等新技术的应用，显著提升了数据挖掘的广度、深度和速度。从数据挖掘出发，颠覆原有商业模式，建立全新的商业生态，成为新的发展路径。

数字经济始终围绕数据这个核心生产要素的感知、采集、传输、存储、计算、分析和应用，来重构企业和经济发展的强大驱动力。消费互联网和产业互联网对传统流通、消费、生产体系的淘汰、升级、融合、重组、优化等作用，其背后的经济逻辑都必须基于对数据的判断、预测和精准匹配。数据作为生产要素具有即时性、共享性、边际生产率递增等特征，数字技术与传统生产要素相融合，可以通过算法优化传统生产要素的配置效率，提高包括物质资本、人力资本、公共资本、土地、技术等其他生产要素的边际生产率，进而有利于实现递增的规模经济报酬。在数据、算法和算力的驱动下，数字经济可以实现线上线下全网、全域、全渠道，端到端的全链条、全流程、全场景的连接，打造丰富的人与机器无缝衔接的应用场景，使人工和机器的分工合作达到高效的协同水平。

2. 创新共享

数字技术使创新主体之间的知识分享和合作更高效；多样化的创新主体主动适应数字化技术以创造新产品和新服务，使得数字创新产品和服务具有快速迭代的特征。此外，数字技术形成了产品与组织的松耦合系统，使产品和服务创新更加灵活，组织协调沟通成本降低，并且突破了时空界限，带来了组织的去中心化。无处不在的信息基础设施、按需服务的云模式和各种商贸、金融等服务平台降低了参与经济活动的门槛，使得数字经济出现“人人参与、共建共享”的普惠格局。

3. 开放融合

新一代信息技术发展使创新过程脱离了从知识积累、研究到应用的线性链条规律，创新阶段边界逐渐模糊，各阶段相互作用，创新过程逐渐融为一体。通过数据的开放、共享与流动，促进组织内各部门间、价值链上各企业间，甚至跨价值链跨行业的不同组织间开展大规模协作和跨界融合，实现价值链的优化与重组。数字经济时代各类数字化平台加速涌现，以开放的生态系统为载体，将生产、流通、服务和消费等各个环节逐步整合到平台，推动线上线下资源有机结合，创造出许多新的商业模式和业态，形成平台经济。网络平台的出现为传统经济注入新的活力。尤其是平台的强连接能力可以加速产业的跨界融合和协同生产进程，同时形成产业数字化集聚。

三、全球数字经济的现状

世界正在进行一场大范围、深层次的数字技术革命和生产变革。大数据、区块链、云计算以及人工智能等数字信息技术得到了突破性发展和迅速、广泛的应用，使得全球各个国家和地区的经济利益关系更紧密地联系在一起。

2020 年新冠疫情暴发，对世界经济影响巨大而深远，并在客观上加速了世界的数字化进程，数字技术变革逐渐成为重新组合世界要素资源、重新塑造世界经济结构、重新调整世界经济格局的重要力量。

全球各个国家和地区高度重视数字技术和数字经济的发展，争先加大数字技术研发投入，制定数字经济发展战略，推动传统经济的数字化转型。数字经济是全球未来的发展方向。面对外部冲击，数字经济实现逆势增长，体现出明显的发展韧性，成为全球经济复苏和发展的重要动力。

2021 年，全球 47 个国家的数字经济增加值规模达到 38.1 万亿美元，同比名义增长 15.6%，占 GDP 的比重达到 45.0%。截至 2021 年底，全球有 145 个国家和地区的 487 家运营商已投资 5G 网络，固定宽带网络迈入千兆时代，低轨卫星互联网成为全球竞争焦点。产业数字化仍是数字经济发展的主引擎，占数字经济的比重为 85%，其中，第三产业数字化引领行业转型发展，一、二、三产业数字经济占行业增加值的比重分别为 8.6%、24.3%和 45.3%。

发达国家数字经济领先优势明显，2021 年，发达国家数字经济规模达到 27.6 万亿美元，占 47 个国家总量的 72.4%。从占比看，发达国家数字经济占 GDP 的比重为 55.7%，远超发展中国家 29.8%的水平。从增速看，发展中国家数字经济同比名义增长 22.3%，高于同期发达国家数字经济增速 9.1 个百分点。

目前，中国、美国和欧洲形成全球数字经济发展的三极格局。2021 年，从规模看，美国数字经济蝉联世界第一，规模达 15.3 万亿美元，中国位居第二，规模为

7.1万亿美元。从占比看，德国、英国、美国数字经济占GDP的比重均超过65%。从增速看，全球主要国家数字经济高速增长，挪威数字经济同比增长34.4%，位居全球第一。①

中国数字经济发展成效显著，已成为全球数字经济发展的领头羊。中国数字经济以10年为周期，实现持续的演化和迭代：第一个10年，以门户网站、搜索引擎为代表的流量经济成长壮大，信息内容服务成为主流；第二个10年，电子商务迅猛发展，社交网络开始出现，商品交换、流通和消费方式加快变革；第三个10年，平台经济和共享经济兴起，生活服务数字化、消费行为在线化、社会资源共享化全面普及。

“十四五”时期，中国数字经济步入体系构建新阶段。在深化应用层面，数字经济和实体经济深度融合，制造业数字化转型成为发展的主战场；在规范发展方面，围绕技术、数据、平台、算法等方面的数字经济治理逐渐成为新常态；在普惠共享方面，数字经济的发展红利逐渐向不同区域、不同主体持续扩散；在国际合作方面，中国将加快贸易数字化，构建良好的数字经济对外合作制度和环境，推动更广范围的数字经济伙伴圈建设，践行推动数字经济国际合作的承诺。

四、数字经济前沿技术

1. 大数据

大数据是指一种规模大到在获取、存储、管理、分析方面大大超出了传统数据库软件工具能力范围的数据集合，具有海量的数据规模、快速的数据流转、多样的数据类型和价值密度低四大特征。大数据技术的战略意义不在于掌握庞大的数据信息，而在于对这些含有意义的数据进行专业化处理。换而言之，如果把大数据比作一种产业，那么这种产业实现盈利的关键在于提高对数据的“加工能力”，通过“加工”实现数据的“增值”。2021年，中国大数据产业规模增加到1.3万亿元，复合增长率超过30%。大数据产业创新能力不断增强，2021年中国发表的大数据领域论文量占全球的31%，大数据相关专利受理总数在全球超过50%。大数据产业生态持续优化，2021年中国大数据市场主体总量超过18万家，一批大数据龙头企业快速崛起，初步形成了大企业引领、中小企业协同、创新企业不断涌现的发展格局。市场前景广受认可，中国大数据领域投融资金额多年来总体呈现上升趋势，2021年大

① 资料来源：中国信息通信研究院发布的《全球数字经济白皮书（2022年）》。

数据相关企业获投资总金额超过 800 亿元，再创历史新高。①

2. 人工智能

人工智能是计算机科学的一个分支，它企图了解智能的实质，并生产出一种新的能以与人类智能相似的方式做出反应的智能机器，该领域的研究包括机器人、语言识别、图像识别、自然语言处理和专家系统等。人工智能已成为全球性战略，引起世界各国高度关注。目前已有多个国家出台了明确的人工智能战略，关注的焦点在于数据与计算资源、人才培养、技能培训与再就业、军事应用等。人工智能前沿技术不断推陈出新，深度学习、卷积神经网络、迁移学习、共识等已成为当下最新前沿。人工智能正向第三代迈进，第三代人工智能将充分利用的四个要素是知识、数据、算法和算力，知识驱动和数据驱动是典型特征。

扩展阅读

智慧医疗的“福州样本”：智医助理为基层医疗减负增效

3. 云计算

云计算是分布式计算的一种，指的是通过网络“云”将巨大的数据计算处理程序分解成无数个小程序，然后通过多部服务器组成的系统处理和分析这些小程序从而得到结果并返回给用户。由于云计算具有集约建设、资源共享、规模化服务、服务成本低等显著经济效益，已经成为数字经济时代的主要计算模式。自 2006 年谷歌首次提出云计算概念以来，云计算市场规模不断扩大。根据 Gartner 公司的统计，2021 年以 IaaS、PaaS、SaaS 为代表的全球公有云市场规模达到 3 307 亿美元，增速达 32.5%。中国云计算市场也持续高速增长，成为全球重要的云计算市场。2021 年中国云计算市场规模达 3 229 亿元，同比增长 54.4%。其中，公有云市场规模为 2 181亿元，同比增长 70.8%；私有云市场规模为 1 048 亿元，同比增长 28.7%。

4. 物联网

物联网（Internet of Things，IoT）即“万物相连的互联网”，是在互联网基础上延伸和扩展的网络。它是将各种信息传感设备与网络结合起来而形成的一个巨大网络，实现任何时间、任何地点，人、机、物的互联互通。IDC（国际数据公司）数据显示，2021 年全球物联网企业级投资规模约为 6 812.8 亿美元，有望在 2026 年增至 1.1 万亿美元，五年复合增长率为 10.8%。②

---

① 资料来源：中国信息通信研究院发布的《大数据白皮书（2022 年）》。

② 资料来源：IDC 发布的 2022 年《全球物联网支出指南》。

5. 虚拟现实

虚拟现实技术，又称虚拟实境或灵境技术，是20世纪发展起来的一项全新的实用技术。虚拟现实技术囊括计算机、电子信息、仿真技术，其基本实现方式是以计算机技术为主，利用并综合三维图形技术、多媒体技术、仿真技术、显示技术、伺服技术等多种高科技的最新发展成果，借助计算机等设备产生一个逼真的三维视觉、触觉、嗅觉等多种感官体验的虚拟世界，从而使处于虚拟世界中的人产生一种身临其境的感觉。随着社会生产力和科学技术的不断发展，各行各业对虚拟现实技术的需求日益旺盛。虚拟现实技术也取得了巨大进步，并逐步成为一个新的科学技术领域。

扩展阅读

虚拟现实正成为数字经济新引擎

根据IDC最新发布的数据，2021年全球增强现实/虚拟现实总投资规模接近146.7亿美元，并有望在2026年增至747.3亿美元，复合增长率将达38.5%。其中，中国市场复合增长率预计达43.8%，增速位列全球第一。2021年中国增强现实/虚拟现实市场IT相关支出规模约为21.3亿美元，并有望在2026年增至130.8亿美元，成为全球第二大单一国家市场。其中，增强现实支出规模以49.0%的复合增长率快速增长，虚拟现实支出规模以41.5%的复合增长率保持稳定增长。虚拟现实技术在2022—2026年的五年预测期内仍是用户关注的主要领域，将吸引70%左右的增强现实/虚拟现实市场相关投资。①

6. 网络空间与安全

网络空间正逐渐成为国家之间，特别是大国博弈的重要领域和工具，已成为国家安全战略中的重要议题。随着数字经济进程的不断深入，人类社会对数字化的依赖程度越来越高，网络安全问题的重要性也就愈发凸显。网络自身的系统安全、网络病毒攻击、网络犯罪、网络虚假信息、网络舆情治理等问题都给网络发展带来了不小的挑战。

7. 未来信息通信

第五代信息通信技术（5G）自商用以来，以推进数智化转型、实现高质量发展为主线，正加速推动消费升级、生产增效及社会和谐。5G的蓬勃发展牵引着大数据、云计算、人工智能等技术，以及芯片、器件等交叉领域的快速发展和相互融合。

① 资料来源：IDC发布的2022年《全球增强与虚拟现实支出指南》。

与5G相比，跨领域、跨学科的泛信息技术（即支撑或影响信息通信发展的交叉跨界技术）将在6G中加速融合，发挥巨大的催化剂作用。我们期待其能够突破6G产业发展中面临的超高带宽、确定性时延、低功耗、低成本、高安全、易部署运营等核心挑战，推动社会走向“数字孪生”和“智慧泛在”，真正实现虚实智能融合交互的“元宇宙”世界。

五、数字经济的挑战与未来

1. 数字经济带来的挑战

数字鸿沟造成数字经济发展极不平衡。数字鸿沟是指在全球数字化进程中，不同国家、地区、行业、企业、社区之间，由于对信息、网络技术的拥有程度、应用程度以及创新能力的差别而造成的信息落差及贫富进一步两极分化的趋势。国际电信联盟发布的《衡量数字化发展：2022年事实和数字》报告显示，当前全球约有53亿人可以上网，但仍有27亿人不能上网，数字发展不平衡问题依然突出。

数字战略竞争成为地缘经济变动新诱因。技术进步不可避免地存在跨国溢出现象，导致技术创新国在国际贸易投资或技术转移的过程中丧失对新技术的控制权。一方面，发达国家出于国家安全和既有利益考虑，对技术合作制度和技术研发项目等倍加敏感并严格限制，促使国际局势日益紧张甚至出现国际冲突；另一方面，发展中国家面临急剧变革的国际政治经济环境及科技能力分布不均衡的问题。

2. 数字经济的未来

当前，百年变局和世纪疫情叠加交织，国际力量对比深刻调整，全球经济未来发展主动权的竞争焦点日益向数字经济集中。领先国家和地区纷纷实施前瞻性战略，加强对数字技术和产业的优先布局，推进数字化应用，强化数据安全流通治理，抢抓数字经济发展机遇。美国推动实施《美国数字经济议程》《2021年创新和竞争法案》等，聚力人工智能、量子计算、先进制造、5G等关键数字技术领域发展。欧盟出台《塑造欧洲数字未来》《欧洲数据战略》《欧洲数字主权》《2030数字罗盘》等政策文件，谋划欧洲数字经济领域领先优势。日本提出“互联工业”“社会5.0”“数字新政”等战略，争取半导体材料、关键元器件领域全球领先地位，谋求以数字经济拉动经济增长和社会变革。数字经济作为技术产业主导权的新高地、国际治理话语权的新领域，正推动重塑全球竞争格局。

作为数字经济发展的基础，数字基础设施建设也将成为未来国际竞争的主要赛道。数字革命时代加速到来，数字基础设施成为国家核心竞争优势之一，且日益成为大国之间博弈的前沿。

各主要国家和地区的数字经济相关战略会陆续深入实施，普遍将运用互联网、大数据、人工智能等新一代信息技术赋能先进制造业，积极推进从生产要素到创新体系、从业态结构到组织形态、从发展理念到商业模式的全方位变革突破，持续催生个性化定制、智能化生产、网络化协同、服务型制造等新模式、新业态，推动形成数字经济与实体经济深度交融、物质与信息耦合驱动的新型发展模式。

数字经济创新发展对现有国际规则体系带来新的挑战，国际规则亟待重塑。数字经济领域现有的合作成果是推动构建数字经济规则和数字经济治理体系的前提和基础。全球性的数字经济规则构建将依赖于现有的合作共识，并依托数字经济的共通得到不断深化。

1.3 贸易数字化

一、贸易数字化的内涵

贸易数字化是以贸易为龙头、以产业为主体、以平台为支撑、以数据为驱动的全流程数字化。从概念来看，贸易数字化实际上涉及的是数字贸易中贸易方式的数字化，贸易数字化更多的是一种过程，一种动态调整，一种转型升级。

贸易数字化既包括外贸企业的数字化，也包括外贸全流程的数字化，即生产、营销、物流、仓储、支付、售后的数字化。因此，它涵盖如下方面：外贸企业本身的数字化转型升级；国际贸易中展示、洽谈、撮合等营销数字化；国内外物流、仓储数字化；海关关务数字化；外贸金融服务如贸易融资、结算、汇兑、金融风险管理的数字化；售后服务的数字化；等等。

二、外贸企业的数字化转型

外贸企业数字化转型不是简单的新技术应用，而是战略思维、组织结构、业务流程、商业模式等全方位的转型。它既是一项战略转型，也是一项系统工程，具有“千企千面”的特点，因此有必要探索符合企业自身特点的实施路径。

外贸企业领导要把数字化转型作为一个系统工程，在理念统一、目标设定、路径选择、要素投入等方面进行统筹规划、顶层设计、系统推进。要建立具有“一把手”负责制的数字化转型实施团队，并构建符合数字化运营特点的组织机制和激励机制，从而从制度层面确保数字化转型、改革创新的成功。

外贸企业要充分利用5G、物联网、云计算、边缘计算等数字技术。要推动硬件设施的系统升级、接口标准化，使设施具备互联互通和安全防护能力，形成支撑数字化转型的设施基础。

外贸企业要构建基于“云基础设施”“云计算架构”的平台，通过虚拟化和结构化手段，推动整个生产过程中的设备、系统、材料的整体资源向云端迁移，构建庞大的资源库，支持企业高效聚合和动态分配各种资源。在平台上，外贸企业对数据资源进行统筹规划、统一存储、统一管理，搭建算法库、模型库、工具库，以各类数据集成支撑数据应用创新。

基于数据的开发利用，外贸企业要推动研发、生产、管理、营销、服务等数据驱动的业务流程创新，逐步将数据作为价值创造的核心要素，形成新的数字服务和增值空间。主要包括：协同研发、智能生产、数字化管理、场景服务、能力开放等方面。

数字化是外贸企业实现效益增值和生态建设，推动价值创造机制的根本突破。通过数字化，外贸企业在提高核心技术创新能力、缩短研发创新周期、促进创新成果产业化等方面取得成效。外贸企业通过数字化实现节约成本、减少库存、降低能耗等。

在数字贸易时代，贸易的数字化转型要特别注意中小微外贸企业的诉求、难点与痛点。中小微外贸企业“千企千面”，行业覆盖广、数字化需求差异大，需要多方携手推进，破解企业“不想转、不敢转、不会转”难题。数字化转型是系统工程，具有很强的综合性、交叉性和复杂度，同时，中小微外贸企业数字化转型基础不足，难以清晰定位自身转型水平和转型方向。中小微企业是数字经济的最大参与者、最大获益者。在加强政策支持的同时，需要引导数字化服务商在提供服务时围绕企业运营中的痛点，分阶段、分场景为中小微企业设计出成本低廉且容易上手的“工具箱”。同时将大中小企业融通创新与中小微企业数字化转型有机结合，让中小企业通过融入大企业的产业链加快数字化转型。

三、贸易数字化的意义

贸易数字化发展是促进外贸领域可持续增长的内生动力。当前世界经济形势下行压力增大，国际环境波谲云诡，面对百年未有之大变局，中国外贸形势面临前所未有的压力与挑战，传统贸易模式需要突破自我，寻找新的发展着力点。以数字化技术为引领的新发展模式，将进一步激发社会创造力和市场活力。数字化技术赋能贸易发展将进一步培育外贸竞争新优势，促进对外贸易的可持续增长。

贸易数字化发展是贸易高质量发展的必然选择。数字化技术助力外贸发展优势明显。贸易数字化将数字技术与传统外贸有机融合，以数据要素驱动为核心，提高全要素生产率，突破时空限制，减少中间环节和降低贸易成本，提升贸易便利化水平，增强贸易创新能力，促进更多贸易新业态蓬勃发展，推动贸易实现质量变革、效率变革和动力变革，助力贸易高质量发展。

贸易数字化发展是顺应世界经济发展趋势的必由之路。当前世界正在经历一场更大范围、更深层次的科技革命和产业变革。互联网、大数据、人工智能等现代信息技术不断取得突破，数字经济蓬勃发展，各国利益更加紧密相连。各国政府密集出台专项政策推动数字经济发展，抢占发展先机。未来我们要把握好数字经济对外贸易领域带来的机遇，继续优化国际市场布局，提升国际话语权，深化全球产业链布局，做大做强本国贸易，为推动外贸稳中提质持续发力。

1.4 数字贸易的基本特征

一、贸易内容与方式的数字化

从概念来看，数字贸易既包括贸易内容的数字化，也包括贸易方式的数字化。贸易内容的数字化，既包括传统服务贸易的数字化，也包括数据本身的交易；贸易方式的数字化，是指传统的货物贸易和服务贸易交易方式的数字化，以跨境电商为代表。

可以看出，数字贸易包括数字技术贸易、数字内容贸易、数字服务贸易、跨境电商和数据贸易等。数字技术贸易包含电信、计算机和信息服务，离岸数字服务外包以及新兴数字技术服务等内容。数字内容产业并非一个传统意义上或统计学意义上的独立的产业，它是由文化创意结合信息技术形成的产业形态。从数字贸易研究的角度，可将数字内容产业分为数字传媒、数字娱乐、数字学习、数字出版等方面。

在数字服务贸易中，可数字化的传统服务贸易品类包括：保险和养老金服务，运输，建筑，个人、文化和娱乐服务，金融服务和其他商业服务。跨境电商是指分属不同关境的交易主体，通过电子商务平台达成交易、进行电子支付结算，并通过跨境电商物流及异地仓储送达商品，从而完成交易的一种国际商业活动。数据跨境流动是数字贸易的核心特征，数据本身也成为全新的国际贸易标的。数据贸易是数据要素的直接交易，主要包括基于数据跨境流动所产生的数据贸易、数据衍生品贸易和大数据服务等。

二、数据与数字技术成为新的比较优势

数字贸易的发展与传统国际贸易一样，从根本上来说，是由各国的比较优势所决定的。当一国在本国生产一种产品的机会成本低于在其他国家生产该种产品的机会成本时，本国在生产该种产品上就具有比较优势。那么，使得一国在某种产品的生产上的机会成本相对较低的因素，就构成了该国比较优势的来源。发达国家在数字贸易发展上表现出更强的垄断性，但逐渐降低的集中度说明了发展中国家也可以具备发展数字贸易的比较优势，甚至表现出优于发达国家的特质；而在货物贸易上表现良好的发展中国家却又不见得在数字贸易上依旧表现出众，意味着数字贸易比较优势来源已不同于传统贸易的比较优势来源。数据和数字技术成为新的生产要素，它们也将在数字贸易和全球产业链中发挥越来越重要的作用。一方面，它们将改变贸易的形式，引起全球产业链和全球价值链组织和管理方式的变革。另一方面，它们将促使各国和各类企业比较优势重构。发达国家和发展中国家、传统企业与新兴企业掌握的数据存在差异，也具有不同的数字技术比较优势，进而在数字产品上将具有不同的竞争力，从而将形成它们在数字产品全球产业链和全球价值链上的不同位置和地位。

三、数字平台企业取代跨国公司成为全球产业链和全球价值链新的组织者、管理者和协调者

数字平台提供了一个线上交易的场所，让全世界范围内的需求者和供给者可以更好匹配，形成一种虚拟集聚，进而创造出规模效应和网络效应。数字平台企业的聚合能力是以往的线下市场所无法比拟的，由此产生的各类贸易量非常巨大。数字平台企业也形成了一个新的全球产业链和全球价值链结合路径，各类数字平台中市场主体的集聚以其巨大的规模收益效应使得全球范围内的供应链网络更加稳定和即

时，数字平台中供应链网络上的企业可以实时进行低成本的交易，特别是，越来越多的特定行业或者产业平台（生产型平台）开始出现，其中集聚了一大批供应链上下游企业，形成了传统的产业物理集聚所没有的虚拟网络集聚效应。这种网络集聚的时间和空间范围更加广阔，甚至可以涵盖全国或者全球的整个供应链上的企业，实现全天候的交易。

数字平台还是一个信息集聚地和信息处理地，可以提供传统市场无法提供的诸多现代化服务，创造巨大的价值。在推动各类交易的过程中，数字平台积累了海量的数据，并且可以通过人工智能和算法技术不断提高其存储、传输、处理和分析数据的能力，从而为平台上的企业提供更多增值服务。一些数字平台甚至利用其数据处理优势直接参与设计、研发、仓储、物流、生产、加工等价值链的各个环节和阶段。此外，数字平台企业还可以提供电子支付和投融资服务，如供应链金融。数字平台拥有传统金融机构所没有的企业供应链信息、历史经营状况和其他信息，而且获取这些信息往往不必耗费大量成本和时间，可以有效控制风险，具有比较优势。这为诸多无法从传统金融机构获得融资的小微企业提供了成长的机会。

数字平台可以大幅降低各类交易成本，从而给全球产业链和全球价值链引入了新的参与者，使得大量小微企业得以进入全球生产分工网络。小微企业参与全球产业链和全球价值链成本的降低不仅可以降低国外供应商的搜寻成本、减少交易时间，还可以构建国内外供应商之间直接的联系渠道，甚至可以帮助小微企业拓展自主品牌。小微企业更具有垄断竞争的异质性特征，这使得全球产业链和全球价值链更加小型化、专用化、个性化和特色化，从而使得其更加具有包容性。

案例探讨

“四大门派”电商出海

按照背景不同，可以将电商出海的头部玩家分成四个大类：

电商巨头：阿里巴巴、拼多多、京东

隐形独角兽：SHEIN

巨头代理人：Shopee、Lazada

短视频电商：TikTok

中国的电商巨头中，对海外业务布局最深的是阿里巴巴。阿里巴巴做外贸起家，开展B2B外贸批发业务的时间甚至比淘宝还早，后来又做了B2C模式的全球速卖通，在俄罗斯、巴西市场很受欢迎。不过直到2021年底，海外业务才被阿里巴巴提升至集团战略层面。2021 年“双十一”之后，阿里巴巴进行组织架构调整，沿用多年的 2C（面向消费者）业务和 2B（面向企业）业务架构被打散，重组为国内和海外两大业务板块。这是十多年来海外业务首次被阿里巴巴提升至和国内零售、云计算同等的地位。曾带队狙击拼多多的天猫淘宝原总裁蒋凡再次被重用，成为阿里巴巴集团海外业务负责人。他身上承担的使命是，要让阿里巴巴完成全球 20 亿用户的目标，其中接近一半要来自海外，而现在还有大约 7 亿的缺口。

拼多多的海外业务起步晚。TEMU 是拼多多刚推出的跨境电商平台，首站面向北美市场，2022 年 9 月 16 日刚刚开放售卖。跟拼多多当年的玩法类似，TEMU 以低价切入市场，目前还在烧钱补贴阶段。相比之下，京东出海的步伐要小一些，虽然在东南亚等地有业务落地，但目前主要优势集中在物流仓配和售后服务上。目前京东在全球拥有近 100 个保税仓库、直邮仓库和海外仓库，2022 年在美国启用了第一个海外维修中心。

SHEIN 成立于 2008 年，模式不复杂，胜在规模。它在中国搞定了一批核心供应商，拿到了极其低廉的价格，进行了精心的策划包装，通过数字化营销和数字化供应链，紧跟潮流，飞速出新，快速迭代。

Shopee 和 Lazada 是东南亚最大的两个电商平台，虽然不是中国公司，但这两个平台跟中国联系紧密，腾讯通过投资成为 Shopee 的最大股东，2016 年阿里巴巴耗资 20 亿美元控股了 Lazada，随后阿里巴巴派出高管直接管理，Lazada 彻底阿里化。

TikTok 相当于海外版抖音。抖音电商发展得如火如荼，TikTok 电商也在持续发力，目前正在进攻印度尼西亚和英国市场。

“四大门派”背景不同、资源不同、阶段不同，它们在开展海外电商业务时的打法也不同。八仙过海，各显神通，它们都有自己的路子。不过它们的一个共同点是，所有玩家出海，都无法绕开海外巨头。最直接的对手是亚马逊。亚马逊是全球最大、覆盖国家最多的电商平台。它在 2019 年退出了中国市场，如今在海外以另一种方式跟中国玩家相逢。SHEIN 和 TEMU 攻打美国市场，很聪明地选择了低价路线，避开了亚马逊的锋芒。SHEIN 的崛起证明，“五环外人群”在任何一个国家都是存在的。在东南亚、非洲、南美洲等地区，市场格局尚未定型，对于初来者相对友好。这意味着更充分的市场竞争。但新的巨头正在快速成长中，东南亚的Shopee想要成为跨国巨头的野心已暴露无遗，Lazada在阿里巴巴新的战略指引下会更强调对本地市场的占领。当这些电商玩家走出国门，四处去寻找流量时，它们会发现，学会和海外巨头做生意是一项基本功。没有谁可以忽略谷歌和Meta，这两家公司掌握着全球最大的流量和营销平台——谷歌的关键词搜索，以及Meta旗下的各大社交媒体。互联网公司在网上做投放，标配是谷歌搜索+Meta的社交媒体矩阵。

电商出海，过去十多年其实一直在进行，只是不像现在这样紧迫和彻底。国内的电商市场到达天花板，疯狂“内卷”过后是残酷的存量竞争，高增长的黄金时代一去不复返。中国拥有全世界最高水平的工程师红利和产业链红利，这两点就像硬件和软件。而电商是中国供应链（硬件）和数字化（软件）应用融合，发生指数级化学反应的完美代表。在出海的方式上，过去的投资出海、商品出海，已经发展到现在的模式、团队、经验全方位出海。拼多多在开辟美国市场的同时，快递独角兽极兔也跟着一块打配合，在美国起网布点。字节跳动有足够的决心，也有充足的资源，在海外再复制一个抖音电商。在低垂果实基本被摘掉的今天，电商出海机会很多，当然挑战也不小。地缘政治、意识形态、文化冲突、监管政策，任何一个环节都会对电商出海造成冲击。

四、数字贸易带来国际贸易监管体系的变化

数字贸易基于数字化技术表现出的互动性和开放性给传统贸易规则带来了新的挑战，世界各国需要就数字贸易发展开启新一轮规则谈判。从国际贸易监管体系来看，数字贸易带来了一系列新的挑战和变化。20世纪传统国际贸易的主要形式为“一国生产、一国销售”的最终品贸易，国际经贸治理以互惠关税削减、扩大市场准入为核心内容；21世纪国际贸易的主要形式演变为“世界生产、全球销售”的价值链贸易，而服务、投资、知识产权保护、竞争政策等“边境后措施”的规制协调成为贸易谈判与协定的主要内容。在数字贸易时代，数字产品订购和交付的数字化在一定程度上缓解了距离、基础设施建设、物流等传统贸易壁垒对贸易的制约程度，但是与此同时，数字产品的市场准入、数据的跨境自由流动、网络安全等数字贸易所特有的新型贸易壁垒对贸易的制约程度却在不断凸显，它们已经成为当前制定国际贸易新规则的焦点性议题。

1.5 数字贸易的学习方法

一、与时俱进

数字贸易课程特别强调对现实世界的关注，教材为大家学习课程搭建了基本的构架，但如果想通过学习课程掌握基本技能，并且能够在数字贸易发展的浪潮中有一番作为，必须对现实问题有清醒的认识，要时刻保持对国内外宏观经济形势、国际局势、行业发展变化、竞争对手的情况、新的商业模式、新的产品与服务、新的营销手段与推广方法的敏感性，这需要学生们对宏观、中观、微观形势保持长久的关注与持续的学习。

数字贸易课程前沿性的特点非常突出，代表了未来国际货物贸易和服务贸易的发展趋势。贸易数字化不是简单地将外贸活动搬运至线上开展，更关键的是数字技术与传统外贸环节的充分融合与数据潜力的深度挖掘，以此带来传统外贸效率提升、价值增长和结构优化。数字化应用场景涵盖贸易全流程、各环节，数字技术与传统外贸环节的深度融合，带来了货物贸易和服务贸易流程的升级改造、交易内容的迭代创新，为贸易数字化发展奠定了坚实的基础。未来，各国都要推动建立贸易全链路数字化生态体系，努力培育多种形式的贸易数字化公共服务平台，打造贸易数字化宣传示范样本，大力开展贸易数字化宣传推广，积极开展贸易数字化国际合作。国际竞争也一触即发，这要求政府、行业组织、企业、学者、数字贸易从业人员必须有海纳百川的精神和与时俱进的态度，对行业动态、国际竞争、技术发展、产品演进保持关注，特别是对国与国之间的谈判、协商、政策协调，数字技术的创新成果与商业化应用，商业巨头和投资机构对行业风口的判断与资源投入都要加以分析和研究。

当前，大数据、云计算、区块链、物联网、人工智能等数字技术迅猛发展，数据成为新的生产要素，同时数字技术重构了当前企业所处的产业链和价值链，给国际贸易带来了前所未有的挑战和机遇。在数字化时代，没有一家企业能置身事外，数字化不再是外贸企业的可选项，而是所有外贸企业的必选项。数字化也是未来贸易领域所有不确定事项中最确定的事项，企业唯有进行数字化升级，才能拿到数字化时代的“入场券”。数字贸易作为国际贸易的新业态与新模式，无论是商界、学界还是政界，都在慢慢摸索发展经验，数字贸易的学习者也是新的贸易时代的见证者、新的商业模式的践行者以及新的科学技术的应用者。

二、学以致用

对于数字贸易课程而言，必须坚持学以致用。首先必须夯实本门课程的理论框架，理解数字贸易未来发展的基本趋势，对数字贸易运行的基本逻辑、竞争优势的来源、营销环境的优化、技术的应用与迭代等进行深入的思考和分析，并对数字贸易壁垒、技术风险、全球化风险等有深刻的认识。在学习本门课程之前，学生需要具备国际货物贸易、国际服务贸易、国际营销、国际金融、国际商务、跨境电商、数字经济等相关的基本理论，搭好课程学习的理论框架。

其次，要注重实践，学生切忌掌握了一系列基本知识和基础理论，但从未进行过任何的实践、实习与实验，未进行过任何操作与模拟，从而对本门课程无法有全面的认识与深入的探析。

数字贸易是当前发展最迅速、变化最剧烈、技术最前沿的行业，是未来国际贸易、数字经济的兵家必争之地。事实上，美国、欧洲、中国等数字经济的领先国家或地区均已开始布局，并在技术标准、行业监管、要素流动等方面都展开了争夺。数字贸易的交易对手复杂难料，支付过程充满风险，监管政策随时调整，消费者的心理、诉求难以捉摸，因此，学生必须在学习基础理论之后，通过实践、操作、观察、数据分析等对这些进行复盘与优化。

数字贸易的市场参与者既可能面临着传统国际贸易的市场风险、信用风险、汇率风险等，也可能面临着新的技术风险、国家安全风险等，企业和行业在发展中面临的问题需要从业者与时俱进，需要学习者知行合一。

三、案例模拟

数字贸易课程重视案例的学习，也强调案例的积累。案例教学过程中一般不为案例结果设计标准答案。案例教学不追求统一学生的学习过程和学习方法，更看重培养学生的独立思考能力、批判思维和创造精神。案例教学的教学目的不光在于传授学生普遍通用的一般性知识，更在于提高学生在实际生活中解决问题的能力，且养成持续学习、不断进步的习惯，使学生成为综合能力过硬、思维方式超前、综合素质全面发展的人才。

案例教学是一种以学生为中心的主动"觅食"式教学模式，颠覆了以往传统教学中以教师为中心的"填鸭"式教学模式。在案例教学中，根据不同阶段不同的教学目标与内容制定的围绕一个或多个问题进行讨论的学习内容，可以引导学习者分析、解决问题，特别是对典型案例进行麻雀解剖式的学习，了解成功企业、优秀企业家是如何抓住市场机会，如何通过创新性的市场营销方式与商业模式击败竞争对手，赢得消费者的。有不少商业案例值得持续开发、长期观察、深入分析，这既可以让学习者通过案例来学习成功的经验，也可以让学习者避免走别人已经走过的弯路，吸取失败的教训。

本门课程在讲授和学习过程中，还要尽可能地增加操作模拟的环节。通过模拟、角色扮演，学生可以充分地了解数字贸易企业的运营流程，包括企业注册、技术基础、组织架构、支付系统、流程合规、数字化改造、顾客维护等内容。要通过模拟操作，掌握数字贸易的运营战略，通过可能面临的失败压力、市场风险、损失体验，以切肤之痛去经营事业，只有这样，才能立足于真实的商业社会。

四、能力培养

与其他商业人员相比，数字贸易企业的运营者需要掌握更加综合、更加先进的技能，如战略管理、国际化运营、商业模式构建、技术开发、市场营销、团队合作、风险管理、财务管理等技能，特别是对公司合规等都要有充分的认知。

总的来说，数字贸易企业小则一个网店，大则一家公司，乃至跨国运营团队，可能涉及货物贸易和服务贸易，需要处理的事务也非常多，需要和国外客户、终端消费者、投资人、员工团队、政府相关部门打交道，因此，需要有综合的能力和相应的技能。在学习本门课程的过程中，学生一定要注重知识的积累与能力的培养。

本章小结

本章主要阐述了数字贸易的基本内涵和相关概念，数字贸易的崛起背景和基本特征，并简要地介绍了数字贸易与数字经济的关系。学习数字贸易课程，需要坚持学以致用、与时俱进的态度和方法，并在学习过程中通过案例模拟不断提高综合能力。

复习与思考

一、单选题

1. 下面不属于数字贸易的是：（　　）。

A. 跨境电商　　B. 数字产品国际贸易

C. 建筑工人劳务派遣　　D. 国外音乐在线付费下载

2. 数字贸易带来的国际贸易监管体系的变化包括：（　　）。

A. 取消商品进口配额　　B. 降低商品进口关税

C. 提高进口商品的环保要求　　D. 跨境数据流动的隐私保护

3. 数字经济不包括：（　　）。

A. 制造业的数字化改造　　B. 运用超级杂交稻技术提高亩产量

C. 雄安新区打造智慧城市　　D. 云上贵州为苹果公司提供服务

二、简答题

1. 简述数字贸易的内涵。

2. 数字经济的特征有哪些？

3. 数字贸易的特征有哪些？

第2章 数字贸易的发展与全球治理

案例导入

2021年10月30日，中国国家主席习近平在G20领导人峰会上发表讲话，宣布中国有意加入《数字经济伙伴关系协定》(Digital Economy Partnership Agreement，DEPA)。2021年11月1日，中国商务部部长王文涛致信新西兰贸易与出口增长部部长奥康纳，正式申请加入DEPA。

DEPA由智利、新西兰与新加坡于2020年6月12日正式签订，于2021年1月在新加坡和新西兰正式生效，于2021年11月在智利正式生效，旨在为数字经济制定国际标准，为签署方之间的数字贸易创造便利，是世界第一个"纯数字"贸易协定。不同于传统的贸易协定，DEPA分为十余个模块，内容涵盖电子商务、数据传输、数字产品、个人隐私保护等数字经济的不同领域，并在传统内容的基础上向人工智能伦理、金融科技等新兴技术延伸。模块化的方法使得DEPA比传统的综合贸易协定具有更强的灵活性，成员国可以选择直接与协定对接，也可以选择在不同场景中全部或部分地适用模块，而且每个模块都可以很容易地插入其他贸易协定。

为什么由三个中小型、贸易依赖型国家倡议的协定吸引了包括中国、韩国、美国、加拿大等国的兴趣？DEPA对数字贸易的发展和全球治理具有怎样的影响？中国和美国在数字贸易领域的话语权争夺又如何在DEPA中体现？

学习目标

掌握数字贸易发展历史沿革的三个阶段；了解世界各国数字贸易发展现状，掌握美国、中国、欧盟数字贸易的发展；掌握数字贸易的发展趋势，了解数字贸易发展的作用；掌握数字贸易全球治理的构成，理解数字贸易全球治理目标、原则、主体、客体的定义；了解现有数字贸易全球治理的框架，掌握DEPA框架下数字贸易全球治理制度的由来及内涵；了解数字贸易全球治理难题；掌握中国对数字贸易全球治理的贡献。

形势分析

如何为数据建市场?

2023年3月，中共中央、国务院印发了《党和国家机构改革方案》，其中明确了组建国家数据局。根据该方案，国家数据局将负责协调推进数据基础制度建设，统筹数据资源整合共享和开发利用，统筹推进数字中国、数字经济、数字社会规划和建设等，由国家发展和改革委员会管理。省级政府数据管理机构结合实际组建。

具体来讲，将中央网络安全和信息化委员会办公室承担的研究拟订数字中国建设方案、协调推动公共服务和社会治理信息化、协调促进智慧城市建设、协调国家重要信息资源开发利用与共享、推动信息资源跨行业跨部门互联互通等职责，国家发展和改革委员会承担的统筹推进数字经济发展、组织实施国家大数据战略、推进数据要素基础制度建设、推进数字基础设施布局建设等职责划入国家数据局。

从中央把数据增列为生产要素，与土地、劳动力、资本、技术等传统要素并列，到陆续出台一系列发展规划和政策措施，推动数据要素化和数据要素市场建设，再到组建国家数据局，以数据要素为核心引擎推动数字经济发展和数字中国建设……中国都走在世界前列，与发达经济体相比毫不逊色。

我国无疑是数据大国，但还并不是数据强国。在支撑数字经济的三大基石——算法、算力和数据中，在算法和算力方面中国目前还处在“追赶者”的位置，但数据则是我国重要的禀赋优势。随着数据要素化的加速和数据要素市场的形成，数据无疑将成为我国发展数字经济和建设数字中国的强大动力。

关键概念

数字贸易的发展　数字贸易全球治理　《数字经济伙伴关系协定》

2.1 数字贸易的发展

一、数字贸易的历史沿革

1. 国际贸易电子化的阶段

第一阶段（1998—2012 年）：相关概念尚未被明确提出，数字贸易被视为传统商务与贸易活动的电子化和信息化，其主要特征是商务活动的信息化。此时的数字贸易是电子商务概念的发展和延伸。数字技术的创新发展改变了传统的贸易方式，随着信息技术在商务领域的应用不断发展深化，数字贸易成为国际贸易发展的新趋势。

2. 数字产品与服务贸易的阶段

第二阶段（2012—2014 年）：这一阶段是将数字贸易视为数字产品与服务贸易的阶段，其主要特征是数字贸易标的物仅包括数字产品与服务。2012 年，美国商务部经济分析局在《数字化服务贸易的趋势》中提出“数字化服务贸易”的概念，即由于信息通信技术进步而实现的跨境服务贸易，具体分类为：金融和保险服务，商业、技术咨询服务，版权和许可费服务，通信服务等。这一概念主要用于衡量美国的国际数字服务贸易，可视为“数字贸易”正式提出的先导。2013 年，美国国际贸易委员会在《美国与全球经济中的数字贸易 I》中首次提出“数字贸易”的概念，即通过互联网传输产品与服务的国内商务和国际贸易活动，具体的交易标的为：音乐、游戏、视频、书籍等数字内容，社交媒体、用户评论网站等数字媒介，搜索引擎，其他产品与服务。在这一阶段中，国内外文献都仅仅将数字贸易的标的物限定在数字产品与服务范围内。

3. 实体货物、数字产品与服务贸易的阶段

第三阶段（2014 年及之后）：这一阶段是将数字贸易视为实体货物、数字产品与服务贸易的阶段，其主要特征是将实体货物纳入数字贸易的交易标的中，强调数字贸易是由数字技术实现的贸易。2014 年，美国国际贸易委员会在《美国与全球经济中的数字贸易Ⅱ》中对“数字贸易”这一概念进行了修改，将其解释为互联网和互联网技术在产品与服务的生产、订购和交付中发挥重要作用的国内商务和国际贸

易活动。数字贸易的标的具体包括：使用数字技术订购的产品与服务，如电子商务平台上购买的实体货物；利用数字技术生产的产品与服务，如存储软件、音乐、电影的 CD 和 DVD 等；基于数字技术递送的产品与服务，即该机构发布的前一版定义中所包含的内容。2017 年，美国贸易代表办公室发布的《数字贸易的主要障碍》报告认为“数字贸易”应当是一个广泛的概念，不仅包括个人消费品在互联网上的销售以及在线服务的提供，还包括全球价值链的数据流和智能制造服务的实现，以及其他平台和应用。

二、世界数字贸易的现状

数字贸易带动全球创新链、产业链和价值链加速整合优化，正在成为经济增长的新引擎。数字贸易也将继制成品贸易、中间品贸易后，成为国际贸易的主体。根据联合国贸易和发展会议报告的相关数据，全球数字服务贸易的占比由 2011 年的 48%增长至 2020 年的 63.6%。2020 年，全球数字服务贸易规模达 3.17 万亿美元，全球跨境电商交易规模超过 1 万亿美元。预计到 2030 年，全球贸易年均增长将提高 2 个百分点，服务贸易出口占全球贸易的比重将超过四分之一。

数据背后暗含着巨大潜在的经济价值和战略价值，而数字技术的进步使得这种价值得以实现。数字贸易往往与大规模数据跨境流动相伴而生，因此无论是发达国家还是新兴国家，均高度重视这一领域，数字贸易正在成为国际竞争的新赛道。根据联合国贸易和发展会议发布的《2021 年数字经济报告：数据跨境流动和发展——数据为谁而流动》，美国、中国和欧盟正积极在全球范围内拓宽数字贸易渠道、扩大数字贸易规模。美国和中国相对具有技术优势，其主要目标是制定数据相关技术的全球标准，而欧盟主要寻求影响全球监管标准。

具体来说，美国的数字贸易发展主要是由其互联网巨头公司的全球扩张推动，政策上实施开放的数字贸易战略，强调贸易自由化和便利化，倡导降低数字贸易壁垒；中国的数字贸易发展以“一带一路”倡议为主导，大型电信公司、互联网公司在海外扩张时重点关注发展中经济体的潜在新用户（也被称为“下一个十亿用户”），同时通过“数字丝绸之路”项目向新兴市场提供数字基础设施来塑造跨国数据治理体系，强调数字主权；欧盟的发展战略则更关注数字贸易出口监管框架，倡导的《通用数据保护条例》（GDPR）旨在将其隐私保护规范输出到国外，GDPR 正在成为全球数据保护模式。另外，日本、韩国、新加坡、印度、俄罗斯、印度尼西亚等国也在数字贸易领域有不同程度的发展。

在 2021 年，尽管发达经济体、发展中经济体（不包含最不发达国家）跨境数字服务出口分别同比增长 13.5%、17.1%，然而最不发达国家同比下降 4.5%，已经连续两年出现负增长，不同国家发展数字贸易的分化正在扩大。政府间推动数字贸易深化合作与共同发展，是弥合全球数字贸易发展鸿沟的根本之道。

1. 美国数字贸易的发展

美国在当今全球数字贸易领域居于领导地位。与其他国家相比，美国数字贸易发展起步早，数字基础设施更为完善，其网络技术和数字技术远远领先于其他国家，同时积极引领产业发展、制定相应规则，具备充分的先发优势。

美国数字平台在技术层面和数据层面均居于全球领先地位。2021 年全球数字平台市值排名前 100 中，美国数字平台的数量为 41 个，占市值总份额的比例为 67%，助推美国成为数据净进口国。2020 年，美国数字经济规模达到 13.6 万亿美元，可数字化服务贸易出口额为 5 330.93 亿美元，进口额为 3 176.25 亿美元，两者均蝉联世界第一。

美国实行自由开放的数字贸易战略，强调信息和数据的自由化。美国关注数字贸易规则的制定，在规则中着力体现其数字贸易意志和优势，力图降低数字贸易壁垒。2018 年《美国-墨西哥-加拿大协定》（简称《美墨加协定》）签署，对既有框架下的规则进行进一步改进，将电子商务章节改为数字贸易章节，这也是全球首个设定数字贸易章节的贸易协定。2019 年签署的《美日数字贸易协定》是美国首个数字贸易协定，进一步推高了数字贸易规则水平。现阶段，《美墨加协定》与《美日数字贸易协定》被认为是全球解决数字贸易壁垒的最全面、最高标准的贸易协定。美国也注重主导贸易谈判，通过现有 WTO 框架下的多边会谈、双边贸易谈判、多边和区域谈判来构建新的数字贸易协定或规则体系，占据理论研究、规则制定的主导权，着力实现美国利益最大化。

扩展阅读

美国霸权危害全球“数字人权”

2. 中国数字贸易的发展

中国的数字贸易虽然起步较晚，但凭借完善的基础设施建设及庞大的市场规模，国内电子商务及数字经济迅猛发展，数字贸易高速增长。2020 年中国数字贸易出口规模为 7 893.5 亿元，进口规模为 6 658.2 亿元，均为世界领先水平。根据海关总署数据，2021 年中国跨境电商进出口规模达到 1.98 万亿元，增长 15%；市场采购出口增长 32.1%。据商务部预测，到 2025 年，中国可数字化服务贸易进出口总额将超过 4 000 亿美元，占服务贸易总额的比重达到 50%左右。同时，中国百度、腾讯、阿里巴巴等世界级互联网平台企业也为中国数字贸易发展带来优势。但也应注意到，中国对数字贸易的理论研究还较不完善，相关统计资料也有所欠缺。

政府主导是中国数字贸易发展的特点。中国政府高度重视数字贸易发展，将跨境电商作为对外贸易发展新的增长点。2017 年 10 月，“数字经济”被首次写入党的十九大报告，并提出“推动互联网、大数据、人工智能和实体经济深度融合”的发展理念。2022 年政府工作报告中，国务院总理李克强提出要创新发展服务贸易、数字贸易，推进实施跨境服务贸易负面清单。深化通关便利化改革，加快国际物流体系建设，助力外贸降成本、提效率。同时，中国近年实施“一带一路”倡议、自由贸易试验区建设，增进与各国数字贸易合作，带动中国与相关国家的数字贸易发展。中国重视数字经济国际合作，于 2020 年 11 月签署《区域全面经济伙伴关系协定》，于 2021 年 11 月正式申请加入《数字经济伙伴关系协定》，为全球数字经济发展和网络空间治理贡献中国方案。

3. 欧盟数字贸易的发展

欧盟数字贸易发展水平位于世界领先地位，略落后于美国和中国。欧盟是全球最大的数字市场之一，互联网基础设施较为完善，数字技术较为先进。2020 年欧洲电子商务收入为 0.46 万亿美元，数字经济在其地区生产总值中的占比约达 4%，数字贸易额显著增加。数字经济引领下的数字贸易带动经济快速发展，欧盟已成为欧洲数字贸易市场上的绝对领导者。但欧盟在数字贸易发展上的短板在于没有全球领先的数字平台。2021 年欧洲本地数字平台占市值总份额仅为 3%，虽然数字平台数量超过 1 万家，但大多数为中小企业，同时多数与亚马逊、字母表等公司合作搭建云服务平台，将数据储存在欧洲之外。

欧盟高度重视并加强数字经济和数字贸易建设，致力于消除数据本地化壁垒，建立单一的数字市场，分别于 2015 年和 2017 年发布了《数字单一市场战略》和《数字贸易战略》报告，其中《数字贸易战略》旨在促进加快出台相关政策来确保跨境数据和信息的自由流动。欧盟实行有条件开放的数字贸易战略，重视数据隐私保护，设置了高标准的数据保护体系，旨在确保数据安全的情况下推进数据跨境流动。2018 年 5 月，欧盟《通用数据保护条例》生效，通过统一立法的方式，对个人数据跨境流动设定了“充分性保护认定”“适当保护措施”的条件。2020 年 12 月，欧盟与英国签署《欧盟与英国贸易暨合作协议》，该协议是欧盟首次

扩展阅读

美欧数据跨境流通的融合：《关于欧盟-美国数据隐私框架的充分性决定草案》

设定数字贸易章节的贸易协定，拓宽了数字贸易议题。

4. 日本数字贸易的发展

日本数字贸易的发展相对于美国、中国、欧盟较为滞后。虽然日本对数字经济的顶层设计较早，具有较大的基础优势，但未能及时在数字平台建设、数字支付普及等方面发力，失去数据占有和使用的先机，面对美国 GAFA（谷歌、苹果、脸书、亚马逊）和中国 BAT（百度、阿里巴巴和腾讯）处于被动落后局面。2020 年，日本可数字化服务贸易出口额为 1 147.41 亿美元，排名世界第 10 位；进口额为 1 332.78 亿美元，排名世界第 7 位，处于数字贸易逆差。

面对目前的困境，日本政府也在积极推动本国数字贸易发展，意图通过数字经济、数字贸易提振国家经济。2018 年 5 月，日本在《通商白皮书》（2018 年版）概要草案中指出，数字贸易时代已经来临，并强调这将是日本企业发展的良机。2019 年 10 月，日本与美国签署《美日数字贸易协定》，为世界树立国际贸易规则的新标杆，加强日本在数字贸易领域的国际主导权和话语权。2018 年 7 月、2020 年 10 月，日本分别与欧盟、英国签署了经济伙伴关系协定，二者均包含高标准的数字贸易规则。

5. 新加坡数字贸易的发展

新加坡积极寻求数字经济新变革。新加坡具有在东南亚便捷的连通性、一流的营商环境、强大的基础设施、高素质的劳动力等优势，同时对于数字经济发展具有前瞻性规划。2016 年新加坡政府搭建 NTP（互联贸易平台），取代用于贸易相关申请的 Trade Net（贸易管理电子平台）及用于连接贸易和物流业的 Trade Xchange（商贸通信平台），驱动贸易的数字化转型。2018 年 3 月新加坡加入了亚太经合组织主导的跨境隐私规则（CBPR）体系，参与推进《东盟-澳大利亚数字贸易框架倡议》的达成，为电子商务、数字货币、知识产权保护和数据管理制定法律框架和标准。

新加坡重视加强与各国间的数码联通，扩大数字贸易“朋友圈”。2020 年 6 月，新加坡、新西兰和智利三国签署《数字经济伙伴关系协定》，并分别于 2021 年 1 月在新加坡和新西兰生效，于 2021 年 11 月在智利生效；2020 年 12 月，新加坡与澳大利亚签订的《新加坡-澳大利亚数字经济协定》生效；2021 年 12 月，新加坡与韩国共同宣布就《数字伙伴关系协定》的谈判达成协议；2022 年 6 月，新加坡与英国签订的《英国-新加坡数字经济协定》生效。另外，新加坡与欧盟、印度和加拿大等也在商讨加强数字经济合作事宜。

6. 印度数字贸易的发展

印度依托其国内人口规模，电子商务快速增长。随着互联网基础设施的完善和智能手机的普及，印度互联网用户规模不断扩大，互联网用户渗透率快速提升。2020 年印度线上购物用户规模达到 1.4 亿，仅落后于中国和美国。2020 年印度可数字化服务贸易出口额为 1 547.75 亿美元，居世界第 5 位。

印度在国际层面缺位于多边和区域数字贸易谈判，为数字贸易与数据流通设置了壁垒。一方面，印度在国际层面参与数字贸易合作的程度较低。在多边层面，印度没有参与 WTO 电子商务谈判；在双边、诸边和区域层面，到目前为止，印度签署且有效的贸易协定为 17 个，但涵盖电子商务章节的协定仅为 1 个。另一方面，印度在数字贸易中设置了限制性条件。例如，印度主张征收电子传输关税，也设定了严格的数据本地化要求。

7. “一带一路”国家数字贸易的发展

“一带一路”是“丝绸之路经济带”和“21 世纪海上丝绸之路”的简称，2013 年 9 月和 10 月由中国国家主席习近平分别提出建设“丝绸之路经济带”和“21 世纪海上丝绸之路”的合作倡议。建设 21 世纪“数字丝绸之路”的构想是 2017 年 5 月习近平主席在“一带一路”国际合作高峰论坛开幕式上的演讲中提出的，我们要坚持创新驱动发展，加强在数字经济、人工智能、纳米技术、量子计算机等前沿领域合作，推动大数据、云计算、智慧城市建设，连接成 21 世纪的“数字丝绸之路”。

自“数字丝绸之路”倡议提出以来，中国政府一直致力于加强多边数字贸易。而中国与中东欧国家“17＋1”合作机制的建立更是为双边数字贸易搭建了合作平台，目前双边数字贸易已在跨境电子商务领域取得显著成果。2017 年，爱沙尼亚和匈牙利先后与中国签订双边电子商务合作谅解备忘录并建立双边电子商务合作机制；2019 年 4 月，《中国-中东欧国家合作杜布罗夫尼克纲要》的签订标志着中国与中东欧双边电子商务和智慧城市建设合作的开启；2019 年 5 月，中国（宁波）-拉脱维亚跨境电商港湾项目正式启动，中东欧的商品可通过拉脱维亚港口进入中国；2021 年 6 月，第二届中国-中东欧国家博览会在宁波举办，该博览会通过贸易对接会以及直播带货等新形式协助中东欧国家开拓中国跨境电子商务市场。此外，中国-中东欧国家电子商务合作对话机制为中国与中东欧国家加强电子商务领域交流合作搭建平台，中欧班列的开通也促进了跨境物流效率的升级，这些项目为实现双边数字贸易的广泛合作提供了契机。

8. RCEP国家数字贸易的发展

RCEP是由东盟的十个国家发起，邀请中国、日本、韩国、新西兰、澳大利亚五个国家参与的区域贸易协定，是一个互惠互利、互帮互助的高质量的自贸协定。RCEP自贸区是全球最大的自由贸易区，它涵盖全球29.7%的人口、28.9%的GDP以及全球最有增长潜力的两大市场——中国和东盟。自2012年开始，十五个国家的领导人就开始对RCEP的签订开展谈判，2019年十五个国家正式签署了自由贸易协定，达成了各国认同的贸易规则。2020年11月，RCEP正式签署，它的签署有助于成立当前世界上人口最多、经贸规模最大、最具发展潜力的自由贸易区。从协定文本内容来看，相较于现行WTO框架缺乏对数字贸易的有效规制，RCEP具有全面性、互惠性、透明性等特征，尤其是较高水平电子商务和电信章节的签署，彰显了各成员国在加强数字经贸推动市场开放、完善监管体制、开展经贸合作方面的诉求与决心。

三、数字贸易的发展趋势

1. 贸易成本普遍降低

数字贸易充分利用互联网与数字技术优势，能有效降低各个贸易环节的成本支出。第一，数字贸易信息汇集能帮助贸易参与主体充分了解交易信息，大大降低贸易各方合作沟通的信息成本和交易成本；第二，数字贸易谈判、合同签订和海关申报等过程均可通过数字化方式完成，这在很大程度上节约了谈判成本、合同成本和通关成本；第三，数字贸易采用智能化的物流作业，将有助于减少国际贸易的物流成本支出。

2. 中间环节大幅减少

根据贸易的不同获利方式，可将中间商分为佣金中间商和加价销售中间商。数字贸易能有效减少因佣金中间商对贸易参与主体资质审查所需的征信、审查等中间环节，提高贸易效率。数字贸易还能有效促使企业和消费者直接进行沟通，达成交易，从而弱化了加价销售中间商在贸易中所起的贸易中介作用，缩减了相应的中间环节。在未来，数字贸易的中间环节会大幅减少。

3. 生态系统智能互联

随着数字贸易的广泛应用，数字贸易平台将成为协调和配置资源的基本经济组织，是价值创造和价值汇聚的核心。在数字贸易平台上，价值创造不再强调竞争，而是强调充分利用互联网技术，通过整合供应链各环节，促成相关贸易参与主体的交易协作和适度竞争。未来，将会逐渐形成以数字贸易平台为核心、各贸易环节智能联动、各贸易参与主体互利共赢的数字贸易有机生态系统。

4. 弱势群体广泛参与

国际贸易弱势群体指的是相对于规模庞大的企业而言，在传统国际贸易中容易被忽视的贸易群体，如中小企业。目前，尽管部分贸易弱势群体的产品和服务质量很高，但其因信息不对称、贸易成本过高等问题难以进入国际市场。数字贸易的发展则为贸易弱势群体进入国际市场开辟了新渠道。数字贸易能有效弱化信息不对称，降低贸易弱势群体进入国际市场的门槛，进而使得各国贸易弱势群体能够广泛地参与国际贸易并从中获利。

5. 个性偏好充分体现

随着网络信息技术的迅猛发展，消费者对产品和服务的个性化需求被进一步激发。数字贸易在消费与生产流通环节之间搭建起了一条高效的交流渠道，使消费者的个性化需求能够得到反应和满足。在数字贸易中，分散的贸易流量和消费者偏好等信息通过平台汇集成一个整体，这为数字贸易中的产品差异化生产和个性化服务定制提供了更多可能性，消费者的个性偏好和需求将因此得到充分体现。

四、数字贸易发展的作用

1. 数字贸易发展对基础设施建设的推动作用

全球主要国家对数字贸易的政策支持重点都包括了新型基础设施建设。

一方面是注重软性基础设施与硬性基础设施的协同发展。新型基础设施既包括以 5G、物联网、计算中心为代表的硬件基础设施，也包括以云计算、数据库为代表的基础软件和其他应用软件这类软性基础设施。发达国家财政政策既重视硬性基础设施的普惠性发展，又重视数据的互联互通和应用场景打造，并着力提升公民灵活运用数字基础设施的基本能力。例如，美国联邦政府出台了《宽带技术机遇计划》和《国家宽带计划》，联邦财政共投入 72 亿美元作为发展基金，并采取公私合作的方式刺激宽带产业发展，为确保这些政策落地生效，相关部门又出台了数字素养行动方案，提升公民整体数字素养。再如，2018 年 6 月出台的《数字欧盟计划》提出，在 2021—2027 年拨款 97 亿欧元，投资于超级计算机、人工智能、网络安全与信任、应用软件开发、数字技能培训等领域。

另一方面是以公共消费升级扩大数字基础设施应用场景。发达国家财政不断推动高效、安全、现代化的公共消费，以政府数字化转型为重点的公共消费升级对扩大数字基础设施应用起到了显著作用。如 2018 年，美国联邦财政提出了政府数字化改造的财政资金划拨计划以及资金管理指引，该计划高度重视政府消费升级中的思想变革、机制改革及目标管理，并在机制改革中规定了六大战略领域，旨在利用信息技术促进政府关键能力建设。这六大战略领域包括：引入兼具灵活性和创新性的部门基础设施；扩展共享服务；建立具有协同性、适应性的部门文化；主动开展网络安全规划；加强数据的策略性使用；完善以结果为导向的预算绩效管理体系。同时，为提高资金使用效率、提升政策治理效能，美国财政部出台了《数字政府战略、治理结构与方法》，主张以新设技术投资审查委员会为主管部门，负责组织并监管开放政府、数字政府战略以及数据智能披露等项目，对与其他机构合作提供技术投资建议，监督评价有关技术投资绩效。

2. 数字贸易发展对新兴技术的积极影响

数字贸易是新兴数字技术良好的应用场景，数字技术也在数字贸易的发展下产生积极影响。根据中国信息通信研究院发布的《数字贸易发展白皮书（2020 年）》，数字贸易发展中包含云存储计算、数字平台服务串联、人工智能服务、5G 网络服务、区块链服务等数个关键基础性数字服务。

云端存储、计算改变服务创造模式。云计算是分布式计算的一种，使用户可以通过网络灵活调用各种资源，按使用量付费和进行大规模计算。云计算由 3 类数字服务构成，分别是基础设施即服务（IaaS）、平台即服务（PaaS）和软件即服务（SaaS）。其中，基础层 IaaS 提供了末端的存储和计算服务，通过网络对外提供基础设施服务；中间层 PaaS 进一步提供软件开放平台服务，是把服务器平台作为一种服务提供的商业模式；最高层 SaaS 则将软件部署在服务器上，并通过网络提供软件服务。IaaS 在云计算中起到基础性作用，为其他数字服务的研发、设计和生产创造了有利条件。随着服务的可编程化和软件的云端化，“云端经济”生态逐步形成，催生出众包、云外包、平台分包等新模式，带动数字服务贸易的发展。

数字平台服务串联数字世界。数字中介平台及其服务是数字经济和数字贸易高效有序运转的重要保障，其提供一种将有关当事人聚集在一起进行在线互动的机制，为数据、商品和服务的供需对接，以及研发、创新、生产等的分工协同提供支持。联合国贸易和发展会议的报告将数字平台分为交易平台和创新平台，其中：交易平台是具有在线基础设施的双边/多边市场，支持多个不同交易方之间的交易，现已成为主要数字企业（如亚马逊、阿里巴巴、脸书和 eBay）以及提供数字赋能支持的企业（如 Uber、滴滴和 Airbnb）的核心商业模式；创新平台是为代码和内容生产商创造的开发应用程序和软件的环境，例如操作系统（如 Android 或 Linux）或技术标准（如 MPEG 视频）。

人工智能服务推动数字服务自动化、智能化。随着各行各业应用人工智能进行转型需求的爆发式增长，国内外多家人工智能企业开始对外提供人工智能解决方案服务。中国百度推出 EasyDL，内置百度自主研发的 AutoDL 技术，向企业用户提供零门槛 AI 开发平台，一站式支持智能数据服务、模型训练、服务部署等全流程功能，包含丰富的预训练模型，支持图像分类、物体检测、图像分割、文本分类、情感倾向分析、音视频分类、表格数据预测等多类模型，最快 10 分钟完成模型训练，只需少量数据就能训练出高精度模型，为 AI 应用开发者定制 AI 服务。EasyDL 已与超过数万家企业结合，在工业、零售、制造、互联网、交通等 20 多个行业领域广泛落地 AI 应用。

5G 应用新场景带来新的数字服务贸易机会。5G 网络服务具有高速率、低时延、高可靠、广覆盖等优势，不仅能满足人们在居住、工作、休闲和交通等各个方面的多样化业务需求，为用户提供超高清视频、虚拟现实、增强现实、云桌面、在线游戏等极致业务体验，而且还将渗透到物联网及各种行业领域，与工业、设施、医疗仪器、交通工具等深度融合，有效满足工业、医疗、交通等垂直行业的多样化业务需求，实现真正的“万物互联”。5G 应用新场景将催生出海量数字服务需求，推动新的数字服务产业出现、发展和形成全球产业链，带来新的国际分工机会，激发数字服务贸易潜能。

区块链服务重塑数字资产交易生态。区块链具有去中心化、信息不可篡改、公开透明、信息可追溯等技术特点，其在“缺乏信任”的国际贸易中的价值逐步显现。2020 年，世界贸易组织（WTO）和全球贸易融资组织发布的国际贸易区块链项目分类报告指出，区块链贸易创新项目在全球范围内正日益成熟，区块链可以给国际贸易带来两大好处：一是提高贸易流程的透明度和贸易标的可追溯性，确保产品和服务质量，增强信任；二是简化贸易文件、流程，确保数据的安全交换和监控。相比传统货物贸易，在数据、数字产品和数字服务的贸易中，区块链的作用可能更为基础和关键。例如，数据在国内交易和国际贸易中普遍面临数据确权、数据安全、隐私保护、信任机制等问题。通过将区块链与数据交易系统相结合，利用共识算法对数据进行确权和对交易进行记录，可以加强数据产权保护和提升交易合规性，构建可信任的交易环境，突破数据流动孤岛。

3. 数字贸易发展对全球价值链重构的意义

数字贸易发展对全球价值链重构的影响，体现为数字贸易发展推动数字产品嵌入全球价值链，改变了全球价值创造模式和全球价值链收入分配格局，形成了全新的价值链。

现代数字技术在全球贸易中的广泛渗透，推动了数字贸易发展，最直接体现为贸易方式和贸易对象的数字化。数字产品作为一种中间产品逐渐被嵌入全球价值链，参与全球的分工与利益分配，影响着全球价值链的变动轨迹和位置提升，全球价值链治理结构和治理体系也会发生根本改变，从而推动全球价值链的转型重构，带来贸易、投资和产业转移效应，进一步改变全球价值创造模式。数字产品在全球价值链中创造的价值将会越来越多，在数字产品与服务生产中居于核心地位的国家或地区也将获得绝大多数新创造的价值，从而形成改变全球价值链变动轨迹的一股力量，这会改变现有的全球价值链嵌入模式。然而，在全球价值链数字化转型的过程中，全球价值创造会变得越来越知识密集化，大部分价值将会凝结在数字产品与服务中，并参与全球分工与价值分配，产品的生产过程会逐渐变得高度标准化和模块化。

进入数字贸易新时代，数字产品嵌入全球价值链，不可避免地会带来全球生产分工与供应链的变化，进而会改变全球价值链收入分配格局。需要引起重视的是，在数字贸易引起的全球价值链收入分配格局的变化中，增加值利润并不是向中间端集聚，而是向上游和下游集聚，这也就意味着数字贸易的发展会进一步加剧现有全球价值链收入分配的不平等。此外，数字贸易的发展会随着贸易方式的数字化和贸易对象的数字化进程不断加快，也会进一步推动形成全新的价值链。从贸易方式的数字化来看，体现为数字技术与传统贸易的不断渗透与深度融合，从而提升贸易的效率，降低贸易的交易成本，扩大全球贸易范围；从贸易对象的数字化来看，则体现为数字经济时代的到来。数据作为一种关键的生产要素参与生产过程并实现价值创造，且随着数字技术的发展，数字产品与服务在全球贸易中的份额会逐渐增大，不断替代传统货物或服务产品，形成全新的数字产品价值链。

4. 数字贸易的发展与中国全面对外开放

中国虽然已经成为货物贸易大国，但是仍处于全球价值链的中低端，要完成从贸易大国到贸易强国的转变，需要“拓展对外贸易，培育贸易新业态新模式”。数字贸易适应开放型世界经济，与国家经济战略相吻合，对于全面开放新格局的形成具有重要意义。

数字贸易有利于拓展对外贸易的组织形态。一方面，在数字贸易背景下，碎片化的订单、个性化的需求使得跨境电子商务这种贸易新业态蓬勃发展；另一方面，数字贸易促进了多种产业深度融合，催生了包括采购、仓储、加工、配送和信息服务在内的一体化供应链管理模式。数字贸易对培育贸易新业态新模式具有重要意义，在未来，对外贸易的业态和模式将朝着更开放、更融合的方向发展。

数字贸易有利于实现贸易强国的宏伟目标。数字贸易利用互联网的开放性将传统链条式的贸易转至统一的互联网平台，大幅减少了中间环节，为中国中小企业迈入国际市场创造了有利条件。发展数字贸易，以信息化、标准化、集约化为导向，加快信息技术在流通领域的创新应用，促进线上线下融合，对推动中国贸易增长具有重要意义，有利于中国早日实现从贸易大国到贸易强国的转变。

数字贸易有利于增强全球网络的辐射能力。中国是世界贸易大国，国际贸易网络已经形成并且正在深入发展；生产网络也在近百个境外工业园区的建设中逐渐形成；至于服务网络，无论是消费品出口所需的售后服务网络，还是为全球生产基地提供的服务网络体系，都在逐步完善。数字贸易将进一步推动中国贸易、生产和服务网络的纵深发展，提高网络各节点间的协同化水平，有效增强其对全球网络的辐射能力，这对于推动形成全面开放新格局具有重要战略意义。

数字贸易有利于探求竞争优势的创新源泉。在传统国际贸易中，国际竞争优势主要由市场结构、市场行为等外生性因素以及异质性资源和企业能力等内生性因素决定。数字贸易则强调消费者个性偏好、贸易生态系统等的关键作用。数字贸易下的信息资源是无限的、可共享的，确保贸易信息的质量、时效和共享将成为塑造国际贸易新竞争优势的关键条件。此外，数字贸易创造了更加公平的贸易机会，中国大量的中小企业将在国际舞台发挥越来越重要的作用。发展数字贸易有助于中国培育国际竞争新优势，形成集普惠、集约、个性为一体的国际贸易生态系统。

2.2 数字贸易全球治理

一、数字贸易全球治理的构成

1. 数字贸易全球治理的目标

数字贸易全球治理的目标是多重的，除了服从全球治理以人类安全、和平、发展、福利、平等和人权为宗旨的基本目标外，还有以下几个方面。

第一，促进数字贸易全球化纵深发展。数字技术和数字化转型使得世界贸易联系更加紧密，促进了商品、资本、技术、信息在全球范围的配置。全球数字贸易的有效治理旨在维护好数字贸易全球化的秩序，有助于对冲逆全球化的风险。

第二，协调多元治理主体分歧。当前以国家为主体的传统多边治理机制面临多重困境，而随着数字技术的发展，以超级平台为代表的私营部门却凭借海量数据、先进技术和丰富的数字服务，成为联结产业链与用户等多方主体的纽带，推动大数据、人工智能、5G 技术等新兴规则出台。协调多元治理主体分歧，不仅仅是缩小发达国家与落后国家间的数字发展鸿沟、理念差距，更应进一步消除主权国家政府与私营部门间的分歧，增进二者在数字领域内的共同合作，积极探索公私合作责任分担、技术支撑的新机制，共同应对数字贸易全球化挑战，形成有效的多主体协同治理。

第三，促进数字技术向善发展。与通常被认为的制度非中性不同，技术本身更多地具有中性的特点。特别是近二十年来随着数字技术的进步，数据存储、计算和传输的成本大幅降低，即便是传统贸易全球化的偏远之地也可能从数字贸易全球化浪潮中获益。但技术频频被滥用，算法被加入了宗教、肤色、种族、性别等因素，严重违背了公平、平等等原则。数字时代的技术力量将是空前强大的，未来促进数字技术向善，最大限度地削减技术本身及技术规则的非中性影响，帮助后发国家与弱势群体融入数字贸易全球化，构建更加普惠、共享的数字贸易新秩序，应当成为全球数字贸易治理的重要目标。

2. 数字贸易全球治理的原则

（1）多元协同共治原则。随着互联网特别是移动互联网的发展，社会治理模式正在从单向管理转向双向互动，从线下转向线上线下融合，从单纯的政府监管转向更加注重社会协同治理。全球数字贸易是一个完整的生态系统，对全球数字贸易的治理应当有协同治理的大理念。数字贸易治理与传统贸易治理在治理主体上的不同之处在于：大量技术、平台公司的崛起，和数字平台在信息匹配、定价、信用评价、知识产权保护、消费者保护等问题上的具体实践，将直接决定跨国市场的运行方式，其对数字治理规则的落地和细化是全球治理规则的有力补充。当前以国家为主体的传统多边治理机制遭遇困境，作为联结产业与用户等多方主体的纽带，数字企业特别是平台企业可以灵活地游走于国际机制之间，推动数字贸易领域的标准与规则的出台。

（2）谨慎的技术中性原则。技术中性支持者大多认为剥离技术身上作为价值的善与恶，“赤裸”的技术本身是纯粹的、无偏见的。然而，随着技术本身的不断进步，特别是数字技术出现后，技术的发明初衷与其预期可能被赋予的价值的界限越来越模糊，“技术”愈发趋向于一个复杂的“过程”，而不是简单的“物”或“结果”。如今，各国为了抢占全球数字贸易治理话语权的制高点，纷纷推出本国的数字贸易治理规则，数字信息技术早已成为美国对中国进行贸易制裁和技术封锁的主要领域。数字贸易区别于传统贸易的一个重要特征在于其数字技术属性，倡导谨慎的数字技术中性原则、让数字技术更多地回归技术本身，有利于国家间加强领域内问题的协同共治，也是促进技术向善、推动全球数字技术持续创新和数字贸易健康发展的关键所在。

（3）公平互惠原则。在全球“数据价值链”中，许多国家都处于从属地位，价值和数据都集中在少数几个全球性平台和其他领先的跨国公司手中。处于各种发展阶段的国家只能成为这些数字平台的原始数据提供者，同时不得不为平台所有者利用这些数据产生的数字智能付费。秉承数字贸易治理的公平互惠原则，一方面要弥合数字鸿沟，特别是要提高欠发达地区的数字技术水平，增加对落后地区的数字基础设施建设援助；另一方面要推动建立更加包容开放的全球性数字贸易规则，既兼顾数字贸易发达国家的利益，也要尽量减少部分发达国家的高标准对发展中国家构成的“发展壁垒”。

3. 数字贸易全球治理的主体

与传统的贸易治理相同，数字贸易全球治理的主体也应当包括主权国家、国际组织、跨国公司和全球公民社会等。由于数字贸易本质上仍是数字化的实体贸易，这意味着参与数字贸易全球治理的国家主体并未缺位，但同时数字贸易意味着工业、农业等实体贸易高度数字化，传统贸易与数字贸易的边界越来越模糊，这又需要国家更多地将主权、责任让渡于一些超国家组织、平台。与传统贸易全球治理相比，数字贸易全球治理主体将发生以下重大变化。

一是主权国家政府仍占据主导地位，但其在数字贸易全球治理中的地位发生了变化。互联网无处不在，使得企业和个人可以轻易地绕过任何一个国家的法律，从而国家法规与计算机网络的去中心化结构之间的协调变得越来越困难。但这并不代表互联网削弱了国家监管全球贸易的能力，国家尤其是大国仍然是处理全球化和互联网带来的社会和政治外部影响的主要行为体。强大的国家会使用一系列外交政策替代措施来推动其预期偏好转化为预期结果，而非国家行为体往往只是在边缘地区影响结果。此外，中国等新兴贸易体经过多年蛰伏之后在数字贸易全球治理舞台搭建中占据了核心位置。数据显示，一方面，以中国为代表的新兴国家在全球数字贸易中所占规模稳步扩大；另一方面，数字贸易全球治理主体同样存在巨大分化，发达国家仍占有主导地位。

二是私营部门在数字贸易全球治理中的作用凸显。第一，公司的属性由多元化走向一元化。十年前，全球市值前五的巨头是埃克森美孚、通用、微软、花旗银行、美国银行，这些跨国公司遍布传统能源、制造业、金融等诸多行业。而在今天，全球市值前五的巨头悉数变为数字科技公司，分别是微软、苹果、亚马逊、谷歌和脸书，它们成为数字贸易时代最富活力的贸易组织。第二，公司作为数字贸易全球治理主体的重要性进一步深化。第二次世界大战特别是冷战结束后，富可敌国的跨国公司在国家贸易决策乃至外交谈判中发挥着举足轻重的作用，许多跨国公司都是极其强大的机构，它们拥有的资源远远超过大多数联合国成员，但政府和国家依然是贸易活动的主导者。而在数字贸易时代，由于公众对网络平台的依附以及政府在网络空间的效能缺失，数字科技公司特别是超级网络平台甚至可能超越政府主体，从狭隘的网络治理范畴延伸至社会治理乃至国家治理范畴。第三，公司的社会动员能力进一步加强。在过去，公司更多只是雇员的公司（即便许多跨国公司有很多拥趸，公司对他们的动员能力也几乎可以忽略不计），但在数字贸易时代，超级网络平台成了容纳数十亿用户群体的庞大社会空间。第四，全球化的参与者由头部企业向平民企业延伸。在过去的数十年里，参与全球化的企业往往都是大型跨国企业。在数字贸易时代，全球化的参与者由头部企业向平民企业延伸，但这并不是要求每个企业都在全球市场中参与大规模的重组、并购、投资并融入全球资本市场。数字贸易尤其是平台贸易的出现让诸多中小企业（G7 国家中，中小企业占 GDP 的比重在 50%以上；在中国，90%以上的企业都是中小企业）参与全球贸易的成本降低，得到更多参与全球化的机会。

三是个人开始走向数字贸易全球治理舞台的中心。在数字贸易时代，消费者将从社会生产的相对独立的旁观者变成深度参与者。有学者指出，工业时代和数字时代的分水岭在于前者是以产品为中心，后者是以顾客为中心。在数字贸易全球化时代，消费者的重要性进一步凸显的原因在于：一方面，数据资源成为关键生产要素。作为数据的主要生产者，互联网用户在体验和消费的过程中产生海量数据，由此组成了平台企业、各国政府的宝贵资源。另一方面，新一代消费者是数字贸易最积极的参与者和推动者。被称为“数字原住民”的新一代消费者的消费习惯、消费路径和社交方式与互联网平台高度契合，这让他们更容易胜任今天的许多岗位，更快地成为高效工作者，更容易适应新商业模式以及新技术带来的各种组合。

4. 数字贸易全球治理的客体

数字贸易全球治理的客体更多的是数字政策协调、数字垄断、数字鸿沟以及数字伦理等新问题。

第一，数字政策协调问题。进入 21 世纪以来，以数字贸易为代表的新业态蓬勃发展，世界掀起了数字化浪潮，不管是老牌西方国家还是新兴贸易体都出台了专门的数字贸易发展战略。当今世界正处在数字贸易与工业贸易交汇更迭的过渡时期，数字战略无疑在推动数字贸易发展、提升国家治理能力等方面发挥了重要作用。但政策本身具有外溢性，规则外溢更是大国参与全球治理进而谋求主导全球治理规则的惯用伎俩，作为利益攸关者的各国在博弈过程中制定的政策往往是相互竞争乃至针锋相对的。强调宏观数字政策协调，一方面要让数字贸易政策落到实处，推动各国数字技术、数字贸易向善发展；另一方面则是要减少制度间的交易成本、增进国家间的数字互信。

第二，数字垄断问题。源于数字平台企业的快速扩张与监管不足的矛盾，当前整个全球“北方”的监管格局可以说是自由放任的，正因如此，美国超级平台在全球范围内拥有几乎不受约束的主权权力。针对数字寡头的反垄断争议由来已久，学界对于是否以及如何对数字寡头进行有效监管一直持不同看法，但就目前而言，由数字寡头垄断已经衍生出市场机制扭曲、数据滥用、贫富差距等一系列问题，成为数字贸易全球治理中亟待解决的一大难题。

第三，数字鸿沟问题。不同国家、行业乃至个人对数据要素、数字基础设施占有程度、应用程度的差异造成了信息差及贫富两极分化。在国际层面主要体现为南北国家在数字贸易规模、数字基建、数字应用以及数字规则主导权方面的悬殊差距，在国内层面主要体现为年龄差异、性别差异、行业差异乃至种族差异等。数字贸易对传统贸易的取代，可能进一步削弱发展中国家的贸易收益。“数字鸿沟”概念自被提出以来，便成为国际社会广泛热议、关注的话题，致力于缩小数字鸿沟也成为各大国际组织、论坛的重要议题之一。但迄今为止，如何应对全球数字鸿沟问题，国际社会仍缺乏可行之策。

第四，数字伦理问题。这一问题产生的根源在于数字技术，特别是人工智能技术的快速发展及其在不同领域的普及应用所衍生的伦理及安全风险问题与监管缺失的矛盾。具体问题包括智能推送算法引发的“信息茧房”现象、就业与犯罪风险评估算法体现的“算法歧视”倾向，以及就业冲击、舆论操纵、隐私侵害等。

二、现有数字贸易全球治理制度

1. DEPA框架下的全球治理制度

《数字经济伙伴关系协定》（DEPA）是2020年6月新加坡与新西兰、智利签订的一项数字经济协定，旨在针对海量的数字贸易，在协定国之间建立一个体现数字经济发展趋势的规则框架。2021年11月，中国向DEPA保存方新西兰正式提出申请加入DEPA。

DEPA提出了发展数字经济的相关价值观念。各缔约方认识到，持续的经济成功取决于融合利用先进科技来改善现有的业务模式，创造新产品和市场，以及改进日常生活；认识到互联网及其开放架构作为数字经济的推动者和全球创新的催化剂的全球性价值；认识到在促进数字体系的互操作和增进产品和服务的价值增值方面开放的标准的作用；认识到数字经济发展对于实现联合国可持续发展目标、推动包容性经济增长的重要性；认识到利用先进技术为所有人谋利益的需要；认识到与数字经济相关的越来越广泛的壁垒，需要更新全球规则以做出回应；认识到数字经济正在发展，因此DEPA以及其他规则、合作必须同样继续发展；认识到有效的国内数字经济政策的协调能更加有效地为取得可持续经济发展做出贡献；认识到各个国家和地区有关数字经济监管事务的独立性，作为领先的线上经济体在保护关键基础设施和确保一个安全和可靠的互联网方面的共同利益，以支持创新和经济社会发展；同时承认各缔约方固有的监管权力，并决心保持各方在制定立法和监管优先事项、保障公共福利和保护合法公共政策目标方面的灵活性；重申促进公司社会责任感、文化认同和多样性、环境保护和保育、性别平等、民族权利、劳工权利、包容性贸易、可持续发展和传统知识，以及维护他们为公共利益进行管理的权利的重要性。

DEPA总结了数字经济领域的相关治理经验。DEPA包括十六个模块，包括初步规定和一般定义、商业和贸易便利化、数字产品及相关问题的处理、数据问题、广泛的信任环境、商业和消费者信任、数字身份、新兴趋势和技术、创新与数字经济、中小企业合作、数字包容、联合委员会和联络点、透明度、争端解决、例外和最后条款。与传统的欧美关于数字经济相关规则主要围绕处理数据跨境流动与隐私保护及其相互关系等问题不同，基于智利、新西兰、新加坡三国数字贸易产业基础和整体发展状况自身特点，DEPA更强调兼容性、可互操作性、多元性、可持续发展、中小企业发展合作等现实操作问题。

DEPA表达了在发展数字经济中争取多边合作达成共同繁荣的发展诉求。DEPA实质上是一个非整体性的约束性承诺，其采用模块化的结构和执行方式，允许加入协定的国家或地区根据自身情况只加入其中的特定模块并履行该模块要求的义务，有利于让更多的国家或地区以符合自己数字经济发展水平的方式加入数字经济多边合作中，在关键领域形成共识、开放的标准和通用规范，以充分发挥其在发展数字经济、促进科技创新性和可持续发展方面的作用。DEPA以模块式相对灵活和软性的制度参与安排为数字时代如何形成和执行国际制度、规则和规范提供了很好的借鉴，有利于在互相尊重各国和地区发展特点基础上形成更开放、包容、普惠的数字市场并在合作中不断优化制度，推动普遍发展与共同繁荣。

扩展阅读

DEPA规则比较及中国加入路径分析

2. 联合国框架下的全球治理制度

WTO作为拥有众多成员的多边贸易机制成为数字贸易规则的重要磋商平台。尽管多哈回合谈判的停滞削弱了WTO的谈判功能，但数字贸易成为各成员方广泛关注的重要议题之一，其谈判正在加速进行中。WTO成立不久，各成员方就开始对电子商务进行磋商。1998年，在日内瓦部长级会议上，各成员方一致通过了《全球电子商务宣言》(Declaration on Global Electronic Commerce)。《全球电子商务宣言》明确指出，WTO建立一个电子商务工作计划，设专门机构负责实施该计划，总理事会定期根据该机构的报告对工作计划进行审议。同时，各成员方部长将在部长级会议上定期对这一计划进行讨论。2019年1月，在达沃斯世界经济论坛年会上，美国、欧盟、日本及其他70多个WTO成员方表示共同致力于推进电子商务谈判，在WTO框架下建立高标准的电子商务规则，并表示谈判对其他WTO成员方同时开放。目前，WTO的电子商务小组已扩大至86个成员方，主要涵盖赋能电子商务、电子商务与开放、电子商务与信用、交叉议题、电信、市场准入六大议题。这些成员方希望在WTO多边贸易框架中推出高标准的电子商务规则，并吸引更多的成员方参加，最后成为WTO的多边规则。

电子商务谈判涉及的核心议题包括多个方面：第一，建立开放的贸易环境。美国主张在世界范围内建立自由开放的互联网，认为“一个自由开放的互联网能够使新兴和变革性的互联网服务产生和发展，这些互联网服务将会改变社交网络、信息、娱乐、电子商务以及其他服务”。第二，数据跨境流动和数据本地化。数据跨境流动是关乎电子商务和未来数字经济发展的核心议题之一。随着电子商务的发展，跨境数字贸易不局限于货物贸易，更有数字产品与服务的跨境交换。而随着工业互联网的拓展，全球供应链与工业互联网结合，跨境电子商务会成为全球供应链下的载体，推动更多跨境工业品的设计、生产和销售，其背后则是大量的数据跨境流动。在当下及今后，在多边层面如何规定数据跨境流动规则有着十分重要的意义。第三，电子商务征收关税。在 1998 年的《全球电子商务宣言》中，成员方达成一致不对电子转移征税，但由于自该宣言签订以来 WTO 未能推出有关电子商务的具体规则，而随着跨境电子商务的发展，各国对“电子转移免于征税”分歧不断扩大，并主要集中在“电子转移”的内涵以及跨境电子商务是否永久免于征税等方面。

3. 双边/多边区域经贸协定下的全球治理制度

WTO 多边贸易平台在推动数字贸易规则磋商的同时，主要国家也在通过双边和多边区域贸易协定来加快推动数字贸易规则的制定。已经达成的《美墨加协定》《全面与进步跨太平洋伙伴关系协定》《区域全面经济伙伴关系协定》都设专章对数字贸易进行了规定。

第一，《美墨加协定》对于数字贸易的基本规定。《美墨加协定》（USMCA）由美国、墨西哥和加拿大于 2018 年 9 月达成，并于 2020 年 7 月 1 日生效实施。USMCA 与 WTO 框架下的电子商务不同，强调数字贸易，并在协定第 19 章进行了专门规定。USMCA 中的“数字贸易”涵盖更为广泛的数字经济活动，成员国的意图在于扩大协调数字领域的范围，加速推动 USMCA 框架下各国的数字领域合作。USMCA 第 19 章第 2 条强调，明确成员国的数字贸易规则及基本框架对推动经济增长和机会有着重要意义。首先，有关数据跨境流动和数据本地化。USMCA 第 19 章第 11 条第 1 款要求成员国数据跨境自由流动。但同时规定了适用例外，即成员国基于合法的公共政策目的时可以限制数据跨境自由流动，但不得构成“任意、不合理或虚假的”贸易保护，即限制数据跨境自由流动不得超过应有的范围。对于数据本地化，USMCA 持坚决反对的立场，规定成员国不得以数字本地化作为进行商业活动的前提。其次，有关数字贸易是否征收关税。USMCA 第 19 章第 3 条规定，成员国不得对跨境电子转移的产品征收关税、费用以及其他税费。但 USMCA 并未限制成员国对电子转移的产品征收国内税及其他费用。这一点与 WTO 电子商务谈判中主要发达成员立场一致。最后，有关成员国合作。USMCA 第 19 章第 14 条要求成员国加强合作，推动各国分享数字贸易的法规、政策以及实施信息和经验的分享。USMCA 还提出成员国应加强合作，在多边层面推动数字贸易规则的制定。

第二，《全面与进步跨太平洋伙伴关系协定》关于数字贸易的规定。《全面与进步跨太平洋伙伴关系协定》(CPTPP）是由《跨太平洋伙伴关系协定》(TPP）11 国在美国退出 TPP 之后继续磋商，于 2018 年 3 月达成的协定，并于 2018 年 12 月 30 日生效实施。CPTPP 保留了 TPP 的基本框架和主要内容，第 14 章有关电子商务规定的结构与美国主导的 USMCA 有着相似之处。首先，关于数据跨境流动和数据本地化。CPTPP 与 USMCA 在这一问题上的立场相同，强调数据跨境自由流动。CPTPP 规定成员国政府可以基于合法的公共政策目的进行限制，但这种限制不得构成“任意、不合理或虚假的”贸易保护，并且这种限制应该局限在一定范围内。需要指出的是，CPTPP 第 14 章第 11 条第 1 款规定，成员国对数据跨境流动拥有自身立法权。有关数据本地化，CPTPP 虽然禁止成员国以数据本地化作为在本国开展商业活动的前提条件，但同样给予成员国一定程度的适用例外，并赋予成员国“为了确保安全和通信保密而制定本国有关数据本地化规则”的权利。其次，关于电子商务是否征收关税。CPTPP 与 USMCA 采取同样的立场和规定，禁止对电子传输的产品征收关税和其他税费，但成员国有权征收国内税和费用。再次，关于各国合作。CPTPP 第 14 章第 15 条规定成员国应加强有关电子商务政策、法律及其实施信息和经验的交流以及参加多边谈判，这与 USMCA 的规定基本相同。但与此同时，CPTPP 还规定成员国应帮助中小企业克服利用电子商务的障碍。最后，关于争端解决的适用问题。CPTPP 第 14 章第 18 条明确规定电子商务适用争端解决机制。除马来西亚和越南外，其他成员国可以将针对另一成员国的电子商务义务履行问题提交至争端解决中心进行裁决，争端解决裁决将会对成员国双方有强制执行力。这是 USMCA 对数字贸易的规定中所未能包含的。

第三，《区域全面经济伙伴关系协定》有关数字贸易的规定。《区域全面经济伙伴关系协定》是中国、日本、韩国、澳大利亚、新西兰以及东盟签订的区域自由贸易协定，于 2022 年 1 月 1 日正式生效。该协定第 12 章对电子商务进行了规定，其第 2 条明确，有关电子商务规定的目的是促进成员国电子商务的发展和全球对电子商务的广泛使用，建立互信的电子商务环境以及促进成员国发展电子商务合作。首先，关于数据跨境流动和数据本地化。该协定第 12 章第 15 条第 2 款规定，成员国不得阻止以从事商业活动为目的的数据跨境自由流动。但与此同时，该协定与 USMCA 和 CPTPP 相同，规定了成员国政府可以基于合法的公共政策目的采取限制措施，只是这种限制措施不应构成“任意、不合理或虚假的”贸易保护。该协定第 12 章第 15 条第 3 款同时规定，成员国可以基于安全理由采取限制数据跨境流动的措施。该协定同时赋予成员国制定国内法对数据跨境流动进行规定的权利。针对数据本地化，该协定规定成员国有权制定国内法进行规定。原则上，成员国不得将数据本地化作为从事商业活动的条件，但可提出适用例外，即成员国政府可以基于合法的公共政策目的或“核心安全利益”采取必要措施要求数据本地化。其次，关于电子商务是否征收关税。该协定第12章第11条规定，成员国不得对电子商务征收关税，但同时强调，成员国应根据WTO有关条款的磋商结果重新审议本条款，并对实践进行调整。该协定还规定成员国对跨境电子传输产品可征收其他税及费用。在这一问题上，该协定并没有像USMCA和CPTPP那样强调成员国对跨境电子传输产品免于征收边境所有关税和费用。这对签署该协定的广大发展中国家成员保护自身财政税收有着重要的意义。再次，关于成员国合作。该协定要求成员国在电子商务方面加强合作，推动成员国将合作放在更为重要的位置。其中不仅包括要求成员国加强电子商务发展和利用实践信息的分享，积极参加多边体系下的电子商务谈判，更提出要帮助成员国实施和提升其推行电子商务法律框架的能力，以及鼓励企业强化责任和提升消费者信心，更好地推动电子商务在区域内部发展。最后，关于争端解决的适用问题。该协定与CPTPP一样，将电子商务纳入争端解决范围。成员国之间有关电子商务条款适用存在分歧时，可以诉诸争端解决机制加以裁决。当事双方可以先磋商解决。若磋商不成，则进入裁决程序，裁决对当事双方均具有法律约束力。

三、数字贸易全球治理面临的挑战

尽管已取得不少新进展，全球数字贸易规则的制定仍面临一系列挑战：

首先，规则的兼容性不足，制约其广泛适用。数字贸易规则的有效性，在很大程度上体现为全球范围内的互联互通和互操作性。当前，数字贸易相关协定及非约束性制度安排大量涌现，在规则议题和内容表述上趋同，但在机制设计和实施保障等方面差异很大，使得全球范围内的制度联通、政策对接与监管协调并没有得到明显改善，导致合规成本较高。此外，国际上就数字贸易统计存在分歧，各协定关于“跨境数据传输”“数字服务”“数字身份”等界定还存在不一致甚至缺漏，进一步限制了规则的广泛适用。

其次，核心规则上各国诉求差异明显。数据跨境流动是数字贸易发展的重要前提，也是规则制定的核心议题，事关各国数据安全、国家安全、网络犯罪监管与个人隐私保护等，很难用统一规则满足各国不同的监管诉求。近年来，一些国家就数据跨境流动出台新规，但越来越多的国家将数据视为重要的生产要素加以保护，令竞争加剧，国际互信明显不足，进而导致规则制定仍未达成广泛共识。尤其是由于发展水平差异，发达国家和发展中国家之间的分歧更大。若各方诉求难以及时有效弥合，未来多边数字贸易治理的难度将进一步加大。

再次，数字鸿沟制约发展中国家深度参与数字贸易规则制定。数字经济与数字贸易为发展中国家融入经济全球化、参与国际分工合作提供了新机遇，成为促进全球数字红利转化和实现可持续发展目标的重要路径。但是，发展中国家数字经济发展与治理能力不足，限制了这一潜力的充分释放。此外，发展中国家对全球规则制定的参与度也有待提升，否则，规则制定无法充分反映发展中国家的诉求，并给予针对性解决方案，也就难以达成更广泛的共识、推动更大范围的数字贸易合作。

最后，各国对技术进步所带来的风险挑战存在认知差异。数字贸易发展带有明显的技术驱动性，由于各国技术发展水平差异较大，对技术走向及可能的风险挑战认识不一，各方在平衡发展与安全、创新与监管上的态度各不相同，数字贸易规则走向和能否有效执行也存在不确定性。

本章小结

本章主要梳理了数字贸易发展历史沿革，阐述了世界各国（尤其是美国、中国、欧盟）数字贸易的发展现状，介绍了数字贸易的发展趋势，数字贸易发展对于基础设施、新兴技术、全球价值链重构、中国全面对外开放的意义；通过拆解数字贸易全球治理的构成，说明其目标、原则、主体和客体，并介绍现有的 DEPA 框架、联合国框架、双边/多边区域经贸协定下的数字贸易全球治理制度，以及数字贸易全球治理面临的一系列挑战。

复习与思考

一、单选题

1. 数字贸易发展历史的三个阶段不包含：（　　）。

A. 数字产品与人工智能融合的阶段　　B. 数字产品与服务贸易的阶段

C. 实体货物、数字产品与服务贸易的阶段　D. 国际贸易电子化的阶段

2. 美国贸易代表办公室在 2017 年对“数字贸易”的定义不包含：（　　）。

A. 实现全球价值链的数据流　　B. 在线服务的提供

C. 实现智能制造服务　　D. 个人消费品在线下的销售

3. 首个设定数字贸易章节的贸易协定是：（　　）。

A.《通用数据保护条例》　　B.《美国-墨西哥-加拿大协定》

C.《美日数字贸易协定》　　D.《区域全面经济伙伴关系协定》

4.《数字经济伙伴关系协定》的初始成员国不包括：(　　)。

A. 新西兰　　B. 新加坡　　C. 澳大利亚　　D. 智利

5. 欧盟通过立法对个人数据跨境流动设定了“充分性保护认定”的文件是：(　　)。

A.《区域全面经济伙伴关系协定》　　B.《数字伙伴关系协定》

C.《通用数据保护条例》　　D.《全球跨境隐私规则宣言》

6. 在“一带一路”框架下，与中国宁波市合作建立电子商务港湾的国家为：(　　)。

A. 白俄罗斯　　B. 爱沙尼亚　　C. 立陶宛　　D. 拉脱维亚

7. 数字贸易的发展趋势不包含：(　　)。

A. 中间环节大幅减少　　B. 贸易成本普遍增加

C. 弱势群体广泛参与　　D. 生态系统智能互联

8. 数字贸易全球治理的目标不包含：(　　)。

A. 促进数字技术服务于个别国家利益　　B. 促进数字贸易全球化纵深发展

C. 促进数字技术向善发展　　D. 协调多元治理主体分歧

9. 数字贸易全球治理的原则不包含：(　　)。

A. 多元协同共治原则　　B. 强化竞争原则

C. 公平互惠原则　　D. 谨慎的技术中性原则

10. 世界上第一个“纯数字”贸易协定为：(　　)。

A.《全面与进步跨太平洋伙伴关系协定》

B.《区域全面经济伙伴关系协定》

C.《数字经济伙伴关系协定》

D.《美国-墨西哥-加拿大协定》

二、简答题

1. “数字贸易”这一概念的发展是如何演变的？

2. 美国、中国、欧盟的数字贸易发展现状如何？三者关注的重点领域又分别是什么？

3. 数字贸易的发展趋势有哪些？

4. 数字贸易对中国全面对外开放的意义是什么？

5. 请列举数字贸易全球治理的目标和原则。

第3章 新型基础设施与宏观环境

案例导入

2020年11月23日，中国丝路集团数字贸易总经理、微观科技联合创始人兼首席战略官受邀参加海上丝绸之路（海南）金融高峰论坛。他在“未来金融——金融业的‘科技革命’”的主题论坛中提出运用区块链模式与技术来解决跨境贸易问题以及建设数字经济时代海南自贸港DTI数字贸易基础设施。他提出通过区块链技术，构建海南自贸港链接全球物流体系，形成一个区块链式的“全球海外共享仓”系统和物流系统，促进海南自贸港的自由贸易政策优势走向全球仓储。他还提出把海南自由贸易政策带到全球，包括国内自贸区，使得海南自贸港成为“内循环和外循环”的信息纽带、贸易纽带、金融纽带，带动海南自贸港“外贸产业带”的发展。尤其是在RCEP框架签署后，构建基于区块链模式与技术的DTI数字贸易基础设施，对RCEP的实施与发展会起到监管互认、执法互助、信息共享的基础平台作用，对海南自贸港自由贸易的发展发挥“雪中送炭”的作用。

学习目标

掌握新型基础设施的内涵与外延；理解新型基础设施的特征；了解中国新型基础设施的发展现状以及相关政策；理解新型基础设施建设对国家、企业、个人的影响；了解数字贸易的相关政策。

形势分析

新型基础设施夯实数字贸易基础

2018 年 12 月的中央经济工作会议首次提出新型基础设施建设，随后几年，国家针对新型基础设施提出的相关政策也在与时俱进发展。新型基础设施快速发展，基于新型基础设施的数字经济也发展迅猛。

近几年来，数字经济正改写和重构世界经济的版图，以 5G、数据中心等为代表的新型基础设施建设逐渐成为各国发展的重点。对于处于转型之中的中国而言，数字经济是发展的重中之重，数字经济不仅有利于中国经济结构的调整，还有利于创新驱动发展。数字经济凭借自身在信息传播、数据创造和低成本层面的优势，通过数字化的知识与信息构成中国经济高质量发展的新动能。

2020 年初，新冠疫情席卷全球，消费以及出口两匹马车受到约束，基础设施投资的重要性不断增加。同时，疫情在极大程度上改变了人们生活和工作的方式，远程医疗、线上办公、线上采购等走入了人们的日常生活，爆炸式的需求增长加速了云物流系统、通信网络、云计算中心等基础设施的建设。2020 年中国数字经济规模达到 39.2 万亿元，占 GDP 的比重为 38.6%，数字经济增速达到 GDP 增速 3 倍以上，成为稳定经济增长的关键动力，其中，信息基础设施建设发挥了重要作用。

关键概念

数字经济　新型基础设施　信息基础设施　融合基础设施　创新基础设施　产业政策　智慧城市

3.1 新型基础设施概述

一、新型基础设施的内涵与外延

狭义的定义认为新型基础设施主要是指依附前沿科学技术的基础设施，包括 5G

基站、特高压、城际高速铁路以及城际轨道交通、充电桩、大数据中心、人工智能、工业互联网等七大领域；广义的定义是指按照2019年底的中央经济工作会议有关“基础设施短板”的提法，新型基础设施除了包括上述七大领域以外，还包括城市的地下管廊系统、医疗卫生设施、养老设施等。

2020年4月20日，国家发展改革委在新闻发布会中明确，新型基础设施是以新发展理念为引领，以技术创新为驱动，以信息网络为基础，面向高质量发展需要，提供数字转型、智能升级、融合创新等服务的基础设施体系。

新型基础设施包括以下三方面：

（1）信息基础设施。主要是指以5G、物联网、工业互联网、卫星互联网为代表的网络基础设施，以人工智能、云计算、区块链等为代表的技术基础设施，以数据中心、智能计算中心为代表的算力基础设施等。

（2）融合基础设施。主要是指深度应用互联网、大数据、人工智能等技术，支撑传统基础设施转型升级，进而形成的融合基础设施，如智能交通基础设施、智慧能源基础设施等。由于特高压、高铁、智能充电桩等产业在交通和能源等领域中居于最为核心的位置，因此也属于新型基础设施的范畴。

（3）创新基础设施。主要是指支撑科学研究、技术开发、产品研制的具有公益属性的基础设施。

新型基础设施建设的三个基本面分别对应着数字技术的发展、传统产业的数字化转型，以及基础科学和共性技术的研发。

二、新型基础设施的特征

1. 新型基础设施建设的基本特征：高投资

高投资是基础设施建设过程中最显著的特点，新型基础设施同样具有这一特征。从发展的角度看，新型基础设施投资具有持续性。与传统数字基础设施建设稳定性较强、技术成熟度较高的技术特点不同，数字技术作为新型基础设施建设的支撑和驱动力，具有较强的成长性和较高的更新速度，在技术发展的不同阶段需要持续引入增量资本。从应用的角度看，新型基础设施投资链条长。新型基础设施建设真正发挥作用依赖于成熟的应用场景，而应用场景的构建和开发意味着新型基础设施建设的投资链条被延伸，更长的投资链条无疑需要更庞大的资金支出。从管理的角度看，与传统基础设施一致，新型基础设施建设也包括后期的运营、维护、升级。对于技术密集型新型基础设施来说，因技术不断创新，标准不断提升，新型基础设施建设管理费用更高，因此所需资金也就更多。高投入就要求高回报，因此，新型基础设施建设倾向于集中在人口密集、经济密集且能实现高收益的地区。

2. 跨越数字鸿沟的基本目标：普惠性

新型基础设施建设激活并推动了日常生活场景和众多公共服务的“数字化”设置。但与之不匹配的是，宏观上充裕的新型基础设施建设受制于付费能力和区位等因素，导致部分人群可能会被排斥。那么想要破除新型基础设施建设在收入、地理位置等方面的限制，提高新型基础设施建设的普惠性是十分重要的。具体来说，即物理上的可获得性、技术上的可连接性以及经济上的可负担性。

第一，物理上的可获得性。物理上的可获得性体现了普遍服务原则，是指在经济欠发达地区或落后地区为收入相对较低的群体及其他弱势群体提供有一定程度质量保证的数字服务。一方面，可获得性要求设施数量要充足，新型基础设施建设的供给能力必须满足服务需求；另一方面，新型基础设施建设可获得性的衡量要兼顾区域发展、人口分布等因素。

第二，技术上的可连接性。技术上的可连接性是指在技术的支持下为农村或偏远地区的非数字用户提供实现“数字化融入”的可能性。

第三，经济上的可负担性。新型基础设施建设滞后地区往往对应着当地经济发展水平落后的情况，为这些地区的人们提供他们经济承担能力内可负担的宽带价格就很重要。

三、中国新型基础设施的发展现状

1. 信息基础设施

信息基础设施是数字经济时代下经济转型升级的主要驱动力。

（1）网络基础设施。中国 5G 技术在全球范围内处于领先地位。5G 技术的发展是中国产业数字化、智能化的关键，包括增强移动宽带（eMBB）、低时延高可靠（uRLLC）和海量大连接（mMTC）三大应用场景，分别对应手机终端、车联网和物联网等，进而对医疗、安防、教育等多个具体行业大有帮助。

（2）技术基础设施。人工智能是数字经济时代最为核心的应用技术之一，其核心特点是能够基于大量数据通过相应的算法针对特定目标群体形成更为准确的解决方案，如无人驾驶、病情诊断等。同时中国多家企业在具体人工智能场景应用方面取得了显著进展。如科大讯飞有深度全序列卷积神经网络语音识别框架，语音输入法的准确率可达 98%。

（3）算力基础设施。数据中心是指按照统一标准建设，具备计算能力、存储能力、信息交互能力的为 IT 应用系统提供稳定、可靠运行环境的场所。近些年数据中心的服务对象主要是移动通信、互联网和大数据公司。随着 5G、人工智能、云计算等技术的发展，数据中心在物联网、虚拟现实/增强现实、云服务等新兴应用场景中的基础性作用更加凸显。尤其是阿里巴巴、腾讯、京东等互联网头部企业也纷纷构建起基于自身商业生态的云计算平台。据工信部直属中国电子信息产业发展研究院统计，2019 年中国数据中心数量约为 74 万个，机架数量为 227 万个。

2. 融合基础设施

融合基础设施主要是指基于新型数字技术转型升级的传统基础设施，智能电网、智慧交通等领域都属于融合基础设施范畴。

（1）智能电网主要是通过分布式配电自动化终端、集中器、电表、无人机、巡检机器人、高清摄像头等不同终端设备，通过 5G 网络切片技术将实时数据传送至业务云平台，结合人工智能等决策算法为业务管理提供高效、便捷、安全的服务。根据国家电网统计数据，截至 2019 年 6 月，特高压建成“九交十直”、核准在建“三交一直”工程，已投运特高压工程累计线路长度为 27 570 公里、累计变电（换流）容量为 29 620 万千伏安（千瓦）。

（2）智能交通领域的新型基础设施建设包括两个方面：①高铁、无人驾驶、智能充电桩等交通运输相关设施的建设；②基于大数据、人工智能、云计算等数字技术的智能化运营管理系统的建设。智能交通领域的融合基础设施涉及地理信息系统、卫星导航系统、通信网络系统、能源传输系统等多部门业务基于数字技术的融合。在上海、杭州等地建设的城市大脑服务平台中城市道路交通的智慧化管理应用是智能交通领域新型基础设施建设的典型案例。

3. 创新基础设施

创新基础设施主要是指针对中国科技发展过程中面临的重大技术攻关问题而搭建的大型研发平台，包括重大科技基础设施、科教基础设施和产业技术创新基础设施等。

（1）重大科技基础设施。重大科技基础设施包括大科学装置、大型通用研究设施和科技条件公共平台等。中国重大科技基础设施主要是依托高校、科研院所等由政府资金投入为主的主体而构建。中国建成有大天区面积多目标光纤光谱天文望远镜（LAMOST）、全超导托卡马克核聚变实验装置（EAST）、自主水下航行器研究平台等若干具有国际一流水平的基础研究设施。2019 年 10 月，教育部印发《高等学校国家重大科技基础设施建设管理办法（暂行）》，促进高校牵头建设能够提供开放共享服务的大型复杂科学研究装置或系统。截至 2020 年 4 月，中国再度布局 55 个重大科技基础设施建设项目。

（2）科教基础设施。科教基础设施相对于重大科技基础设施而言，更多地侧重于成果转化、人才培养与教学研究。2022 年 12 月，中共中央、国务院印发《扩大内需战略规划纲要（2022—2035 年）》，其中指出，要着眼建设世界一流大学和一流科研院所，加强科教基础设施和产教融合平台建设。

（3）产业技术创新基础设施。产业技术创新基础设施是指在战略性领域组建服务关键共性技术、前沿引领技术、现代工程技术、颠覆性技术的投资孵化平台。2018 年 1 月国家发改委印发的《国家产业创新中心建设工作指引（试行）》提出，产业创新中心的建设应当以企业主导、院校协作、多元投资、成果分享的模式推进。

四、中国新型基础设施的相关政策

1. 信息基础设施产业政策

信息基础设施产业政策针对数字经济发展的特征，强调核心技术的研发、技术的应用性和数字生态的构建。政策主要以鼓励技术研发和培育市场环境的功能性产业政策为主。同时政府出台的各项政策有利于完善数据安全、隐私保护等，为数字经济的发展营造良好的环境。

5G 是信息基础设施建设的重点。2019 年 5 月，工信部、国资委联合出台《关于开展深入推进宽带网络提速降费 支撑经济高质量发展 2019 专项行动的通知》，组织开展 5G 国内标准研制工作，加快了 5G 网络建设进程。2019 年 6 月，工信部向中国电信、中国联通、中国移动和中国广电四家企业发放 5G 运营牌照，中国 5G 技术进入商用元年。2020 年 3 月，发改委、工信部印发《关于组织实施 2020 年新型基础设施建设工程（宽带网络和 5G 领域）的通知》，重点支持虚拟企业专网、智能电网、车联网等 7 大领域的 5G 创新应用提升工程。在人工智能领域，2016 年 3 月公布的《中华人民共和国国民经济和社会发展第十三个五年规划纲要》显示，人工智能概念进入“十三五”重大工程。2016 年 5 月，发改委、工信部、科技部、中央网信办联合出台《“互联网+”人工智能三年行动实施方案》，意在推动核心技术研发与产业化工程等一系列工程项目建设，利用中央预算内资金、专项建设基金、工业转型升级资金、国家重大科研计划等多种渠道，更好地发挥财政资金的引导作用，并鼓励通过债券融资等方式支持企业发展，支持有条件的人工智能企业发行公司债券，进而达到建立人工智能技术标准体系、加强人工智能专利布局、借助“一带一路”的国家倡议走向国际市场的目的。2017年7月，国务院出台《新一代人工智能发展规划》，确定了新一代人工智能“三步走”发展战略，强调要通过建立新一代人工智能基础理论等方式构建开放协同的人工智能科技创新体系；通过产业智能化升级培育高端智能经济；通过社会治理智能化建设安全便捷的智能社会；通过财政投入、引导社会资本的方式布局新一代人工智能重大科技项目。2019年3月，中央全面深化改革委员会第七次会议审议通过的《关于促进人工智能和实体经济深度融合的指导意见》指出，要把握新一代人工智能发展的特点，坚持以市场需求为导向，以产业应用为目标，深化改革创新，优化制度环境，激发企业创新活力和内生动力，结合不同行业、不同区域特点，探索创新成果应用转化的路径和方法，构建数据驱动、人机协同、跨界融合、共创分享的智能经济形态。

2. 融合基础设施产业政策

融合基础设施涉及的能源和交通领域的智能化转型主要依托大型国有企业完成，高铁、电网等产业的市场主体是大型国有企业。

初期的智能电网产业政策以技术标准制定、能源规划和制度建设为主，在5G技术日渐成熟的背景下，5G技术在智能电网建设中的应用成为政策扶持的重点。2015年7月，发改委和能源局发布《关于促进智能电网发展的指导意见》，加强传统能源和新能源发电的厂站级智能化建设，实现电源与电网信息的高效互通，优化电源结构，引导电源主动参与调峰调频等辅助服务，建立相应运营补偿机制。2017年10月，科技部发布《关于发布国家重点研发计划新能源汽车等重点专项2018年度项目申报指南的通知》，将智能电网列入重点研发名单。2019年6月，国家标准化管理委员会发布《关于推广国家技术标准创新基地（智能电网）建设经验做法的通知》，推动智能电网领域标准体系的建立。2020年3月，发改委、工信部印发《关于组织实施2020年新型基础设施建设工程（宽带网络和5G领域）的通知》，重点支持面向智能电网的5G新技术规模化应用。基于5G新型网络架构及智能电网场景，开展5G端到端网络切片及资源调度系统研发，满足智能电网业务管理区隔离、业务隔离等网络需求。研发网络关键设备和原型系统，提供融合5G技术的智能电网整体解决方案。

3. 创新基础设施政策

创新基础设施是对原来的国家重大科技基础设施的拓展和延伸，尤其是在中国面临一系列“卡脖子”技术的现状下，充分发挥举国体制的优势，强化基础科学和技术领域的研究是保障中国产业持续发展的重要保障。

以重大科技基础设施为例，重大科技基础设施的建设属于科技政策和创新领域范畴，但同时由于重大科技基础设施的主要服务对象是高校和科研院所等具有教育职能的研究机构，因此重大科技基础设施的建设也涉及教育政策。中国重大科技基础设施的建设基本由国家财政担负建设费用，因此其实施方式也遵循申请审批的模式。2013 年 3 月，国务院印发的《国家重大科技基础设施建设中长期规划（2012—2030 年）》指出，根据重大科技基础设施发展的国际趋势和国内基础，以能源、生命、地球系统与环境、材料、粒子物理和核物理、空间和天文、工程技术 7 个科学领域为重点，完善重大科技基础设施体系。2014 年 11 月，发改委、财政部等联合出台《国家重大科技基础设施管理办法》，规定重大科技基础设施项目实行审批制，由国家发展改革委会同科技部、财政部、自然科学基金委等有关部门编制设施建设规划，报国务院审批。2016 年 12 月，发改委、中科院、自然科学基金会等九个单位联合印发《国家重大科技基础设施建设“十三五”规划》，布局空间环境地基监测网、大型光学红外望远镜等十个建设项目。2019 年 10 月，教育部出台《高等学校国家重大科技基础设施建设管理办法（暂行）》，鼓励参与中大科技基础设施建设和研发工作，为参与大设施建设的科学与工程技术、行政管理、实验技术人员提供物理空间、科研条件、职称评聘、考核晋升、绩效激励等方面的保障，在人员薪酬、人才引进、研究生招生等方面给予倾斜支持。

表 3 - 1 列出了 2018—2021 年中国国家层面出台的新型基础设施相关政策。

表 3 - 1　2018—2021 年中国新型基础设施相关政策

时间	新型基础设施相关政策
2018 年 12 月	中央经济工作会议首次提出“新型基础设施”。
2020 年 2 月	中央全面深化改革委员会第十二次会议提出要“统筹存量和增量、传统和新型基础设施发展”。
2020 年 4 月	国家发改委正式确认新型基础设施的含义。
2020 年 5 月	全国两会首次将“新型基础设施”写入政府工作报告。
2020 年 10 月	《中共中央关于制定国民经济和社会发展第十四个五年规划和二 O 三五年远景目标的建议》提出“系统布局新型基础设施”。
2021 年 3 月	《中华人民共和国国民经济和社会发展第十四个五年规划和 2035 年远景目标纲要》提出：“统筹推进传统基础设施和新型基础设施建设，打造系统完备、高效实用、智能绿色、安全可靠的现代化基础设施体系。”
2021 年 4 月	国家发改委新闻发布会确认在新型基础设施方面，2021 年将出台“十四五”新型基础设施建设规划。

为了推进新型基础设施的建设，各省份都积极出台了相关政策助力新型基础设施发展。在形式上，目前在所有省份中，已有 18 个省份发布了新型基础设施建设的推动政策。在内容上，自从国家发改委针对新型基础设施做了较为详细的定义后，各省份针对新型基础设施建设也以此为核心内容进行了行动部署。各类政策均针对信息基础设施、融合基础设施、创新基础设施规定了具体的政策要求。表 3-2 列出了部分省份的重要相关政策。

表 3-2　部分省份新型基础设施相关政策

时间	省份	政策名称	内容
2020 年 5 月	江苏省	《关于加快新型信息基础设施建设扩大信息消费的若干政策措施》	加快新型信息基础设施建设、释放信息消费增长潜能、推动产业数字化转型。
2020 年 5 月	上海市	《上海市推进新型基础设施建设行动方案（2020—2022 年）》	主要任务集中在新网络、新设施、新平台、新终端等方面。
2020 年 6 月	北京市	《北京市加快新型基础设施建设行动方案（2020—2022 年）》	聚焦新网络、新要素、新生态、新平台、新应用、新安全六大方向。
2020 年 6 月	重庆市	《重庆市新型基础设施重大项目建设行动方案（2020—2022 年）》	围绕信息基础设施、融合基础设施、创新基础设施 3 个方面，突出新型网络、智能计算、信息安全、转型促进、融合应用、基础科研、产业创新 7 大板块重点，强化重大项目的牵引与带动作用，积极布局 5G、数据中心、人工智能、物联网、工业互联网等新型基础设施建设，有序推进数字设施化、设施数字化进程，为全市经济社会高质量发展注入新动能。
2020 年 7 月	浙江省	《浙江省新型基础设施建设三年行动计划（2020—2022 年）》	主要任务包括实施数字基础设施建设行动、整体智治设施建设行动、生态环境设施智能化建设行动、交通物流设施智能化建设行动、清洁能源设施智能化建设行动、幸福民生设施智能化建设行动、重大科研设施建设行动、产业创新平台建设行动、产业融合发展行动、应用场景创新行动等十大行动。

续表

时间	省份	政策名称	内容
2020年11月	广东省	《广东省推进新型基础设施建设三年实施方案（2020—2022年）》	构建互联一体化网络，推进信息基础设施建设；打造四大创新能力支撑集群，推进创新基础设施建设；推进十大智慧工程，推进融合基础设施建设。
2021年3月	天津市	《天津市新型基础设施建设三年行动方案（2021—2023年）》	加快建设信息基础设施，推进信息网络演进升级、全面发展融合基础设施，构建多元智能应用生态、前瞻布局创新基础设施，夯实智能经济发展基础。

3.2 新型基础设施建设的影响

一、新型基础设施建设对国家的影响

1. 缩小城乡收入差距

新型基础设施可以通过助力农业增收和提高非农收入来缩小城乡收入差距，新型基础设施对城乡收入差距存在基于人力资本、交通基础设施、城镇化水平的单一门槛效应，跨过门槛值后，新型基础设施缩小城乡收入差距的作用更为显著。从助力农业增收的角度分析，农村新型基础设施建设在生产、销售和流通领域所发挥的作用有助于增加农民的农业收益，导致城乡经营性收入差距缩小。其一，在生产领域，农村新型基础设施可以帮助农民及时发现农作物的市场行情，降低农业信息搜寻成本，增进农民与专家的线上联系，有助于农民做出理性的种植决策，采取科学种植方法，提高农作物的产量，最终提高农民收入。其二，在销售领域，农村新型基础设施的建立可以带动农村电子商务的发展，增加农产品的销售渠道，使农民可以通过电商直播带货的方式售卖农产品，扩大宣传力度，传播范围更广。其三，在流通领域，农村新型基础设施建设有助于推动农村流通业数字化发展，帮助农产品快速出村、出城，缩短农产品流转时间，拓宽农产品流通渠道。而且，互联网水平较高地区的流通业发展能够促使农村住户增收，进而使城乡收入差距缩小。从提高

非农收入的角度分析，为使城乡工资性收入差距缩小，新型基础设施的发展可以通过增加就业渠道和提升人力资本两方面来带动农民非农就业，提高农民工资性收入。一方面，新型基础设施的建立与改善不仅可以使农民能够通过网络直接获取招聘信息，而且创造了新的就业岗位，增加了新的就业渠道。另一方面，新型基础设施的建立与改善使农村人口接触到高质量的网上教育，提升人力资本，适应现阶段的就业形势。农民可以获得与城镇住户同等的线上教育资源，以较低成本提升专业能力，增加农民收入，从而缩小城乡收入差距。

2. 优化产业结构

新型基础设施可以促进传统产业转型升级。数字经济已成为中国产业结构迈向中高端的重要驱动力，互联网作为数字经济的重要支撑，能够持续推动产业结构合理化。产业智能化是产业数字化的具体表现，会引致更多的高技术人才需求，影响资本、劳动等生产要素在产业间的重新配置，进而推动产业结构转型升级。

新型基础设施可以带动新兴产业发展。新型基础设施建设对区域总体数字化创业活跃度、数字产品制造业创业活跃度和数字产品服务业创业活跃度均产生了促进作用。新型基础设施建设通过数字型人力资本专业化和多样化集聚提升了区域数字化创业活跃度。

此外，新型基础设施可以降低信息不对称和提高交易效率，协同人力资本和制度环境从而对产业结构高度化起促进作用。

3. 促进城市创新水平提升

新型基础设施建设对城市创新水平提升具有显著的促进作用。新型基础设施建设通过提升信息化水平、促进数字金融发展以及缓解劳动力错配三个渠道提高了城市创新水平。新型基础设施建设引致的信息化水平提高，有效降低了创新活动中的信息获取成本和沟通成本，从而促进创新水平的提高；新型基础设施建设推动数字金融的发展，通过提高金融服务的可获得性和便利性，缓解了创新主体的融资约束问题，从而促进城市创新水平的提高；新型基础设施建设通过促进劳动力市场的信息流动，同时从供需两侧缓解了劳动力错配，进一步推动城市创新。

4. 增加就业

新型基础设施改善总体上能够显著提高就业创造率，并降低就业破坏率，在耦合作用下对净就业增长率产生积极效应，即表现出“创造”效应。新型基础设施主要通过市场进出提升就业创造率，并通过企业调整和市场进出降低就业破坏率。

5. 促进服务业结构升级

新型基础设施通过技术创新效应和人力资本高级化效应显著促进服务业结构升级，并且，持续推进的要素市场化改革能在提升技术创新效应和人力资本高级化效应的同时，间接增强新型基础设施对服务业结构升级的积极影响。新型基础设施加快由人力资本流动所带来的隐性知识流动，有助于增强区域创新能力，提升服务业发展效率，带动服务业结构升级。并且，持续强化的创新扩散与创新外溢等技术创新"网络效应"会通过提升服务业发展效率，推动服务业结构升级。伴随新型基础设施建设，高端人力资本集聚能有效匹配服务业从劳动密集型向资本密集型，进而向知识密集型与技术密集型转变所需的高级化人力资本配置结构。完善的要素市场不仅能真实地反映要素价格，还有助于要素在企业间或行业间流动，促进劳动力、资本和技术等要素转移至配置效率更高的服务业领域，推进服务业结构升级。

6. 有助于建设智慧城市

大数据、人工智能、云计算等技术可以帮助建立城市模型，为智慧城市建设提供决策支持，还可以模拟城市运行，使城市构建更加合理。2021 年发布的第二届"智慧城市政府 50 强"榜单中，新加坡、首尔、伦敦、巴塞罗那、赫尔辛基、纽约、蒙特利尔、上海、维也纳和阿姆斯特丹位列前十。虽然中国仅上海进入榜单，但杭州、广州等城市也在加快智慧城市建设步伐，中小城市如太仓市、禹州市、南乐县、莘县等也在加快数字化转型。相信假以时日，中国智慧城市建设也会赶超欧美。

二、新型基础设施建设对企业的影响

1. 提高上市公司的 ESG 表现

新型基础设施建设可以显著提高上市公司的 ESG 表现。新型基础设施建设一方面能够加速企业数字化转型，提高数字要素在企业生产经营活动中的贡献，推动劳动、资本要素的产出效率持续改善；另一方面能够缓解市场信息不对称问题，降低企业融资成本，提高企业的资本市场表现，即新型基础设施建设对于传统业务模式企业的绿色治理转型发挥更大推动作用。机制检验发现，新型基础设施建设显著推动了企业数字化转型，推动数字要素与劳动、资本要素的深度融合，进而实现更高的劳动生产率与资本生产率。此外，新型基础设施建设带来的信息环境改善提高了企业资本市场表现。

2. 提升企业的人力资本竞争优势

数字化人才数量越多，新型基础设施对经济高质量发展的促进作用越强。数字技术的应用会加大对高学历劳动力的用工需求，优化企业人力资本结构，正反馈于人力资本对高质量发展的激励作用。

就推进新型基础设施建设而言，一方面，人工智能服务可以通过使用更便宜的资本，补充或替代劳动力，推动生产率提升，并在减少低技能就业岗位的同时创造出一些高技能就业岗位；另一方面，数字技术的普及可以促进企业知识重组与知识转移能力提升等，进而影响企业的人力资本竞争优势。

3. 优化企业金融资源配置效率

推进新型基础设施建设，促进数字金融等新兴业态蓬勃发展，对缓解企业融资约束，进而促进企业全要素生产率提升发挥了重要作用。企业可以基于互联网平台的借贷市场来破解融资约束问题。数字金融的发展拓宽了融资渠道、增加了融资数量，企业能以相对较低的成本高效地吸纳分散的投资者，并借助其多样化服务模式多维度拓宽融资渠道以实现融资、支付、投资等金融服务。基于互联网金融的企业融资平台及融资机制有利于增强企业信息搜集能力，促进金融主体间的联结，在一定程度上能有效降低借贷市场中相关环节的信息不对称性，拓宽金融服务内容和边界，进而优化金融资源配置效率。

4. 降低企业经营成本

推进新型基础设施建设，可以降低企业经营成本。从企业管理角度来看，智能服务、数字平台等数字技术不断嵌入，改变了企业传统的生产经营、业务流程管理与组织结构架构等，能有效降低企业内外部管理及协调成本。一是新型基础设施的完善及数字技术应用优化了原有的生产经营流程，促使企业生产、销售及服务等环节模块化与集成化，重塑了企业的价值创造链条，使得企业以较少的资源要素投入实现更多的产出，有利于降低企业的生产经营成本，提高生产研发效率。二是新型基础设施建设推进了企业数字化转型，促使企业部门层级网络化，强化了各部门之间的协同作业与无缝连接，如能够降低企业研发人员间技术交流时间和团队间的协作成本，大大降低企业内部的管理成本，使人财物和信息等资源进行有效配合，从而提升企业组织管理效率。此外，数字技术应用拓展了企业获取信息的深度和广度，企业借助数字平台进行资源和知识搜索，可以大幅降低企业对外部知识信息的搜集成本、减少中间消耗等。

5. 优化要素配置效率并促进企业全要素生产率提升

新型基础设施建设对优化要素配置效率、释放要素潜力，进而促进企业全要素生产率提升产生了深刻影响。新型基础设施可通过替代部分人力资本投入、缓解融资约束以及降低企业经营成本促进企业全要素生产率提升。宽带网络、大数据中心及5G基站等数字设施的涌现，促进了企业间的互动合作与知识信息流动，有利于企业实现互补性资源的共享匹配、缓解资源错配等。

6. 促进企业创新

新型基础设施的改善，可以通过增强知识溢出效应、促进企业人力资本积累、降低企业成本、推动企业数字化转型等路径提升企业创新绩效。新型基础设施建设有助于打破知识溢出的地理桎梏，实现知识溢出的本地效应与外地效应对企业创新的协同促进作用，这是其促进企业创新的根本原因。

7. 提高与消费者的交互性

新型基础设施可以使信息的流动更加快速、高效，企业可以快速了解消费者的需求偏好，然后迅速做出调整。

三、新型基础设施建设对个人的影响

1. 提高数据流动和线上支付的准确性、安全性、高效性

在全球化的背景下，未来各国之间经济往来会越来越多，个人也能通过一些跨国的购物平台实现跨国消费。在这样的发展背景下，跨国数据流动和跨国线上支付会越来越频繁，提高数据流动和线上支付的准确性、安全性和高效性就显得尤为重要，而新型基础设施就能起到这样的作用。建设新型基础设施，可以为跨国电子商务发展打下坚实基础。具体来说，网络基础设施、技术基础设施和算力基础设施有助于提高数据流动的准确性、安全性、高效性。例如5G技术可以使数据流动更为便捷、高效和准确，人工智能可以帮助检测系统的安全性。通过新型基础设施建设，消费者可以更安全、更高效地支付账单。

2. 促进对外贸易，增加消费者的福利

由于新型基础设施建设是对外贸易的基础，加强新型基础设施建设就可以促进对外贸易。新型基础设施建设加速对外贸易数字化，使得国际贸易更加方便，这不仅体现在国际企业的跨国经营活动上，还体现在个人的消费上。新型基础设施的建设使得跨国线上购物平台更加完善，消费者可以通过线上购物平台与商家交易，国际贸易成本更低，消费者可以用更低的价格购买商品，同时消费者可选择的商品种类也更多，消费者福利增加。总的来说，新型基础设施建设有利于个人跨国交易，通过降低购物成本、提供更多商品选择来增加消费者的福利。

3. 降低市场信息不对称性

在新型基础设施得以完善之前，数据流动性较差，信息交互较困难，消费者可以搜集到的商品信息非常有限，企业更容易利用信息差来获取垄断地位。由于新型基础设施的建设可以提高数据流动的准确性和高效性，消费者可以快速搜集到众多商品信息。消费者通过比较同类商品的品质与价格使得市场竞争更加激烈。由于市场信息不对称性的降低，商品信息更加透明，企业难以获得垄断地位，消费者更容易以称心的价格获得高质量的商品。

3.3 数字贸易的宏观环境

一、中国对数字贸易的政策支持

中国一直以来非常注重数字经济的发展，中国重点领域和关键环节的数字化改革任务艰巨，在新形势下需要赋予自贸平台新的使命。党的十八大以来，中国先后设立 21 个自贸试验区和海南自由贸易港，形成了从沿边沿海到内陆全方位开放的新格局。数字自贸区以降低数字贸易壁垒、提高营商环境便利化水平为制度创新的主要内容，通过数字要素和数字技术两大创新支点，提升数字产业核心竞争力，创新数字监管服务模式，有序对接国际数字治理规则。自贸区/自贸港建设与数字贸易发展相辅相成，数字贸易为自贸试验区投资贸易自由化便利化、制造业转型升级、实现区域协同发展带来新机遇，同时数字经济发展需要自贸试验区的支撑。中国除了建设自贸区/自贸港外，还出台了很多数字贸易相关政策以支持数字贸易发展。

1. 国家层面对数字贸易的政策支持

近年来，为了促进数字贸易行业发展，中国颁布了多项关于支持、鼓励、规范数字贸易行业的相关政策。表 3－3 列出了近几年中国出台的部分数字贸易相关政策。

表 3-3 中国数字贸易政策整理

时间	颁布机构	政策名称	内容
2018 年 6 月	国务院	《关于同意深化服务贸易创新发展试点的批复》	探索推进服务贸易数字化，运用数字技术提升服务可贸易性，推动数字内容服务贸易新业态、新模式快速发展。推动以数字技术为支撑、以高端服务为先导的“服务＋”整体出口。积极拓展新兴服务贸易，重点推进服务外包、技术贸易、文化贸易发展。
2019 年 12 月	中共中央、国务院	《关于推进贸易高质量发展的指导意见》	按照贸易高质量发展的要求，建议各地要加快数字贸易的创新和发展。第一，要巩固具备优势的数字货物贸易出口，稳步提升数字服务贸易的比重并提升数字服务贸易增加值。第二，要积极扩大技术密集型高端数字服务领域的出口，增强数字化产品（数字音乐、数字文学等）贸易和数字服务（云计算、软件服务等）贸易领域的出口能力。同时积极探索远程医疗、远程教育、远程维修等数字贸易新业态和新模式。
2020 年 11 月	国务院办公厅	《关于推进对外贸易创新发展的实施意见》	加快贸易数字化发展。大力发展数字贸易，推进国家数字服务出口基地建设，鼓励企业向数字服务和综合服务提供商转型。支持企业不断提升贸易数字化和智能化管理能力。建设贸易数字化公共服务平台，服务企业数字化转型。
2022 年 1 月	国务院	《关于印发“十四五”数字经济发展规划的通知》	加快贸易数字化发展。以数字化驱动贸易主体转型和贸易方式变革，营造贸易数字化良好环境。完善数字贸易促进政策，加强制度供给和法律保障。
2022 年 6 月	国务院	《关于加强数字政府建设的指导意见》	大力推行“互联网＋监管”，构建全国一体化在线监管平台，推动监管数据和行政执法信息归集共享和有效利用，强化监管数据治理，推动跨地区、跨部门、跨层级协同监管，提升数字贸易跨境监管能力。

2. 各省市对数字贸易的政策支持

为了响应国家号召，各省市发布了一系列政策，积极推进数字贸易产业发展。表3-4整理了近几年部分省市数字贸易行业发展政策。

表3-4　部分省市数字贸易相关政策

时间	地区	政策名称	内容
2020年9月	北京	《北京市关于打造数字贸易试验区实施方案》	建设数字贸易孵化平台、服务平台，吸引和培育数字贸易中小企业集群化发展，通过数字贸易试验区建设，加快试点示范和政策创新，真正实现北京在数字领域更深层次、更宽领域、更大力度的高水平开放，吸引数字领域高端产业落地，推动数字龙头企业和优秀人才不断汇集，将北京打造成为具有全球影响力的数字经济和数字贸易先导区。
2020年12月	深圳	《中共深圳市委关于制定深圳市国民经济和社会发展第十四个五年规划和二〇三五年远景目标的建议》	打造数字贸易国际枢纽港，通过数字赋能促进贸易方式优化升级，提升贸易效率和便捷性。
2020年12月	广州	《中共广州市委关于制定广州市国民经济和社会发展第十四个五年规划和二〇三五年远景目标的建议》	发展跨境电商、海外仓、保税物流、外贸综合服务、数字贸易等新业态新模式，扩大国家服务贸易创新发展试点和市场采购试点。
2020年12月	杭州	《中共杭州市委关于制定杭州市国民经济和社会发展第十四个五年规划和二〇三五年远景目标的建议》	积极推进电子世界贸易平台全球布局，做大做强临空经济示范区，建成杭州大会展中心，探索建设数字自由贸易试验区，争取举办全球数字贸易博览会，打造全球数字贸易中心。
2021年9月	上海	《关于本市加快发展外贸新业态新模式的实施意见》	加快数字贸易发展。聚焦云服务、数字内容、数字服务等重点领域，着力发展互联网视听平台、数字化供应链平台、数字化营销平台等新模式新业态，发布数字贸易企业创新引领案例。建设数字贸易交易促进平台，深入应用区块链、大数据技术，提升在线跨境结算功能。

续表

时间	地区	政策名称	内容
2022年9月	江苏	《省政府办公厅关于印发江苏省推进数字贸易加快发展若干措施的通知》	完善数字贸易人才标准。推动省“双创计划”“333工程”等现有人才政策向数字贸易领域倾斜，加强数字贸易重点领域核心人才和国际化人才引进。促进产教融合，加强学科建设，深化校协企合作，分类推进数字贸易紧缺人才培养。

二、世界各国对数字贸易的政策支持

由于数字贸易具有广阔的发展前景和很强的辐射带动效应，以及能带来较高的“数字红利”，各国政府纷纷出台相关政策支持数字贸易的发展。然而，世界各国也普遍意识到数字贸易的发展对现有的贸易规则及政策形成冲击，构建新的数字贸易政策，确保新的贸易模式能够促进经济持续增长，是数字贸易发展中面临的重要课题。

1. 美国数字贸易政策的现状

数字经济的蓬勃发展主要得益于信息技术和互联网技术的普及，而美国作为世界上最强的科技强国，数字贸易的发展水平必然处于世界前列。美国积极推动双边谈判，与智利、韩国和澳大利亚都签订了自由贸易协定。在美国目前生效的自由贸易协定中，美韩自贸协定规定了最清晰的数字贸易政策，在协定中包含了如下内容：消费者可自由访问和使用互联网；承认跨境信息流动的重要性，防止跨国数据使用存在障碍。在TPP中也有一些创新政策，如：禁止数据跨境流动限制和数据本地化要求，但金融服务和政府采购除外；禁止将源代码披露或转移作为市场准入的条件，但有例外；促进网络安全方面的合作；保障跨境电子卡支付服务等。另外，美国也通过APEC等国际多边合作平台向世界各国传播自由贸易的理念，提出将“便利数字贸易，促进包容性增长”作为下一步讨论的核心议题。

2. 欧盟数字贸易政策的现状

2015年，欧盟公布了《数字单一市场战略》，并明确将数字产品与服务的准入、安全网络环境和数字经济增长作为单一市场的三大支柱。但随着国际社会对数字贸易重视度的提高，美国的数字贸易政策对欧盟经济及文化上的冲击加大，欧盟调整了数字贸易战略，于2017年发布《数字贸易战略》报告。迄今为止，欧盟一直采用《数字贸易战略》，在电子商务方面，欧盟规定在网络交易中，订货和付款都必须在网上进行，承认数字签名的合法性，加强对知识产权的保护等，将数字贸易作为欧盟经济复兴的重要引擎。欧盟法律还规定，仅在公司同意遵守《欧盟隐私法》的某些原则的情况下才允许欧盟公民将数据传输至欧盟成员国外。欧盟法律也禁止将数据输送到其他国家，除非目的国有合适的保护条款。

3. 英国数字贸易政策的现状

2015年，英国颁布《2015—2018年数字经济战略》，指出全国要依靠创新政策激发数字贸易发展活力，帮助和扶持数字化的新兴企业。2017年，英国发布《英国数字战略》，从连接战略、数字技能与包容性战略、数字经济战略、数字转型战略、网络空间战略、数字政府战略和数据经济战略等七大战略阐述了如何使英国成为一流的数字贸易强国。政府将深入推进与当地社区的合作，促进通信供应商走进社区，并将继续加大与制造业的合作，助力那些缺乏数字化能力的企业提升数字活力。同时，英国已将计算机编程课程纳入中小学必修课程，开设多项数字化的创新项目，从小就培养学生的数字能力。英国政府发起了“非凡出口”活动，旨在于2020年前激励和支持10万家新出口商，该活动将智慧城市确定为英国出口的关键增长领域。

4. 澳大利亚数字贸易政策的现状

澳大利亚是一个高度联结的国家，所有企业都是联网的，近四分之三的人使用手机上网，是世界上移动网络使用率最高的国家之一。澳大利亚最新的政府报告提出，发展数字贸易，政府应该最大限度地减少访问数据和数字服务的限制；减少数字产品出口壁垒；制定符合澳大利亚利益的国际标准；解决其他国家的监管障碍，包括限制影响澳大利亚数字出口的数据流；让其他国家参与支持数字经济增长和数字贸易所需的监管议程等政策。在国际上，澳大利亚也积极投身于有关有利于数字贸易发展的经济活动，如澳大利亚重新入选国际电信联盟（ITU）理事国，加入经济合作与发展组织数字经济工作组，积极参与国际论坛，推动数字贸易政策的制定。

5. 日本数字贸易政策的现状

作为曾经连续42年蝉联世界第二大经济体的日本，数字经济的基础设施已经相对完善，数字贸易已经成为日本的主导产业。日本通过《日本复兴战略》明确提出利用数字贸易振兴日本经济，主要包括完善信息通信、人才和安全保障方面的设施，公开公共数据，对政务实行电子化。为了进一步促进数字贸易的发展，日本政府实行了税收优惠制度：为了支持企业对日本数字信息产业的投资，日本政府制定了特定信息通信设备即时折旧制度，极大地缩短了信息通信设备的法定折旧年限；将非上市股份转让利润的税率由 26%降至 20%；允许研究费用从纳税额中扣除等。日本通过了对数字信息领域的减税政策，激励了企业信息化的发展活力，并对国内的企业加强监管，完善数字贸易政策。

6. 俄罗斯数字贸易政策的现状

相较于美国、日本、欧盟等经济体，俄罗斯的数字经济和数字贸易发展水平不高，但是其数字贸易政策有一定的代表性。首先来看数据监管。俄罗斯是数据监管程度最高的国家之一。俄罗斯设立了严格的数据管理要求，要求电信和互联网供应商至少保留数据 12 个小时，以便为俄罗斯联邦安全局提供数据资料。此外，俄罗斯存在数据本地化规定，要求俄罗斯公民数据的记录、系统化、积累、储存、修改和检索均要使用位于境内的数据库。俄罗斯数据隐私管理较为严格，将“被遗忘权”写入《公民隐私权保护条例》，拓宽隐私权的覆盖范围，相对于欧洲其他国家更为严格。其次来看网络平台管理。俄罗斯设立了严格的网络内容准入要求。实施包括深度检查和监视系统等在内的在线过滤机制。此外，俄罗斯还设立了严格的 ISP 中介责任制，规定了中介责任不到位的惩罚措施，明确了对侵权行为处理时间的要求。再次来看数字产品与服务贸易政策。俄罗斯的管制水平也比较高。例如，俄罗斯数字产品的零关税覆盖率为 62.25%，对销售数字产品的外国企业征收 18%的增值税。此外，俄罗斯限制加密技术的电信设备进口，其没有遵循国际公认的技术认定标准，而是单独制定了俄罗斯适用的通信标准。最后来看数字企业的本地进入政策。俄罗斯的限制壁垒较高。例如，俄罗斯对电信、媒体企业的外商投资设限较高。电信服务只能通过许可证制度提供；用户超过 50%的视听服务企业，只允许非俄罗斯公民最多持有 20%股权；媒体企业的外国所有权不得超过 20%。

7. 印度尼西亚数字贸易政策的现状

作为发展中国家，印度尼西亚的数字经济和数字贸易发展水平较低，其数字贸易政策却具有发展中经济体的一般特性。首先来看数据监管。印度尼西亚有着严格的数据本地化措施。印度尼西亚要求公共服务电子系统经营者必须在境内设立数据中心，互联网提供商必须使用本地 IP 号码并在境内存储数据。印度尼西亚没有禁止数据跨境流动，但个人数据的跨境传输必须征得数据主体的书面同意。其次来看网络平台管理。印度尼西亚存在网络内容许可和准入限制。印度尼西亚要求 ISP 必须采用 DNS、Nawala 和信任定位的系统进行网络内容过滤，但没有明确 ISP 在版权侵犯行为方面的作用和责任。再次来看数字产品与服务贸易政策。印度尼西亚对数字产品的进口审查较为严格。印度尼西亚规定数字产品线上销售的最低关税免征额为 100 美元，数字产品零关税覆盖率为 33.7%。此外，印度尼西亚存在本地化内容限制，交互式网络电视（IPTV）提供商的网络机顶盒应包含至少 20%的本地内容，IPTV 运营商应在其广播服务中提供至少 10%的国内内容，4G 智能手机至少拥有 30%的本地部件，用于无线宽带的设备应包括至少 40%的本地内容。最后来看数字企业的本地进入政策。印度尼西亚的监管壁垒较高。印度尼西亚不允许外国投资者拥有基站或蜂窝塔，外国投资者必须向印度尼西亚投资协调委员会登记并取得许可证。

三、世界各国数字贸易政策的比较

结合不同经济体数字贸易政策的立场和特点差异，本书重点筛选和梳理了三类典型国家的数字贸易政策法规发展现状及典型特点。

1. 以美国、日本、澳大利亚等为代表的发达国家

这些国家在数字贸易领域的政策较为开放，呈现出“国内监管态势整体宽松，但对外国企业准入和限制门槛高”的特点。从目标来看，美国是全球数字贸易的引领者和产业高地，在当前国际经贸格局中享有极高的话语权，意图抢占国际市场，主导未来的数字贸易规制。日本近年来积极推动“数字新政”，希冀利用数字贸易振兴日本经济。从内容来看，美国在数字贸易领域的政策法规最为完善，当前关注焦点是数据开放和政府数字化信息服务等领域。日本政府已将电子政务、人力资源、教育等领域纳入数字贸易发展战略中，支持数字贸易的立法也相对完善。

2. 以德国、法国、英国等为代表的欧洲发达国家

这些国家在数据流动等关键领域监管较为严格，整体呈现“区域内国家协同开放，对区域外国家监管严格”的特点。从目标来看，欧盟旨在打造欧盟共同市场，在拉动欧盟经济发展的同时，保护区域内公民隐私。从内容来看，欧洲发达国家数字贸易战略涉及的领域较窄，重点集中在以互联网、宽带为中心的现代信息和通信技术上。此外，由于欧洲国家在历史传统和社会文化中对个人隐私十分重视，且出于保护本区域内数字产业发展的需要，欧洲国家在数字资源领域的政策普遍较严格。

3. 以中国、俄罗斯、印度为代表的发展中国家

这些国家政策监管程度较高，以完善新型基础设施、改善数字贸易环境、弥补数字鸿沟为政策导向。从目标来看，发展中国家的数字贸易政策强调改善数字贸易环境，加强数据监管力度，保障数字贸易的安全性，并意图解决数字鸿沟问题。从内容来看，发展中国家的数字贸易政策法规多强调促进跨境电子商务的发展、提升跨境电子商务政策框架的透明度、改善跨境电子商务的基础设施和技术条件，以及加强隐私和知识产权保护，且态度较为审慎，监管力度较大。

四、数字贸易政策的发展趋势

1. 全球数字服务贸易限制性措施呈增多态势

世界各国数字服务贸易限制性措施呈增多态势。“数字全球化”浪潮下，各国抢抓数字经济新机遇，积极探索推进数字贸易发展。但面对新的经贸发展格局下衍生出的新问题，各国政府为维护本国利益，也站在各自的立场下推出了不同程度的限制性措施。根据经济合作与发展组织发布的数字贸易限制性指数（DTRI），2014—2020年间，共计有15个国家的数字贸易限制性指数增长，这15个国家的指数平均增长80.98%，同期的最高增长率达到218.07%。全球50个国家的数字服务贸易限制性指数均值已经连续5年向上攀升，限制性举措主要集中在基础设施的连通性领域。

2. 不同经济体之间数字贸易政策呈现分化特征

发达国家相较于发展中国家，在数字贸易领域的政策更加开放。由于发展中国家的数字产业基础薄弱、治理体系仍处于探索阶段，往往采取更为保守的政策措施。2020年，全球50个国家的数字贸易限制性指数平均值为0.191，数值高的多为发展中国家，最高的是哈萨克斯坦，金砖五国也位于前列，北美国家、欧盟国家、英国、日本和韩国等数值较低，这也意味着在数字贸易领域，发展中国家相较发达国家具有更高的限制性壁垒，发达国家的政策更为开放。

3. 各国数字贸易的限制性壁垒主要集中在基础设施的连通性和电子交易领域

在整个数字服务贸易的发生过程中，最主要的特点是新型基础设施的连接，以及数据作为基本要素的跨境流动，并由此产生了数据安全、电子合同、第三方金融、数字知识产权保护等多个新领域。从数字服务贸易限制性指数的五个维度来看，限制性壁垒最集中的是基础设施的连通性和电子交易这两个领域。

4. 更加注重对消费者隐私的保护

《跨太平洋伙伴关系协定》在第14章第7条提出缔约方应认识到保护消费者免受商业欺诈的重要性，同时应当建立消费者保护法。该协定第14章第8条鼓励缔约方建立和维持保护数字贸易使用者个人信息的法律制度。但是，该协定仅对消费者保护做了倡议性和原则性的规定，而没有明确具体的实施方案和侵权惩罚措施，《美墨加协定》对此进行了完善。《美墨加协定》第 19 章第 8 条第 3 款指出个人信息保护中的主要原则包括限制收集、选择、数据质量、目的规范、使用限制、安全保障、透明度、个人参与和责任。其他双边贸易协定中也有很多加强消费者隐私保护的内容。例如，《中国-澳大利亚自由贸易协定》和《中国-韩国自由贸易协定》均要求各方应尽可能地为使用电子商务的消费者提供保护，并纳入了电子认证和电子签名要求。又如，《欧盟-韩国自由贸易协定》第 7 章第 43 条要求缔约方遵守保护个人的基本权利和自由的承诺，应当采取保护隐私的相关措施，尤其是在个人数据传输方面。《美日数字贸易协定》允许使用电子身份验证和电子签名来进行数字交易，同时保护消费者和企业的机密信息，并确保将可执行的消费者保护应用于数字市场。除了强调加强消费者安全保护之外，各类贸易协定中均出现对国际标准化、普适性保护规则的诉求。《跨太平洋伙伴关系协定》第 14 章第 8 条鼓励缔约方建立相关机制来协调不同国家之间的制度差异性，以促进机制间的协调性。《美墨加协定》第 19 章第 8 条要求各缔约方在建立保护电子商务用户的个人信息的法律框架时，应考虑有关国际机构的原则和准则，例如《APEC 隐私框架》和《关于保护隐私和个人数据跨境流动的指南》。

本章小结

本章主要介绍了新型基础设施的内涵与外延，阐述了新型基础设施的特征，详细分析了新型基础设施建设给国家、企业、个人带来的影响。此外，还介绍了新型基础设施和数字经济的相关政策。通过本章的学习，读者应该对新型基础设施与数字经济的宏观环境有较为清晰的认识。

复习与思考

一、不定项选择题

1. 以下属于新型基础设施的是：（　　）。

A. 信息基础设施　　B. 融合基础设施

C. 创新基础设施　　D. 算力基础设施

2. 以下属于新型基础设施特征的是：（　　）。

A. 高投资　　B. 普惠性

C. 融资渠道多样　　D. 以信息基础设施为核心

3. 新型基础设施建设的影响有：（　　）。

A. 加大城乡收入差距　　B. 优化产业结构

C. 促进对外贸易升级　　D. 有助于智慧城市建设

二、简答题

1. 新型基础设施建设对国家有哪些影响?
2. 新型基础设施建设对企业有哪些影响?
3. 新型基础设施建设对个人有哪些影响?
4. 请简要说明什么是新型基础设施，以及它们有哪些特征。

第4章 数字产品与服务贸易

案例导入

科大讯飞

科大讯飞股份有限公司（以下简称科大讯飞）是亚太地区非常有名的智能语音和人工智能上市企业。其自1999年成立以来，致力于智能语音、自然语言理解、计算机视觉等核心技术研究和相关人工智能产品的开发，并积极推动人工智能行业应用落地，以建设美好世界。科大讯飞也是国内领先的技术创新企业，坚持源头创新，专注核心技术，多次在各项国际评测中取得佳绩，包括语音识别、语音合成、机器翻译、图文识别、图像理解、阅读理解、机器推理等。

科大讯飞不仅致力于相关人工智能技术和产品的研发，而且致力于向业界提供专业化的人工智能方案。讯飞开放平台于2010年诞生，是以智能语音和人机交互为核心的人工智能开放平台，可以为人工智能开发者提供一站式解决方案。截至2022年5月31日，讯飞开放平台取得了瞩目的辉煌成绩，实现了AI产品和开发团队在平台的大量聚集，如493项AI产品在该平台上开放，337.3万开发者团队聚集于此。此外，讯飞开放平台总应用数超过150.1万，累计覆盖终端设备数超过35.1亿，AI大学堂学员总量达到69.9万，链接超过420万生态伙伴，这些使以科大讯飞为中心的人工智能产业生态得到了持续构建。在该开放平台基础上，科大讯飞响应国家和政府号召，已向多个智慧行业赛道全面进发，如智慧城市、智慧教育、智慧医疗、智能汽车、运营商等，现已推出覆盖这些行业的智能产品及服务并推动这些智能产品与服务的深度应用，目前B端+C端双轮驱动成果显现。

科大讯飞不仅专注于国内业务，还致力于持续开拓海外市场。目前以科大讯飞为中心的人工智能生态已经逐步构建，中国的人工智能已经处于国际第一梯队，以科大讯飞为代表的中国人工智能企业已经在引领技术的发展。在海外市场的开拓中，科大讯飞着重加深C端布局，如针对韩国及北美市场的翻译机业务、针对日本市场的智能录音笔业务等。科大讯飞不仅自身致力于开拓国际业务，而且其与政府间的合作对中国的贸易也有非常大的促进作用，如2017年科大讯飞与海南省政府签订相关的行业战略合作协议，使得人工智能在海南落地生根、开花结果，在教育、医疗、政法等领域提供了多项解决方案，为海南有关翻译服务平台、国家新一代人工智能开放平台三亚中心、崖州湾科技城数字孪生平台建设提供技术支撑，也为海南自由贸易港的建设带来重要的技术加持。

学习目标

理解数字产品与服务的定义与内涵；了解并辨识信息产品、数字产品与数字化产品三者之间的区别和联系；了解数字产品与服务的分类；掌握数字产品与服务的物理特征和经济学特征；了解数字产品与服务的特点；了解数字产品与服务对中国贸易的影响；理解数字产品与服务贸易的产生动因；掌握数字产品与服务贸易的内涵和分类；了解数字产品与服务贸易的壁垒以及国际合作框架；了解数字产品与服务贸易的发展现状；了解中国数字产品与服务贸易面临的机遇和挑战。

形势分析

数交会助力中国数字产品与服务发展

2021年7月25日，由包括商务部、科学技术部、中国国际贸促会、辽宁省政府等在内的多政府部门主办，并由大连市政府和商务部外贸发展事务局承办的第十九届中国国际数字和软件服务交易会（简称数交会）顺利举行并最终圆满落幕。本届数交会以数字服务为核心，围绕“数字服务、创新未来”的主题举办了相关数字产品和服务的展览展示并开展了30多场论坛及洽谈活动。这次数交会展览总面积近3万平方米，参与此次展览的企业的数量超过500家。除了线下展览和会谈活动之外，此次展览同时采用线上模式，即通过“线上＋线下”双渠道模式，向大家展示各类数字产品与服务，最终共吸引10万人次观众进行观看，充分展示了数字和软件服务领域的最新发展和成就。此届数交会的圆满举办全面呈现了全球数字化转型的新动能、新成果，无疑将推动对中国产品、服务以及企业在数字化进程等方面展开深度交流和探索，同时对促进中国产业要素共享、强化产业协同融合、探索产业业态创新发挥巨大的作用，从而更好地助力供给侧结构性改革和经济的高质量发展，优化升级产业结构。从 2003 年的“广交流、共合作、同发展”到 2021 年的“数字服务、创新未来”，这 19 年来数交会对数字和技术服务的探讨越来越聚焦于“数字”本身，从“数据智能”到“数字赋能”再到“数字产品与服务”，“数据”无疑成为当代经济发展的核心要素。

《中华人民共和国国民经济和社会发展第十四个五年规划和 2035 年远景目标纲要》提出要加快数字化发展，建设数字中国。纲要中具体阐述了数字经济的七大产业和十大应用场景。七大产业属于数字产品与服务的供给方，包括云计算、大数据、物联网、工业互联网、区块链、人工智能、虚拟现实和增强现实；而十大应用场景则属于数字产品与服务的需求方，包括智能交通、智慧能源、智能制造、智慧农业及水利、智慧教育、智慧医疗、智慧文旅、智慧社区、智慧家居、智慧政务。目前而言，七大产业已经较为成熟且市场竞争较为激烈，而十大应用场景作为需投资方仍处于发展初期，尚待挖掘，这不仅需要依靠大企业的积极引领，也需要资金和政策扶持。“十四五”时期不仅是中国“两个一百年”奋斗目标的历史交汇期，而且是中国全面开启现代化强国建设新征程的关键机遇期。在当下数字经济和数字技术如火如荼发展的世界大背景下，重视企业等的数字化转型，即将视角和实践聚焦于“数字产品与服务及其贸易”无疑是我们实现奋斗目标的重要途径之一。“数字中国”将何去何从？我们拭目以待。

扩展阅读

ChatGPT 概念股火爆，超强颠覆还是又一泡沫？

关键概念

数字产品与服务　数字产品与服务贸易

4.1　数字产品与服务

一、数字产品与服务的内涵

传统上，我们能够清楚划分何谓产品，何谓服务，抑或二者的组合，但是在数字经济和数字贸易的发展与驱动下，服务出现在产品生产、分配、交换以及消费的各个环节，随着技术趋同和内容的便携性，互联网使产品与服务的界限越来越模糊不清。事实上现在很多被称为对数字产品的定义往往其中蕴含着服务，也即在一定程度上数字产品就表示数字产品与服务。数字产品与服务的定义往往或被赋予一个整体的概念，或分为数字产品和数字服务，给予不同的定义，或单纯地以数字产品来进行描述和定义。

因为国内外对数字产品与服务的研究角度不同，所以不论是从法律意义上赋予其内涵还是通过专利专著或期刊论文给予其定义，都存在较大不同。欧盟在相关指令中将数字产品与服务统一称为电子方式提供的服务，通过有限列举的方式来规定哪些种类的产品与服务属于数字产品与服务。电子方式提供的服务主要包括五大类内容：网站提供服务、网站托管服务、项目和设备远程维护服务；提供软件及其更新的服务；提供图片、文本、信息和数据库使用的服务；提供音乐、电影、游戏，政治、文化、艺术、体育及娱乐广播节目和活动的服务；提供远程教学的服务。而美国在《数字产品与服务公平税收法案》中对数字产品与服务的定义为：数字产品是指包含数字格式存在的音频、图片、数据、事实或者其结合物等的任何软件或以电子方式转移、交付的其他货物，且这些产品皆为真实存在的交易客体；而数字服务则指包括远程访问、使用数字产品的服务以及对消费者收费的数字产品转移或交付的附带性服务等在内的以数字化形式提供的任何服务。对比欧盟和美国对数字产品与服务的定义，前者采用有限枚举的方式，而后者则采用概括性的方式，美国的定义相对来说更具完整性、更能适应新型的数字技术的发展趋势。除此之外，WTO在《全球电子商务宣言》中对数字产品的定义为：以互联网为媒介传输并进行交付的内容产品。欧盟在《什么是数字服务》中对数字服务的定义为：电子化网络实现的服务；文字、信息、图像等信息的传输服务；视听内容的广播服务。

扩展阅读

Spotify是什么？声田是什么？声破天是什么？spotify简介

区别于欧盟、美国等的定义，国内往往通过讨论数字产品和数字化产品的关系来对数字产品与服务赋予不同的定义。有人认为数字产品是数字化的产品与服务，认为数字产品和数字化产品是两个等同的概念。而有人则定义了范围更为宽广的数字产品的概念，认为数字化产品和数字产品并不存在谁完全包含谁，二者应该是一个有交集的关系。从数字产品角度来看，也就是说有些数字化产品是数字产品，而有些数字化产品则不是数字产品。具体来说，凡是在互联网上收发的东西都可被称为数字产品，而一些以知识和过程的形式存在的没有相应实物形式的产品和服务也可被称为数字产品。而不同于“等同”也不等同于“交集”，有人指出数字产品仅是数字化产品的一部分，即百分之百数字化并以数字形态存在的那部分数字化产品。事实上从两个名词前者无“化”后者有“化”来看，我们都不能将二者轻易地等同，然后再从二者的存在形式来看，前者本身最基本的存在形式便是数字，是没有物理实体约束和制约的，而后者则区别于数字产品，是包含数字格式的交易物，仍然以客观物理实体作为基本的存在形式，数字产品是被包含在数字化产品之中的。

信息产品与数字产品也有密切的联系。更准确地说，数字产品是以信息产品为前身，随着科学技术和互联网的发展继而诞生和被热烈讨论的。狭义的信息产品是指基于信息的交换物，首先该产品必须具备交换价值，其次是其携带或记载的信息赋予其交换价值；而广义的信息产品则指具有传递信息的功能的产品。有人指出数字产品是指该产品能够交换，且其携带的信息内容采用数字格式，简言之即被数字化的信息产品，事实上这揭示了信息产品和数字产品二者之间是包含关系，数字产品一定是信息产品。举个简单的例子，被数据化的报刊既是信息产品也是数字产品，而纸质报纸是信息产品而不是数字产品。综上我们可以用图 4－1 来表示信息产品、数字产品和数字化产品三个概念之间的关系。

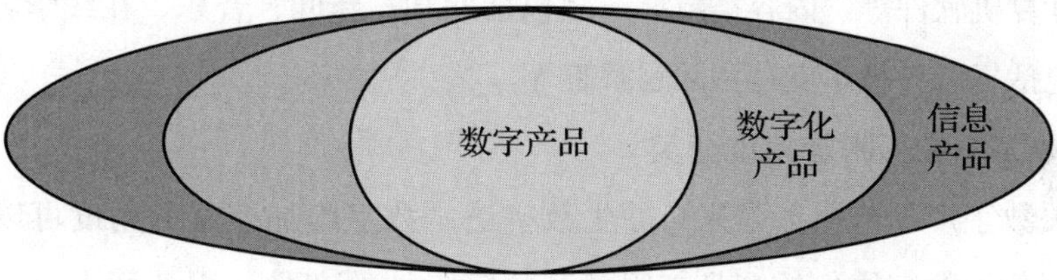

图 4－1　信息产品、数字产品和数字化产品的关系

除此之外，国内还有从其他角度对数字产品进行的定义。数字产品不仅包括附着于固定介质的产品，也包括电子传输的通过数字编码了的计算机软件、文本、录像、镜像及声音和其他产品，其中“产品”不做货物与服务的区别。数字产品还可以从狭义和广义两个范畴角度理解，狭义的数字产品指信息内容基于数字格式的交换物或通过互联网以比特流方式运送的产品，而广义的数字产品还包括基于数字技术的电子产品或将其转化为数字形式通过网络来传播和收发，或者依托于一定的物理载体而存在的产品。

二、数字产品与服务的种类

1. 从用途角度分类

从数字产品的用途角度可以将数字产品主要分为三类，分别是内容性产品、交换工具与数字过程和服务。其中，内容性产品主要有数字书刊、新闻电影和音乐这三种表达形式，它们皆是表达一定内容的数字产品；交换工具则指某种契约的数字产品，如数字化形式的预订、数字门票与票据等；数字过程和服务主要指数字化的交互行为，如交互式娱乐、远程教育、网络游戏等。

2. 从用户的需求角度分类

根据用户需求和使用方法之间的关系，在认为数字产品不同于传统产品，都是比特流，并在消除某些物理界限的前提下，数字产品可以被划分为三大类。首先是信息和娱乐产品，如纸上信息数字产品、音频、视频产品等可视化产品；其次是象征、符号和概念，如线上各类预约订票过程（预订火车票、飞机票、音乐会门票等）和电子化的有价证券和财务工具（支票、电子货币、信用卡等）；最后是过程和服务，如各种传真电子消费、远程教育、交互式娱乐和服务等。

3. 从存在形式角度分类

借助传统产品和服务的特性类比可以将数字产品划分为有形的数字产品和无形的数字产品两大类。有形的数字产品包含数字 TV、DVD、MP3、数码相机等；而无形的数字产品又细分为工具类、内容类、在线服务类等三种数字产品。工具类数字产品包括各种计算机软件等，内容类数字产品包括期刊、新闻、音乐、在线学习等，而在线服务类包括售后、技术支持和问题解答等。

4. 从数字原生与附加角度分类

从相关数字产品与服务是来自原生数字还是数字附加产生的角度可以将数字产品与服务划分为数字原生的产品与服务和数字附加的产品与服务两大类。前者是指信息技术通过产生并使用有效数据进而实现核心功能的产品及服务，通过该核心功能的实现我们才能称该类数字产品与服务具有对应价值。一旦相关信息技术所实现的功能不可用，便丧失对应价值，从而我们也不能将其作为一种数字产品与服务。具体例子有打车、外卖等软件应用，VR 游戏、体感游戏等电子游戏。后者在前者的基础上能够增加额外的功能，即被视为数字附加的产品与服务。如果该部分信息技术所实现的功能不可用，该类产品与服务仍将保留产品与服务的部分价值。具体例子如配备有耐高温摄像头的烤箱等。

三、数字产品与服务的性质

1. 物理特征

首先，数字产品具有不可破坏性的特点。具体而言，一旦某种数字产品被生产出来，其就能永久保持其存在形式，更直观的理解是在正常的存储状态下，数字产品具有无限的寿命，所以我们可以认为数字产品是一种耐用品，即不论数字产品用得多久或使用多少次都不会带来质量上的下降。

其次，数字产品具有可变性。可变性区别于存在形式，从数字产品的创造过程来刻画其特性，具体是指厂商可以根据不同消费者的不同需求在不同阶段（销售、转售及使用）对被需求的数字产品进行个性化的设计和定制化的生产。通过数字产品的可变性我们可以克服一些数字产品不可破坏性所带来的弊端，例如通过软件包对低版本软件进行升级，而不用重新下载和安装高版本的软件，但是同时这也意味着数字产品很容易被修改，对于厂商而言很难控制其产品的完整性，从而会给数字产品的知识产权保护带来很大困难。

再次，数字产品如易复制的数据本身一样还具有可复制的特点，优点是能够便捷地进行复制、储存、运输并分享，但同时可复制性也存在其弊端，会使数字产品的盗版猖獗、肆意泛滥，从而给其生产者带来非常大的经济损失。

最后，数字产品还具有传播速度快、与物理产品互补等优势，这极大地减少了消费者的搜寻成本和时间成本，给消费者和使用者带来了更大的效用。而对数字服务而言，相较于传统服务，在进行贸易时，明显二者的“载体”存在巨大的不同，前者使服务的对象和提供者发生分离，从而使服务更加具有可贸易性。

扩展阅读

国内首个 NFT 侵权案：《胖虎打疫苗》侵权案件结果公布！

2. 经济学特征

首先，数字产品与服务具有个人偏好依赖性。事实上，消费者的需求各异，本质上就存在着个人偏好差异。传统的产品与服务往往具有生产完后的定式，具有一定程度的同质性，然后等待着不同的消费者根据自己的偏好去近似地选择某种产品与服务，但是由于数字产品与服务的特性，消费者对数字产品与服务的需求更加具有对个人偏好的依赖性。换而言之，数字产品与服务能够在更精细、更多类的特征下满足不同消费者的个性化和定制化的需求，也就是说，消费者对数字产品与服务的需求决定了产品与服务本身的差异化。这种个人偏好的依赖性可以帮助厂商和销售者对数字产品与服务实施差异化定价，定价不仅要考虑成本，而且要考虑不同消费者的边际支付意愿，这同时也凸显出数字产品与服务具有特殊的成本结构（即固定成本高、边际成本低）。

其次，数字产品与服务给消费者带来的效用具有不确定性。也就是对于消费者和使用者而言，该类产品与服务所带来的满足感、快乐以及欲望的实现可能是递增的、递减的或者是保持在某个效用值不变的。具体而言，就是每多消费一给定量的数字产品与服务，它带来的效用是增加的、较少的和保持不变的。这种不确定性还体现在数字产品与服务质量的不确定性上，因为相较实体产品而言，在消费之前很难确定数字产品与服务的质量如何。

再次，从完全竞争市场和市场失灵的角度来看，数字产品与服务还具有网络外部性。网络外部性是指连接到一个网络的价值取决于已经连接到该网络的其他人的数量，也就是其用户数量越多，每个用户得到的效用越高。而数字产品与服务从其本身所携带的发端于网络的“数字”这一重要本质来看是具有网络外部性的，这种外部性对于使用者的效用具有很大的影响，从中能够产生可观规模的经济效益。

最后，数字产品与服务还具有一定程度的对其他同类产品的非排他性。非排他性是指数字产品在使用过程中并不消耗自身，不因个人使用而影响其他人使用，且其传递不受时空限制。一些数字产品还具有非竞争性，且数字产品的可复制性、不可破坏性加强了数字产品的非排他性。

四、数字产品与服务的特点

1. 通过云端与其他设备直连

以智能家居系统为例，它以云平台为基础和核心进行存储和计算，同时还综合利用传感器技术、智能化音视频处理技术以及短距离无线通信技术等其他技术共同搭建成“以人为中心”的智能家居系统。在这种智能家居系统中，云平台提供用户认证、数据存储以及与家庭网关相连的编程接口等基础服务，在这些基础服务上，云平台可以提供一个软件生态系统，实现语音识别、图像识别、手势识别等智能化应用服务。

2. 产品内置多种传感器，具备机载处理智能

扩展阅读

海尔U+构建智慧生态圈 全新APP关注人工智能应用

诸如智能手机、智能家居产品以及智能穿戴产品等都少不了传感器的使用。具体以智能手环为例，它内置有很多类型的传感器来实现不同的功能，如加速度传感器，通过测量方向和加速度力量，判断设备是否移动，从而达到计步的目的，而通过收集的数据匹配用户正在进行的运动类型，进而监测用户的步行数、卡路里消耗量等，实现智能设备最基本的功能；如光学心率传感器，当电容灯光射向皮肤时，透过

皮肤组织反射回的光会被光敏传感器接收并转换成电信号再经过电信号转换成数字信号，再根据血液的吸光率测算出心率；如温度传感器，主要用于检测用户表皮的温度，它通过与用户皮肤的直接接触，测量出皮肤的表层温度；如电容传感器，通过监测电容电压的变化，配合算法自动检测用户是否佩戴手环，及时给予用户提醒，还可以避免没有佩戴手环场景下的睡眠误判、心率监测等。

3. 可以通过诸如 AI 等数字技术的运用来实现相关功能

如智能音箱中具有语音助手应用，能够语音识别用户的声音并下发指令，比如点播歌曲、询问天气、上网购物等。如应用于辅助医疗的智能影像检测，以腾讯觅影人工智能医学影像为例，其聚合了医学专家、人工智能和产品支持团队，把图像识别、深度学习等领先的技术与医学跨界融合，辅助医生对癌症进行早期筛查。目前，腾讯觅影的 AI 辅诊能力主要包括诊疗风险监控系统和病案智能化管理系统：诊疗风险监控系统旨在辅助降低医生诊疗风险；病案结构化输出可以准确提取病案特征，输出结构化的病历，让医生从病案烦琐的表面工作中解脱，有效提升诊疗和科研效率。如智能客服，通过人工智能里的自然语言理解技术来和顾客打交道，为顾客提供服务，这在一定程度上取代了人工客服。

4. 将更多通过服务模式进入市场

受新冠疫情影响，全球货物贸易增长势头放缓，服务贸易成为国际贸易发展的重点，尤其是在数字经济蓬勃发展的当下，数字产品与服务贸易的发展正当其时。

数字产品与服务的这四大特点对经济的发展产生了深刻的影响。首先是可以提升生产和服务效率。通过连接云端，可以降低存储占用；通过传感器，可以实现产品创新和应用；通过人工智能技术，进行深度学习、智能控制、智能反馈等，综合利用多种技术，可以提升效率，很好地实现降本增效。其次是可以带来良好的用户体验。通过各种新兴技术的应用，可以让用户享用更便宜的价格，获取更直观的数据以及更快速的反馈，在生理和心理两个层面为用户提供更优质的服务。最后是可以带来产业生态的良好发展。应时代的要求，服务贸易的发展将是未来发展的重要领域，而数字技术欣欣向荣、蓬勃应用的当今数字产品与服务将助力服务贸易的发展，从而促进产业优化升级。

五、数字产品与服务对中国贸易的影响

随着越来越多的数字产品与服务的接踵产生，其贸易已成为全球贸易增长的重要引擎，不仅影响着国际贸易新的分工，而且影响着国际经济的未来格局。随着数

字技术对经济发展的影响加大，数字产品与服务贸易所触及的边界还在不断发展，将从宏观、中观、微观三个层面对中国贸易产生深刻的影响。

1. 宏观层面

从宏观层面来看，搜索和信息成本的下降、新产品和市场的快速增长以及数字技术带来的新参与主体数量的增加正在促进全球贸易流动。在保障国家安全以及相应市场份额稳定的前提下和对不同行业采取差异化开放的态度下，中国始终坚持继续扩大对外开放的原则，对数字产品与服务循序渐进地加大对外开放力度，有效缩减服务业市场准入负面清单，减少影响研发设计、信息技术、商务服务、金融保险等领域的外资进入壁垒，从而促进中国贸易的蓬勃发展。

2. 中观层面

从中观层面来看，数字领域新业态、新模式在规模上扩张迅速，除此之外还具有创新速度快、迭代周期短等特点，“数字”这一新型生产要素可以有效促进其他生产资源的优化配置，进而优化中国的产业结构，使中国摆脱低附加值、低质量的“微笑曲线”低端锁定，从而使中国贸易在全球价值链中向高端攀升，促进中国出口的高质量增长。

3. 微观层面

从微观层面来看，目前和数字产品与服务有关的贸易大多集中在头部发达国家，相较传统服务贸易和货物贸易而言，发展集中度更高，其竞争核心是技术的竞争。而数字产品与服务本身就是基于一定的数字技术发展起来的，数字产品与服务贸易的蓬勃发展反过来会促进数字技术的更新迭代，从而产生更加优质的、符合消费者多样化消费要求的数字产品与服务，带动数字产品与服务贸易的进一步发展，为中国整体贸易的发展积极助力。

4.2 数字产品与服务贸易概述

一、产生动因

1. 包含数字技术在内的新技术的推动

习近平总书记指出，进入21世纪以来，全球科技创新进入空前密集活跃的时期，新一轮科技革命和产业变革正在重构全球创新版图、重塑全球经济结构。在技术创新体制的驱动下，新的技术不断产生和涌现，尤其是大数据、云计算、物联网、区块链、人工智能、5G 技术等数字技术的蓬勃发展，为全球数字产品与服务贸易的产生和发展提供了持续的技术支撑和发展驱动力。

首先，在新技术产生的巨大推动作用下，当代的计算机运算能力得到了飞速提升，尤其是量子计算机的诞生更是让计算机运算能力提升了万倍以上，各种各样的功能性 APP 也不断涌现，电子连接飞速发展，这些应用又推动了新技术的进一步发展，为电子化贸易、数字贸易的迅猛发展积累了深厚的基础条件。

其次，从 20 世纪 90 年代中期开始，网络技术随着数字化格式的逐渐统一化，互联网技术规范的数字化，以及互联网的大幅扩展和商业化应用趋势，使计算机的电子连接更加容易，通信设备的成本更加低廉，尤其是在信息传输技术数码化发展的推进下，很多有形产品越来越不受到实物形态的限制，转化成数字产品，可以直接利用互联网进行网上传播和交易，这给消费者带来了更加便捷的服务。

最后，世界范围内安全认证以及电子商务支付体系等领域技术的发展，使生产、交货、支付的电子化程度得到了极大的提高，这都推动着数字产品与服务贸易市场的形成。

2. 新一轮科技革命下全球产业结构的调整和升级

当今世界是经济全球化和一体化的，虽然受到新冠疫情和贸易保护主义抬头的波折影响和阻碍，但从总体趋势来看经济全球化的进程是加快的，尤其是在信息化技术快速发展推动下的新一轮全球产业结构的调整和升级已经在世界范围内迅猛展开。产业结构的调整和升级主要呈现以下趋势。

首先，产业结构在向着高级化发展。以信息产业为主导的高新技术产业发展迅速，在助力传统产业改造中发挥着巨大的作用，促进传统产业日益转变为信息化与知识化产业。

其次，产业结构呈现日益软化的趋势，主要体现为各国经济中服务业比重的提高。疫情下，全球货物贸易增长进一步放缓，服务贸易将在外贸中发挥更加重要的作用。目前，随着国际服务贸易的发展，服务贸易内部结构也在发生着变化，诸如信息、咨询、金融等知识型服务业在国民经济中的比重快速上升，以发达国家为代表，一国更加趋向于技术、知识密集型服务贸易的发展，并且这些技术、知识型服务贸易已经成为拉动经济增长的主导产业。

最后，继硬件、软件、网络业之后，第三产业信息服务业正成为信息产业的基础行业并且发展迅速。以信息服务业为代表的知识服务业的发展催生了对大量信息产品的需求，这些产品不需要物理实体，能够以多种形式传播，可以很容易通过数字化产生多样的数字产品与服务，从而为数字产品与服务贸易的发展提供一个巨大的增长潜力和发展空间。

3. 新的消费需求的催生

数字产品与服务的产生与供给往往离不开消费者的需求。随着生活水平的日益提高，人们更加注重多样化、便利化和高质量的产品与服务，人们对待消费更加具有个性化偏好。加之新技术的迅速发展和产业结构升级的支持，人们的需求呈现出新特点，一方面对文化、娱乐、科技、教育、金融等服务产品的需求加大，另一方面网上消费由于其便利、快捷，可以让消费者足不出户，因而成为人们的重要消费形式之一。

无论从消费的种类多样性还是从消费渠道方式的多样化选择来看，消费者的个性化需求在当今的信息技术社会都更容易被满足。具体来说，从消费种类方面看，在网络经济时代，社会生产力的提高使商品在数量、质量、品种、性能等供应能力方面都有很大提高，消费者有了更大的商品选择余地和空间，为个性化需求的满足奠定了物质基础。从消费渠道方面看，除了传统的线下实体店自提的消费方式，在物流业信息技术快速迭代的当今，人们越来越离不开线上消费方式，在家就能享受上门送货的服务。不仅如此，信息技术的发展和互联网的普及等提供的技术保证可以使成千上万个消费者信息快速、低成本地传送到生产销售者手中，企业在一定时间生产许多按照个人愿望设计的个性化产品，生产完之后再通过高效、快速的物流在较短的时间内将产品运送给消费者，或者某些定制化商品可以直接通过互联网进行传输。

需求领域的这些新特点和变化引导着生产者提供更多个性化产品，同时也吸引着大量资源转移到这些领域。新需求催生新技术、新产品，推动着更多数字产品与服务的出现，使数字产品与服务贸易蓬勃发展起来。

二、内涵

目前关于数字产品的内涵说法众多，而关于数字产品贸易的内涵也没有较为官方的界定。通过上述对数字产品的定义和种类的划分，本书将数字产品贸易定义为以数字产品为交易对象并实现数字产品价值的贸易。

而对于数字服务贸易的定义，目前国际上一些权威组织和国内的相关报告以及政府部门分别给出了相应的定义。比如，联合国贸易和发展会议在 2015 年最先提出了“数字化交付服务”的概念，即基于潜在信息和通信技术赋能的服务。经济合作与发展组织在《数字服务贸易限制性指数报告》中将其定义为：可通过信息通信网络进行跨境传输并交付的贸易，例如数据和数据库服务、电子软件、电子图书等等，简而言之就是通过互联网可以实现的服务。中国信息通信研究院认为数字服务贸易是通过信息通信网络跨境传输的数字化产品、数字化服务以及数据的贸易。联合国贸易和发展会议、经济合作与发展组织以及中国信息通信研究院给出的关于数字服务贸易的定义比较接近，皆可以概括为“通过信息通信网络实现服务跨境传输交付的贸易”。《中国数字服务贸易发展报告 2018》则把除去货物贸易数字化的数字贸易定义为数字服务贸易，认为数字服务贸易属于数字贸易的一种模式，是狭义的数字贸易。中国商务部则认为，数字服务贸易不仅包括传统服务产业的数字化，还包括技术的进步和发展下由数字化载体所催生的全新的服务经济模式和业态。而 2019 年经济合作与发展组织提出通过电子网络实现的服务即为数字服务贸易，分为狭义概念和广义概念，狭义的数字服务贸易指传统服务贸易通过现代的信息技术实现数字化的过程，而广义的数字服务贸易包含更大范围的信息服务，增加了大数据、互联网等多种新型数字技术服务。同年，经济合作与发展组织联合国际货币基金组织和世界贸易组织对数字服务贸易概念进行了框架整理，分为范围、实质、产品和参与者四个部分（见表 4-1）。

表 4-1 数字服务贸易的概念框架

<table>
<tr><th>范围</th><th>实质</th><th>产品</th><th>参与者</th></tr>
<tr><td rowspan="4">纳入常规服务贸易统计的由数据支持的货币交易</td><td rowspan="2">数字订购贸易中非实物部分</td><td rowspan="4">服务</td><td>公司</td></tr>
<tr><td>政府</td></tr>
<tr><td rowspan="2">数字交付服务</td><td>家庭</td></tr>
<tr><td>服务于家庭的非营利机构</td></tr>
</table>

三、分类

《国际服务贸易统计手册 2010》将数字服务贸易分为养老保险服务、通信信息服务、运输服务、知识产权服务、金融服务、与贸易相关的服务、经营租赁服务以及涵盖分销方式在内的跨境供应方式提供的服务。

联合国贸易和发展会议针对数字服务贸易的具体细分种类的划分，认为根据《国际服务贸易统计手册 2010》应该有 6 类服务属于可数字交付的服务贸易，它们分别是金融服务，电信、计算机和信息服务，保险和养老金服务，知识产权使用费服务，个人、文化和娱乐服务（可以数字交付的部分），以及其他可数字交付的商务服务。

美国经济分析局认为“潜在的可数字化服务贸易”包括两大类服务，分别是ICT服务、可通过ICT实现的网络远程交付的服务。具体来说，包括五个部分：金融服务，电信、计算机和信息服务，保险服务，知识产权使用费服务以及其他商业服务。

美国国际贸易委员会提出数字服务贸易主要包括以下细分服务：商业、专业与技术服务，金融与保险服务，专利许可费服务，教育医疗服务，个人、文化与娱乐服务。

经济合作与发展组织基于数字贸易概念框架提出了一套数字服务贸易的统计方案，依据《国际服务贸易统计手册2010》将数字服务贸易分为9大类，分别为信息通信技术服务-电信服务，信息通信技术服务-计算机服务，销售和营销服务，信息服务，金融和保险服务，管理、行政和后台服务，许可、工程与相关技术服务，研发服务，教育和培训服务。由于目前尚未建立专门的数字服务贸易统计分类规则，虽然该方法存在一些不足，但仍是当前较为可行的一套方案。

中国信息通信研究院则是从数字服务贸易对象的角度对数字服务贸易进行了细分，包括以金融、科技、运输为代表的生产性服务业和以住宿、餐饮、娱乐为代表的生活性服务业。

中国商务部、中央网信办、工业和信息化部将数字服务贸易具体划分为三类：（1）涵盖软件、社交媒体、卫星定位通信、云计算、网络搜索引擎的信息技术服务贸易；（2）包括数字教育、数字影视、电子出版、数字娱乐等数字内容的服务贸易；（3）以互联网为平台进行在线交付的离岸服务外包。

四、贸易壁垒

1. 数字产品贸易壁垒主要表现形式

（1）数字产品贸易关税壁垒。

相较于传统的货物贸易，数字产品贸易有着不同的内容和形式，因为传统的国际贸易规则和惯例还有着非常大的不足，未能适用于数字产品贸易，所以数字产品贸易还面临着很大的冲击与挑战。例如，目前海关施行的是基本上没有关于数字产品贸易内容的估价体系。目前来看，数字产品贸易关税壁垒有着越来越明显的趋势，比如，对构建通信和信息基础设施所需要的产品材料征收一定比例的关税。

（2）数字产品贸易非关税壁垒。

外商直接投资限制的贸易壁垒。投资限制多是指一国政府对某个产业或者某个企业的投资行为进行一定的限制。例如，许多国家对电信业往往通过投资限制来达到其所有权限制的目的。具体而言，这种限制有可能是针对企业注册所在地的要求，也有可能是对本国成员数量在董事会成员中占比的要求。此外，某些国家对数字领域的外商往往还有其他的要求，例如，对某些行业的投资规模进行限制，或者是限制投资企业的进货或销售，等等。

数据流动限制的贸易壁垒。这种措施一般是针对一些信息和通信服务公司的，要求公司对其所使用的数据资源进行长时期的本地化储存，并要求企业必须在本地处理数据。上述手段的目的是防止跨国传送数据，或者必须征得数据主体事先同意后才能进行传输，或跨境传输前必须在本地进行数据复制。这种措施是目前使用率最高的限制措施，是最容易成为数字产品贸易壁垒的。

替代型本地化政策的贸易壁垒。本地化政策是指政府采取某些手段来促进本国本土信息和通信技术以及企业的成长。比如，政府有可能会禁止外资企业进入本国的数字产品贸易市场。本地化内涵主要包含三个阶段：服务本地化、设施本地化、数据本地化。

公开源代码和加密要求的贸易壁垒。因为数字产品具有可复制性和低成本的特点，很容易会让企业受到巨大的损失，所以有些国家政府往往会要求外国的投资者提供其加密秘钥或者商业源代码作为其进入本国市场的必要条件。但是这会给这些企业带来巨大的知识产权风险，这种情况无疑会限制数字产品贸易市场规模的进一步扩大，打击企业进行数字产品贸易的积极性。

2. 数字服务贸易壁垒主要表现形式

数字服务贸易壁垒一般划分为五大类：基础设施与连通性壁垒、电子交易壁垒、支付系统壁垒、知识产权壁垒和影响数字服务贸易的其他壁垒。

基础设施与连通性壁垒在该领域中形成了包括强制性互联、要求纵向分离和限制使用通信服务等在内的不同数字服务贸易壁垒，这些数字服务贸易壁垒主要集中在数据与通信领域，影响通信自由度和基础设施，限制数据的跨境自由流动。

电子交易壁垒主要集中在法律保障、市场准入等方面，法律保障方面包括跨境交易规则与国际化规则的不一致、缺乏有效的数字服务贸易方面的争端解决机制等；

市场准入方面主要包括在电子商务许可证获取、在线税务登记和申报等方面限制或歧视外国人或外国企业。

支付系统壁垒主要包括对跨境电子支付产生阻碍的一些壁垒，如歧视性付款结算方式等。

知识产权壁垒则包括相关知识产权法律法规不完善、歧视性商标或版权保护等壁垒。

影响数字服务贸易的其他壁垒包括要求企业公开源代码、提出本地化要求、限制与数字服务贸易相关的下载和流媒体等。

五、国际合作框架

新冠疫情过后，全球经济开始走向复苏，在“数字”这一新型生产要素发挥积极要素配置作用的当下，数字贸易已然成为当前世界经济复苏的新动力，各个国家积极采取各种手段来促进数字产品与服务贸易的便利化，以此营造更加自由的数字产品与服务贸易环境。但是，目前在全球层面并未形成统一的数字产品与服务贸易的治理体系和合作框架，大都只是在已有的双边、多边、诸边、区域贸易协定中涉及相应的内容，并由这些相应的内容构成目前国际数字产品与服务的制度框架，形成相关的国际规则。

1. 双边贸易协定层面

欧盟的双边自由贸易协定中涉及了很多关于数字产品与服务贸易的规定。《欧盟-韩国自由贸易协定》中首次出现欧盟关于数字贸易的规定，但其所涵盖的范围较小，主要限于金融服务领域。欧盟与加拿大在2017年签署的《综合经济与贸易协定》及与越南在2020年签订的《欧盟-越南自由贸易协定》中另加了包括数字贸易的章节，主要是关于数字产品的相关规定。前者规定彻底消除欧盟与加拿大之间所有数字产品的有关关税（针对电子传输及其内容的关税）；对于后者而言，除了消除欧盟和越南之间所有的电子传输关税之外，其不仅重申了各成员关于规范电子商务用户个人隐私保护的国际标准，而且努力促进国内监管框架透明度的提高，同时该协定还要求各方在消费者保护、电子签名的识别、不合规的电子商务通信等方面加强保护，借此增加多行业的数字产品与服务的贸易机会。显而易见，《综合经济与贸易协定》和《欧盟-越南自由贸易协定》中所包含的规定，将为双边进一步拓宽数字产品贸易领域的合作奠定良好基础。除此之外，欧盟、美国、日本及韩国已签署的大部分自由贸易协定要求给予数字产品非歧视待遇，同时也增加了文化例外、视听例外等例外条款。

2. 多边与诸边贸易协定层面

针对信息技术领域的贸易活动，1996 年 WTO 通过的《技术信息协定》（ITA）提出了针对电脑、电信装置和半导体等数字产品的自由化措施，且此协定于 2015 年的 WTO 部长级会议上得到了进一步扩大。而针对数字服务贸易领域的贸易活动在所有谈判均不在 WTO 框架内进行的《服务贸易协定》（TiSA）中有相关规定，该协定的宗旨在于进一步开放包括跨境电子商务、电信和金融服务在内的全球服务贸易。除此之外，该协定中关于数字产品贸易的部分也在进一步地被改进、修改和完善：首先，TiSA 规定国民待遇原则和透明度原则也将适用于数字产品贸易；其次，在跨境电子商务领域，TiSA 将纳入关于开放网络、互动计算与国际合作、未经请求的电子商务通信及其他元素在内的相关规定；最后是关于数据流与数据本地化的相关事项。同时，数字产品与服务贸易的相关事项在 WTO 框架下也一直在持续推进，如在 1998 年 5 月的 WTO 第二次部长级会议上通过的《全球电子商务宣言》首次提出暂停电子传输产品关税的政策，这项政策具有非常重大的意义。

3. 区域贸易协定层面

关于如何利用一些全新的手段和方法解决数字产品贸易问题，《跨太平洋伙伴关系协定》第 14 章做了比较具体的规定：首先是取消数字产品和电子传输的相关关税；其次是涉及服务的某些商务活动可以自由地获取所需要的信息并无限制地加入数据流，不过该规定禁止要求公司数据本地化并且进入市场时共享其源代码；最后各方在消费者保护、数据隐私和网络安全方面要加强合作关系。而《全面与进步跨太平洋伙伴关系协定》对数字产品贸易做了进一步的规定，要求给予数字产品非歧视性待遇（包含最惠国待遇和国民待遇），具体内容是缔约方给予另一缔约方数字产品的待遇不低于给予其他同类数字产品的待遇，且上述同类数字产品也涵盖非缔约方的同类数字产品，不过存在三个例外条件：不得与知识产权章节存在冲突；不适用于补贴或赠款，包括政府支持的贷款、担保和保险；不适用于广播。《美墨加协定》剔除了广播例外条款，进一步扩大了数字产品非歧视的范围。而相较于《全面与进步跨太平洋伙伴关系协定》和《美墨加协定》，《区域全面经济伙伴关系协定》并未纳入数字产品的非歧视性待遇内容，主要是因为不同国家的数字产品的内容大多与各自的文化密切相关，部分国家在文化方面较为开放，但大多数国家对文化领域的开放是比较谨慎的。

综上，目前国际上数字产品与服务贸易的相关国际规则的发展趋势具体表现在两个方面。首先是普遍要求取消对数字产品和电子传输产品的关税收取，以降低相关非必要的关税壁垒，促进跨境电子商务的发展，当然也有部分国家主张保留对数字产品载体进行关税的征收；其次是鼓励使用可互操作的电子认证系统和接受电子签名的法律效力，以提高数字贸易的效率和保障合同签署的安全合规。

4.3 数字产品与服务贸易的发展

一、发展现状

1. 全球发展现状

随着通信技术和信息技术的不断发展和完善，数字服务贸易呈现高速发展态势。

从数字服务贸易发展的规模来看，全球数字服务贸易额在 2019 年达到 31 925.9 亿美元（见图 4-2），占全球服务贸易的一半以上，高达 52%，占全部贸易的比重也达到 12.9%。

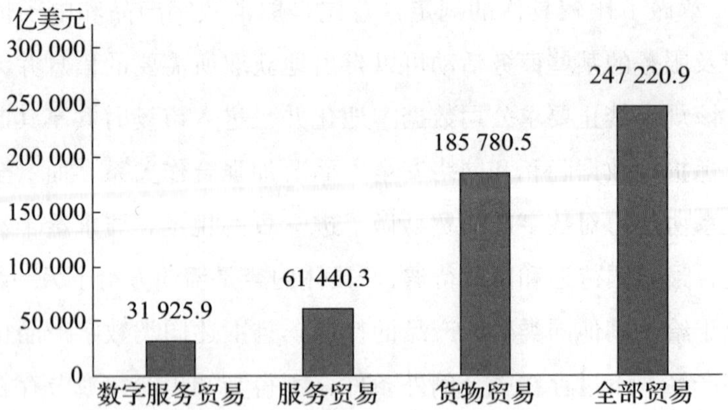

图 4-2　2019 年全球服务贸易出口规模

资料来源：联合国贸易和发展会议、中国信息通信研究院。

数字服务贸易的增长速度也非常快，不仅高于同期的服务贸易增速，也高于同期的货物贸易增速。2020 年全球疫情泛滥，相比于数字货物贸易，数字服务贸易受疫情影响较小，并且疫情推动了细分服务贸易的发展，反而使数字服务贸易得到更大幅度的提升。其中，从 2010 年版扩展的国际收支服务分类中的个人文化和娱乐服务与信息服务项下的贸易额明显增加，这在很大程度上与居家办公学习这种生活方式有关。

从数字服务贸易的发展结构来看，其他商业服务、ICT 服务和金融服务在数字服务贸易中处于领先地位，是数字服务贸易增长的关键动力。2019 年全球细分数字服务贸易出口中，其他商业服务占比最高，达到了 43%，ICT 服务次之，占比为 21%，金融服务位列第三，占比为 16%，个人文娱服务占比最低，只有 3%（见图 4-3）。虽然从占比规模看，其他商业服务比重约为 ICT 服务比重的两倍，但是从 2011—2019 年全球细分服务贸易出口的增长速度来看，ICT 服务的出口增长速度最快，高达 8.7%，而其他商业服务出口增长速度次之。此外，出口规模占比较低的知识产权服务、个人文娱服务的增速也较快，分别达到 5.8%、5.0%（见图 4-4）。

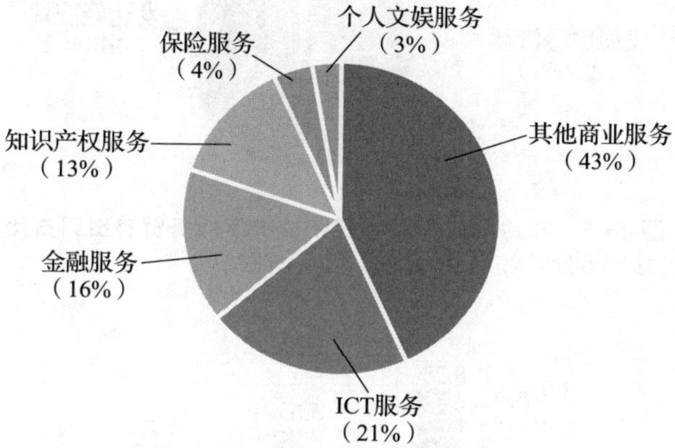

图 4-3　2019 年全球细分数字服务贸易出口占比

资料来源：联合国贸易和发展会议、中国信息通信研究院。

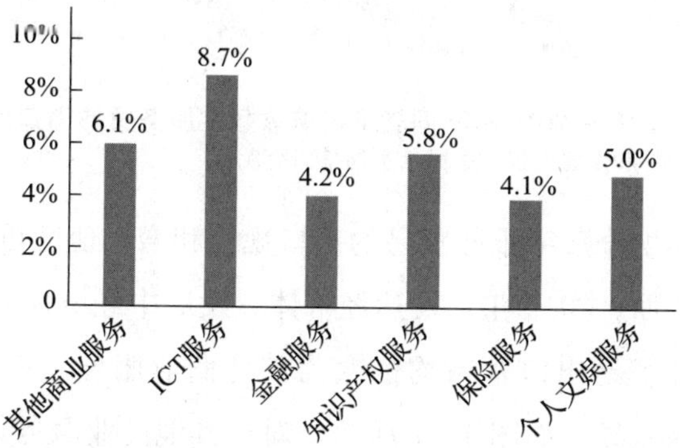

图 4-4　2011—2019 年全球细分数字服务贸易出口增速

资料来源：联合国贸易和发展会议、中国信息通信研究院。

分不同类型经济体来看，在数字服务贸易规模方面，发达经济体在数字服务贸易出口领域优势突出。2019 年，发达经济体、发展中经济体以及转型经济体的数字服务贸易出口规模分别为 24 310.0 亿美元、7 203.9 亿美元、411.9 亿美元。其中发达经济体的占比最高，高达 76.1%，而发展中经济体数字服务贸易出口规模占比为 22.6%，不足发达经济体的 1/3（见图 4-5）。发达经济体尤其在资本密集型和技术密集型产业上具有突出的优势，这种先发优势是其他经济体很难超越的。但是纵观 2011—2019 年数字服务贸易出口的增长速度，发展中经济体的增速最快，达到 8.2%；而发达经济体次之，为 5.6%；转型经济体的增速最慢，为 4.7%（见图 4-6）。

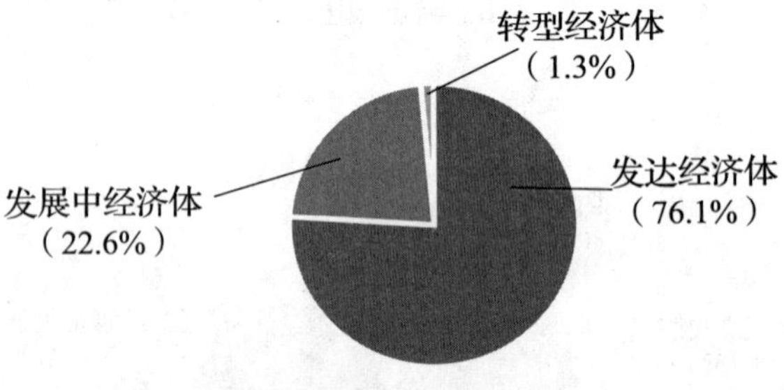

图 4-5　2019 年不同类型经济体数字服务贸易出口占比

资料来源：联合国贸易和发展会议、中国信息通信研究院。

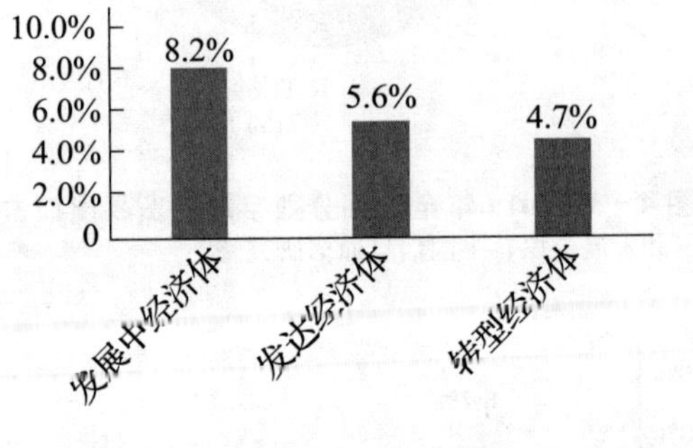

图 4-6　2011—2019 年不同类型经济体数字服务贸易出口增长速度

资料来源：联合国贸易和发展会议、中国信息通信研究院。

不同类型经济体细分数字服务贸易的出口规模和增长速度也存在较大的差异。

（1）出口规模方面。2019 年，发达经济体、发展中经济体和转型经济体的前三大领先细分数字服务贸易出口领域均依次为其他商业服务、ICT 服务、金融服务，但出口规模占比存在差异。如图 4-7 所示，对于其他商业服务，发展中经济体和转型经济体的出口规模占比皆超过 50%，转型经济体最高，占比为 51.1%，发展中经济体次之，占比为 50.7%，而发达经济体仅占比 41.1%；对于 ICT 服务，也是转型经济体占比最高，发展中经济体次之，最后是发达经济体，三者的占比依次为 37.3%、26.7%、19.1%；而对于金融服务，占比排序存在较大的逆转，发达经济体的出口规模占比最高，为 17.8%，发展中经济体次之，占比为 11.3%，转型经济体排最后，仅占 3.8%；剩下的三项细分数字服务贸易出口中，发达国家在知识产权服务方面具有明显优势，发展中经济体的保险服务出口占比最高，而在个人文娱服务方面三者相差不大。

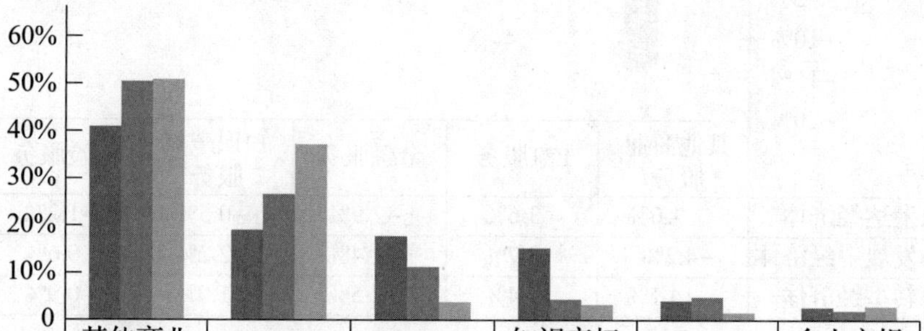

	其他商业服务	ICT服务	金融服务	知识产权服务	保险服务	个人文娱服务
■发达经济体	41.1%	19.1%	17.8%	15.3%	4.1%	2.7%
■发展中经济体	50.7%	26.7%	11.3%	4.4%	4.9%	2.0%
■转型经济体	51.1%	37.3%	3.8%	3.3%	1.6%	2.9%

图 4-7　2019 年不同类型经济体细分数字服务贸易出口规模占比

资料来源：联合国贸易和发展会议、中国信息通信研究院。

(2) 出口增长速度方面。如图 4-8 所示，2011—2019 年，对于其他商业服务，转型经济体出现了大幅下降，降幅达 14.1%，发展中经济体也出现了下降，降幅为 4.2%，而占比最低的发达经济体呈现 1%的上涨趋势；对于 ICT 服务，三类经济体皆呈上涨趋势，其中转型经济体的上升最快，上升幅度高达 17.4%，发展中经济体和发达经济体增速相近，分别为 3.7%、3.6%；而对于金融服务，三类经济体皆呈现下降的趋势，发达经济体、发展中经济体和转型经济体的降幅分别为 2.9%、1.4%和2.5%；对于余下的三类细分数字服务贸易出口，发达经济体的知识产权服务出口下降，其他两类经济体则呈现上升的趋势，发展中经济体的保险服务出口上涨，其他两类经济体则呈现下降的趋势，个人文娱服务出口除了发达经济体保持不变外，其他两类经济体皆出现一定程度的下降。

2. 中国发展现状

“十三五”时期，随着各类数字技术与服务贸易相融合，在国家的相关数字服务贸易政策支持下，中国数字服务贸易总体呈现良好态势。2019 年，中国数字服务贸易规模约为 2 722 亿美元，占服务贸易总额的 35%，由“十三五”开年占服务贸易总额的 31%上升了 4 个百分点。

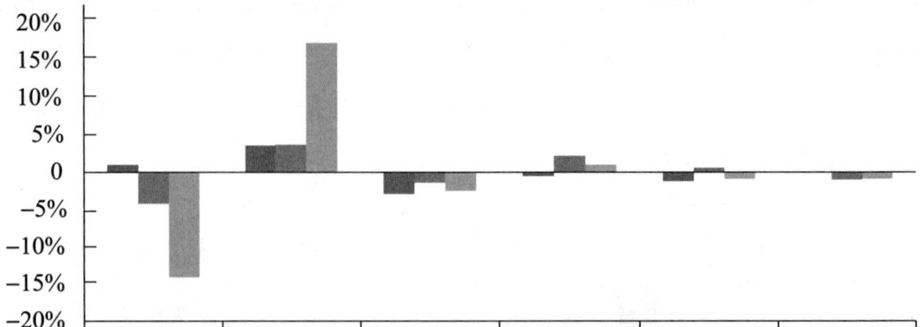

	其他商业服务	ICT服务	金融服务	知识产权服务	保险服务	个人文娱服务
■发达经济体	1.0%	3.6%	−2.9%	−0.5%	−1.2%	0.0%
■发展中经济体	−4.2%	3.7%	−1.4%	2.2%	0.6%	−1.0%
■转型经济体	−14.1%	17.4%	−2.5%	1.0%	−0.9%	−0.9%

图 4－8　2011—2019 年不同类型经济体细分数字服务贸易出口增速

资料来源：联合国贸易和发展会议、中国信息通信研究院。

进入“十四五”时期，中国数字服务贸易继续发力，2020 年规模达到 2 947.6 亿美元，占服务贸易总额的 43.9%（见图 4－9）。根据中国信息通信研究院发布的《数字贸易发展白皮书（2020 年）》，中国的数字服务贸易增长状况从短期和长期来看都实现了增长。2018—2019 年，数字服务贸易实现增长的经济体中中国的排名为第六，位列新加坡、爱尔兰、芬兰、日本、荷兰之后，同比增速为 8.6%，居于前列；2010—2019 年，中国年均增速达到 10.7%，位列第三，仅位于新加坡和爱尔兰之后。

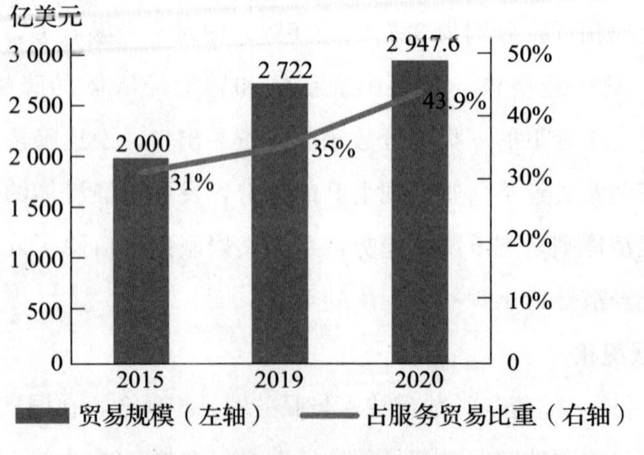

图 4－9　中国数字服务贸易规模与占比

资料来源：中国商务部、联合国贸易和发展会议、中国信息通信研究院。

从数字服务贸易细分层面来看，中国的主要数字服务贸易出口是其他商业服务和 ICT 服务，2019 年中国其他商业服务和 ICT 服务出口规模占总的数字服务贸易出口规模的比重分别达到 51.0%和 37.5%，而美国这二者的占比则分别为 35.2%和 10.3%（见图 4-10）。对于知识产权服务和金融服务，中国的出口规模占比为 4.6%、2.7%，而美国这二者的占比皆超过了 20%，分别为 21.8%、25.2%。

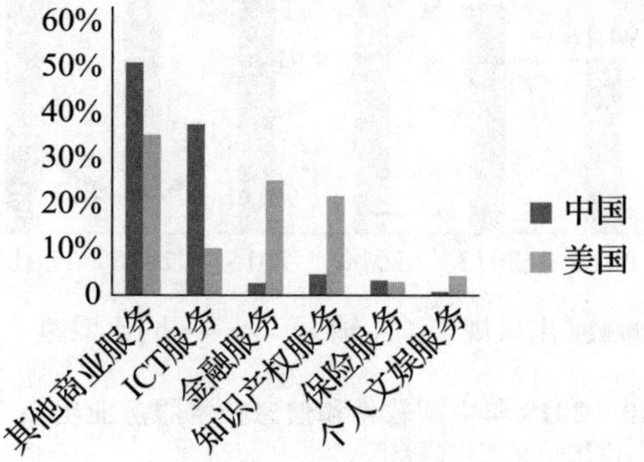

图 4-10　2019 年中国和美国细分数字服务贸易出口规模占比

资料来源：中国商务部、联合国贸易和发展会议、中国信息通信研究院。

除此之外，中国软件出口竞争力不断提升，软件出口保持中高速增长。“十三五”期间中国软件和信息技术服务业取得不错的出口成绩，2019 年中国软件出口规模为 434.81 亿美元，同比增速为 5.47%，较 2016 年增长 27%（见图 4-11）。根据商务部的数据统计，目前民营企业成为软件出口的主力军，2019 年内资企业软件和信息技术服务业出口规模占比达 51.88%，较 2016 年提升 3.9 个百分点，其中国有企业仅占 2.49%。良好发展的软件业带动了中国相关行业的就业，根据《2019 年软件和信息技术服务业统计公报》，2019 年全国软件和信息技术服务业从业人数为 673 万人，比 2018 年末增加 28 万人，同比增长达到 4.3%。中国的软件出口市场也日益广阔，2019 年中国软件出口前十位的国家和地区分别为美国、欧盟、中国香港、日本、韩国、新加坡、中国台湾、德国、英国和爱尔兰，出口金额合计占比超过 90%，其中对美国、欧盟、中国香港的出口金额分别为 94.43 亿美元、73.32 亿美元、69.82 亿美元。软件出口类型中仍然以信息技术外包（ITO，包括信息技术研发服务、运营和维护服务、新一代信息技术开发应用服务）为主，其中中国的新一代信息技术开发应用服务外包大幅增长，2019 年云计算、人工智能、区块链等新一代信息技术开发应用服务外包出口金额为 11.53 亿美元，同比增长 154.53%，说明中国在新一代信息技术服务外包领域具有较大发展潜力。

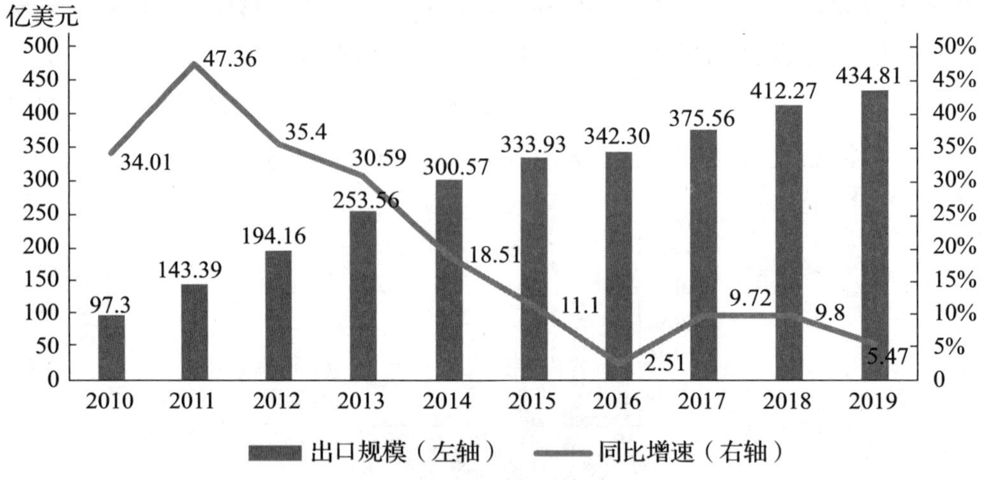

图 4-11　2010—2019 年中国软件和信息技术服务业出口规模和同比增速

资料来源：中国商务部、中国信息通信研究院。

二、中国数字产品与服务贸易面临的发展机遇

1. 数字技术迭代迅速

当前各种数字技术迅速迭代，蓬勃发展，这将加速其与各行各业的融合，促进全球数据流大规模增长，数字媒体、在线教育及娱乐、远程医疗、移动支付等新业态新模式的加速成长，以及服务贸易数字化水平的持续提升将助力一国经济的向好增长。如最近火爆全球的 AI 驱动的自然语言处理工具 ChatGPT 可以与人进行即时对话、回答问题，可以撰写各种策划、大纲、脚本、文案，可以进行诗歌创造、生成新闻报道等等。中国某些互联网公司也加入生成式 AI 的激战中，如百度的文心一言，这无疑将会引发一场新的生产力革命和信息产业的大变革，带来全新的创新盛宴，为人工智能、医疗、客服、金融等行业注入新的活力，在促进产业结构升级方面将具有非常大的前景。

扩展阅读

ChatGPT 已应用到跨境电商领域，规模化运营指日可待

2. 贸易趋势良好

目前中国在数字产品与服务方面，如数字学习、数字出版、数字娱乐、数字媒体等领域的出口显著增强，这同时也为中国与世界其他国家进行文化传播与交流做出重要贡献。据悉，受新冠疫情影响，海外很多国家的读者对数字阅读的需求明显增加，对中国数字出版产品的采购力度显著增强。截至 2020 年底，中国的电视剧已出口超过 200 个国家和地区，在影响力和地位方面都得到逐步提升。此外，在数字

娱乐方面，中国的微信、短视频等社交媒体的国际影响力显著提升，全球活跃用户数前 8 名的社交媒体中中国占有 3 个席位。而根据 SuperData 公布的《2020 年全球游戏年度报告》，全球数字游戏市场总收入共计 1 399 亿美元，中国的数字游戏营收良好，占比约为 32%，居世界第一。良好的数字产品服务贸易趋势将带动相关贸易的长足发展。

扩展阅读

百度“文心一言”首测：国内生成式 AI 什么水平？

3. 新服务模式不断涌现

中国制造业数字化服务也在不断深化，服务数字化快速推进，诸如服务外包、远程数字、跨境电商、直播电商等新服务模式的增速达到两位数。中国不断深化与各国的人文交流，通过远程教育直播推动教育国际化发展。跨境电商平台服务能力也快速提升，截至 2020 年底，中国跨境电商实现货物进出口 1.69 万亿元，增长 31.1%。随着跨境电商不断转型升级，形成了融货物贸易和服务贸易于一体的 B2B 全链路新一代跨境电商范式，出现了阿里巴巴、京东等一批有国际影响力的全链路跨境电商企业，并在国际规则制定中拥有一定话语权。由此可见，不论是数字产品贸易还是数字服务贸易的出口竞争力提升，都能在传统贸易的基础上对中国的经济增长发挥巨大的作用，我们应该积极抓住数字贸易这个发展良机。

4. 国家政策支持

除了政府出台的各种数字经济、数字贸易相关政策鼓励数字产品与服务贸易以外，“一带一路”倡议也带来了新机遇。随着“一带一路”倡议的深入发展，虽然各个国家之间存在巨大的数字鸿沟，但是沿线国家的市场广阔，在信息通信基础设施建设和信息技术服务外包等领域都具有较大发展空间，能够为中国发展数字产品与服务贸易带来巨大的发展。

三、中国数字产品与服务贸易面临的发展挑战

1. 中国数字产品与服务贸易水平明显低于全球平均水平

第一，中国的数字企业国际竞争力与发达国家相比还存在着比较大的差距。根据联合国贸易和发展会议数据，美国和中国分别占据世界范围内 70 个最大数字平台总市值的第一、二位，其中美国占 68%，远远高于一半以上，中国仅占 22%，远不足三分之一。

第二，相关数字技术的关键核心技术更多地掌握在发达国家手中，中国的自给

率比较低。诸如基础软件、高端芯片、核心元器件等中国都要依赖进口。除此之外，在半导体、云计算、操作系统等底层技术和核心技术方面中国与发达国家之间差距尤其显著，在技术层面成为中国数字产品与服务贸易发展的进一步掣肘。

第三，相关数字技术人才的短缺和匮乏，尤其是 AI、大数据、云计算等新型、高级数字技术人才及领军人才的严重短缺，严重阻碍了中国数字产品与服务贸易的发展。据相关数据预测，到 2025 年，中国 AI、大数据、云计算的人才短缺将分别达到 500 万人、230 万人和 150 万人。

第四，综合成本的上升将压缩相关数字产品产业和数字服务产业的利润空间，打击企业的发展壮志。成本的上升将导致中国承接国际服务外包竞争力减弱，加速信息技术外包向成本更低的南亚、东南亚国家和地区转移，从而对中国的经济发展产生负面影响。据悉，目前中国一个软件中高级工程师的成本比印度、越南、菲律宾等国家高 1 倍左右。

第五，中国的知识密集型服务贸易相较于货物贸易以及其他技术、知识含量较低的服务贸易来说开放不足。主要原因是中国在自然流动、市场准入、数据本地化方面的限制措施比较多，这严重制约了数字产品与服务贸易的发展。

2. 数字产品贸易会对现行关税体制产生巨大冲击

国际数字产品贸易产生于经济全球化与互联网经济的交融发展，给当今全球贸易带来了革命性的影响。一方面从需求端来看，国际数字产品贸易激发了微观主体（小微企业甚至个人）的经营活力，增大了消费者的福利；另一方面从供给端来看，国际数字产品贸易极大地减少了生产成本和交易成本。但是国际数字产品贸易对基于传统国际货物贸易而制定的关税体制（包括关税原则和关税监管体制）造成了巨大的冲击，主要原因如下：

一是数字产品和传统货物依托的载体不同。前者是基于数据流，而后者是基于光盘、磁带等有形物体，二者虽然形式不同但是内容往往没有差异。因为现行关税体制的征收对象是有形货物（跨国输电除外），所以往往不对数字产品征收关税，这将促使互联网成为最大的避税港，从而违背税收公平原则。

二是目前各个国家对是否对数字产品征收关税的意见是不统一的，缺乏相应法律规定。不同于传统货物贸易多是由大型跨国公司经营，国际数字产品贸易大多由小微企业和个体经营者经营，针对大量不确定纳税主体征收众多小额关税，将违背税收效率原则。而对关税征收监管的冲击则体现在，由于纳税主体分散且虚拟化、纳税客体隐匿于数据流中而难以分辨、纳税地点易转移、纳税时间模糊难以统一等，国际数字产品贸易将使得关税征收充满不确定性而难以开展。

3. 中国数字产品与服务贸易也面临诸多非关税壁垒

当今随着贸易保护主义的抬头以及新冠疫情的双重负面叠加，外商直接投资限制、数据流动限制、替代型本地化政策、公开源代码及加密要求等数字产品贸易壁垒和基础设施与连通性壁垒、电子交易壁垒、支付系统壁垒、知识产权壁垒等数字服务贸易壁垒的存在对中国的数字产品与服务贸易产生了负面的影响和冲击。

主要原因是目前关于数字产品与服务贸易的国际规则存在巨大的分歧，全球数字治理体系尚未完成，数字贸易法治规则也不完善，还没有统一的国际合作方案和框架体系。而且美国、日本和欧盟等发达经济体正通过双边、区域以及诸边协定输出其数字贸易规则和理念，谋求通过主导数字贸易多边规则的制定权瓜分全球数字红利，这必将威胁以中国为代表的发展中国家数字产品与服务贸易的发展。此外，美国、日本和欧盟等发达经济体还企图勾结从而形成较大的“数字贸易利益圈”，这也将边缘化中国等发展中国家数字产品与服务贸易的发展。

本章小结

本章主要阐述了数字产品与服务的内涵与定义，信息产品、数字产品和数字化产品的区别和联系，数字产品与服务的分类，数字产品与服务的特点，数字产品与服务对中国的影响，数字产品与服务贸易的产生动因、内涵和分类，数字产品与服务贸易的壁垒，数字产品与服务贸易的发展现状和国际合作框架以及中国数字产品与服务贸易面临的机遇和挑战。

复习与思考

一、单选题

1. 数字产品与服务的物理学特征不包括以下哪一个？（　　）

A. 不可破坏性

B. 不可改变性

C. 复制性

D. 传播速度快

2. 以下哪个不属于数字服务贸易的壁垒？（　　）

A. 基础设施与连通性壁垒

B. 知识产权壁垒

C. 公开源代码和加密要求

D. 支付系统壁垒

3. 以下哪个不是《全面与进步跨太平洋伙伴关系协定》中关于非歧视待遇原则的例外条件？(　　)

A. 不包含最惠国待遇原则和国民待遇原则

B. 不得与知识产权章节存在冲突

C. 不适用于补贴或赠款

D. 不适用于广播

二、简答题

1. 简述信息产品、数字产品和数字化产品的区别和联系。

2. 数字产品与服务贸易面临哪些可能的非关税壁垒？

3. 中国数字产品与服务贸易面临的机遇和挑战有哪些？

第5章

数据跨境流动

案例导入

2022年7月21日，国家网信办对滴滴全球股份有限公司（以下简称滴滴）做出了处罚，决定罚款80.26亿元，同时对滴滴董事长兼CEO程维、总裁柳青各处人民币100万元的罚款。据了解，从2021年7月开始，为防范国家数据安全风险，维护国家安全，保障公共利益，国家网络安全审查办公室就已经依据《中华人民共和国国家安全法》《中华人民共和国网络安全法》，按照《网络安全审查办法》对滴滴实施网络安全审查。

经查明，滴滴7年违法收集和处理近650亿条个人信息，共存在16项违法事实，归纳起来主要是8个方面：一是违法收集用户手机相册中的截图信息1 196.39万条；二是过度收集用户剪切板信息、应用列表信息83.23亿条；三是过度收集乘客人脸识别信息1.07亿条、年龄段信息5 350.92万条、职业信息1 633.56万条、亲情关系信息138.29万条、“家”和“公司”打车地址信息1.53亿条；四是过度收集乘客评价代驾服务时、APP后台运行时、手机连接桔视记录仪设备时的精准位置（经纬度）信息1.67亿条；五是过度收集司机学历信息14.29万条，以明文形式存储司机身份证号信息5 780.26万条；六是在未明确告知乘客情况下分析乘客出行意图信息539.76亿条、常驻城市信息15.38亿条、异地商务/异地旅游信息3.04亿条；七是在乘客使用顺风车服务时频繁索取无关的“电话权限”；八是未准确、清晰说明用户设备信息等19项个人信息处理目的。同时，滴滴还存在严重影响国家安全的数据处理活动，以及拒不履行监管部门的明确要求，阳奉阴违、恶意逃避监管等其他违法违规问题。滴滴违法违规运营给国家关键信息基础设施安全和数据安全带来严重安全风险隐患。

历时1年，2022年7月21日，国家互联网信息办公室依据《中华人民共和国网络安全法》《中华人民共和国数据安全法》《中华人民共和国个人信息保护法》《中华人民共和国行政处罚法》等法律法规，对滴滴、滴滴董事长兼CEO程维、总裁柳青等做出相应的处罚，为互联网企业数据安全敲响警钟。

学习目标

掌握数据的内涵以及数据与信息的异同；明确数据对于数字贸易的重要性；了解当前各国的数据监管政策和措施；掌握数据跨境流动的内涵以及数据跨境流动所面临的风险和挑战；明确数据跨境流动与数字贸易的关系以及其对数字贸易的作用；了解各国对于数据跨境流动风险的应对措施。

形势分析

数据跨境流动促进贸易向数字化转型

数据跨境流动，是当前国际社会在数字贸易问题上最热门的话题之一。2015年7月，国务院发布《关于积极推进“互联网+”行动的指导意见》（下称《意见》），要求建立健全数据跨境流动管理制度规则、数据安全保障机制、风险评估和应急处置机制，促进大数据发展应用。其中，明确了三项具体措施：

一是加强顶层设计，明确各方职责。《意见》提出，要建立数据安全分级分类管理制度，落实网络与信息安全保护责任；制定数据跨境流通技术规范和安全评估准则；推动建设可信的网络与信息环境。

二是健全标准体系，规范监管规则与工作流程。《意见》提出构建以自主研发为主、以国际标准为辅的数据流动相关标准体系；研究制定数据跨境流通管理和执法指引；完善风险评估、应急处置和责任追究机制。

三是强化监管服务，健全监管体系和能力。一方面要加强统筹协调力度，建立跨部门合作机制；另一方面要加快培育大数据交易市场、创新大数据交易模式，支持符合条件的企业开展跨境贸易、跨境金融交易等业务。

当前，世界正经历百年未有之大变局，全球经济和国际贸易都不断向数字化转型，全球数字经济规模持续增长。中国信息通信研究院发布的《全球数字经济新图景（2019年）》报告显示，截至2019年，全球47个具有代表性的国家的数字经济规模已达到31.8万亿美元，较此前一年增加1.6万亿美元，平均名义增速达

5.3%。与此同时，全球数字经济在国民经济中的地位持续提升，占 47 国经济总量的比重达到 41.5%。加之近年受疫情影响，为了避免物理接触和保持社交距离，网上购物、机器人服务、远程办公、远程医疗、在线教育、线上旅行等新业态正在崛起。眼下，数字经济不仅成为各国尽快走出经济衰退的重要媒介，而且为未来全球经济的发展注入了长效动力。

关键概念

数据　数据跨境流动　数字监管　数据跨境流动的规制范式

5.1 数据

一、数据的内涵和外延

1. 数据的定义

早在 1946 年，数据（data）第一次有了明确的定义，被认为是“可传输和可存储的计算机信息”。一直以来，对于数据的描述大多集中在计算机领域，而目前学者们又广泛地认为数据的含义已不再局限于计算机领域，而是泛指对事物的所有定性或者定量的描述。国际数据管理协会认为数据是以文本、数字、图形、图像、声音和视频等格式对事实进行表现，这表明数据是用来表现事实的，但需要注意的是，数据并不等于事实。只有那些在特定的需求下，符合准确性、完整性、及时性等一系列特定要求的数据才可以表现特定事实。美国质量学会将数据定义为“收集的一组事实”。美国资深数据质量架构师劳拉·塞巴斯蒂安-科尔曼（Laura Sebastian-Coleman）认为：“数据是对真实世界的对象、事件和概念等被选择的属性的抽象表示，通过可明确定义的约定，对其含义、采集和存储进行表达和理解。”数据要描述的客体包括对象（人、物、位置等）、时间和概念等。国际标准化组织将数据定义为“以适合于通信、解释或处理的正规方式来表示的可重新解释的信息”。数据本质上是一种表示方法，是人为创造的符号形态，是它所代表的对象的解释，同时又需要被解释。数据对事物的表示方式和解释方式必须是权威、标准、通用的，只有这样，才可以达到通信（传输、共享）、解释和处理的目的。新牛津美语词典将数据定义为

“收集在一起的用于参考和分析的事实”。

联合国贸易和发展会议发布的《2021年数字经济报告——数据跨境流动和发展：数据为谁而流动》指出，本质上，数字经济时代的万事万物都是数据。任何产品和活动都可以数字化，我们都可以将其编码为二进制语言“0”和“1”。因此，互联网时代的一切事物都是数字，而这些数字表示的就是数据。实际上，联合国贸易和发展会议给出的关于数据的定义是属于计算机科学领域的概念，即所有能输入计算机并能由计算机程序处理的数据的统称。法律意义上的数据则是认识论视野中所认知的数据，不包括虽然客观存在但是无法表达的数据，因为这些无法被人所认知和表达的数据缺乏法律调整的必要性。所以，从法律意义上可以将数据定义为经信息系统所处理的，能够满足人们生产和生活需要并且能够为人所支配的客观资料。而在经济学领域中，尽管数据作为一种新兴的生产要素已经成为学界共识，但其经济学概念还未达成统一。不过可以确定的是，数据作为一种经济学名词，就要有经济学意义，要具有经济价值。

2. 数据的分类

数据可以沿着多种维度进行分类。目前大多数研究所涵盖的数据可以分为三种类型：贸易数据、商业数据和个人数据。根据数据的法律研究可以将数据分为：贸易数据、个人数据和非个人数据。根据全国信息安全标准化技术委员会归口的国家标准《信息安全技术网络数据分类分级要求（征求意见稿）》，按照业务所属领域可以将数据分为工业数据、电信数据、金融数据、能源数据、交通运输数据、自然资源数据、卫生健康数据、教育数据、科学数据等。而根据数据客观主体来分，可以将数据分为个人数据、商业数据、政府数据、公共数据等。

随着互联网的发展，海量数据可以通过数字的形式进行存储，进而用以相对精确地记录客观数据的物理特性，从而出现了一个新概念——大数据。大数据（big data）就是基于数据价值化而构建出来的一个概念，是指无法在一定时间范围内用常规软件工具进行捕捉、管理和处理的数据集合，是需要新处理模式才能具有更强的决策力、洞察发现力和流程优化能力的海量、高增长率和多样化的信息资产。大数据必须借由计算机对数据进行统计、比对、解析方能得出客观结果。

贵阳大数据交易所是全国第一家数据流通交易场所，经贵州省政府批准成立，于2015年正式挂牌运营，在全国率先探索数据要素市场培育。2021年贵州省政府对贵阳大数据交易所进行了优化提升，突出合规监管和基础服务功能，构建了贵州省数据流通交易服务中心和贵阳大数据交易所有限责任公司的组织架构体系，承担流通交易制度规则制定、市场主体登记、数据要素登记确权、数据交易服务等职能，支撑数据、算力、算法等多元的数据产品交易，依法依规面向全国提供便捷、安全的数据流通交易服务。贵阳大数据交易所定位于建设国家级数据交易所、打造国家数据生产要素流通核心枢纽，围绕安全可信流通交易基础设施建设、数据商和数据中介等市场主体培育，积极探索数据资源化、资产化、资本化改革路径，努力构建产权制度完善、流通交易规范、数据供给有序、市场主体活跃、激励政策有效、安全治理有力的数据要素市场体系，打造数据流通交易产业生态体系。

扩展阅读

贵阳大数据交易所 2022 年度交易额突破 3.61 亿元

3. 数据、数字与信息

数据和信息并不等同，数据是信息的表达形式，但并不是所有的信息都能用数据表达。不同的数据可以表达同一种信息，而信息是对世界的客观反映，不会随着表达形式的改变而发生变化。信息是由数据处理而来，数据经过加工处理后就成为信息，而信息需经过数字化才能被记录和存储。数字是数据的载体，是计算机时代为了让数据更加可视化的一种记录和存储数据的方式。Kratovo 和 Eppeldheimer 于 2019 年对使用文本挖掘的数据治理进行了文献回顾，其中他们就区分了数据和信息。他们将信息定义为是由经过处理的精炼数据组成，以增加其价值，而数据则是用来描述事件和对象的特征和属性的。同样地，经济合作与发展组织将数据定义为未处理点的集合，经过处理和分析后成为信息。

4. 信息化、数字化与数据化

信息化是指将企业在生产经营过程中所发生的业务信息进行记录、储存和管控，用来提供给各层次的人了解一切动态业务信息，如“现在业务情况如何”“流程进展到什么阶段”，让企业资源得到合理配置。信息化是一种对物理世界的信息描述，本质上是一种管理手段，侧重于业务信息的搭建与管理。此时，业务流程是核心，信息系统是工具，过程中产生的数据只是一种副产品，信息化还是以物理世界的思维模式进行的。例如，目前经常看到的 OA 系统、CRM 系统、MES 系统等等，利用信息系统将管理信息化，助力企业高效管理。

数字化是指将许多复杂的、难以估计的信息通过一定的方式变成计算机能处理的“0”和“1”的二进制码，形成计算机里的数字。如果说信息化是物理世界思维模式，那么数字化就是通过移动互联网、物联网、区块链、增强现实等数字化工具来实现更宽更广的数字化世界。物理世界正在被重构，并被一一搬到数字化世界当中，这个过程是技术实现的过程，更是思维模式转变的过程。

数字化带来了数据化，数据化代表着对某一事物的描述，通过记录、分析、重组数据，实现对业务的指导。数据化最直观的形式就是企业各式各样的报表和报告，也就是将数字化的信息进行条理化，通过智能分析、多维分析、查询回溯，为决策提供有力的数据支撑。如果说信息化和数字化更偏向于系统性概念，那么数据化则更多的是涉及了执行层的概念。其以数据分析为切入点，通过数据发现问题、分析问题、解决问题，打破传统的经验驱动决策的方式，实现科学决策。

5. 数据的价值衡量

数据的价值衡量是目前所面临的一个巨大挑战。在数据价值衡量中有一个关键概念——数据价值链。数据的价值产生于数据的加工过程，原始数据经收集、处理和分析后转化为数字信息，这些数字信息就可以用于商业目的或者社会目的。可以认为，单个的原始数据是没有价值的，或者说它们仅具有潜在价值，经加工和转换而聚合成为可供我们使用的数字信息后才具有了价值。此外，数据是不同于一般商品的，它具有非竞争性的特点，可以多次使用而不被耗尽，但要注意的是，很多数据是具有时效性的。

二、数据监管与数字贸易

随着数字经济时代的到来，数据作为一种新型生产要素参与到了国际贸易当中。当前世界已经进入了信息全面渗透、数据跨界融合、产业加速创新、科技引领发展的新阶段。而大数据和互联网在为人类的生活带来便利的同时，数据泄露、数据造假等数据安全问题也越来越突出，此时，数据的监管就格外重要。确保交易数据真实可靠是进行数字贸易的必要条件，也是数据安全最基本的保障。面对日益剧增的数据资源，如何有效管理数据资源、如何通过监管来实现价值增值和长期利用，保证其具有价值型的长期利用是摆在我们面前的重要课题，加之当前社会对于数字安全的重视程度还不够，对数据泄露的警惕性还比较低，数字监管还有很长的一段路要走。

随着《中华人民共和国数据安全法》等法律的实施，国家开始在互联网、政务民生等领域加大对数据资源的监管力度，数据资源迎来了历史上最严格的监管时代。各政府、非政府机构都出台了一系列政策来落实数据监管要求，从数据监管全生命周期过程所涉及的数据对象及其完整性、数据监管的技术、法律和组织等因素和要素来看，数据监管的重点为数据筛选、数据存储、信息交互等部分。关于数据筛选，关键在于辨别数据的真实性和价值性，更加注重数据来源问题，要及时有效地剔除虚假数据以及没有经济价值的数据。而在数据存储方面则更加注重数据的安全性问题，要保证数据在存储时不会遗漏，不被损坏，在存储过程中不会出现数据泄露问题。信息交互则是数据监管的一个互操作、互链接的过程，最重要的就是为使用者提供有效数据资源的获取渠道，保证数据的开放性和可获得性，同时也要保证数据监管的价值性、有效性。

美国、中国和欧盟的数据监管相关政策特点见表 5-1。

表 5-1　美国、中国和欧盟的数据监管相关政策特点

	美国	中国	欧盟
经济增长和数字经济的发展	主要以市场为基础	政府干预	监管为主，但在新冠疫情之后开始支持数字经济的发展
数据保护和隐私保护	没有全面的联邦法律，但加利福尼亚州和弗吉尼亚州有州法律	法律法规集中在商业领域	基于最基本的权利，制定了《通用数据保护条例》
国家安全	国家安全相关数据具有最高优先级	广泛的政府准入和控制	各成员国都要负责，欧盟在某些情况下可以推翻规则
竞争政策	通常来说，数据不被视为竞争性问题，但随着反垄断调查以及法庭案件的出现，开始发生转变	可能对国内国有企业有一定的支持	数据被视为一种竞争问题
数据跨境流动	促进数据自由流动	广泛限制数据流动	在欧盟内部以及一些特定国家数据自由流动，在政策上促进数据的自由流动，但最近有限制的趋势

资料来源：《2021 年数字经济报告——数据跨境流动和发展：数据为谁而流动》。

5.2　数据跨境流动概述

一、数据跨境流动的内涵与特征

1. 数据跨境流动的定义

数据跨境流动是进行数字贸易的基础，数字贸易是指利用通信系统将数据数字化并将其存储在计算机等信息存储平台中，从而实现数据在不同国家之间的流动，实现经济利益等价值交换。数据跨境流动，顾名思义就是数据跨越国境的运动，即数据基于通信系统在不同国家之间进行传输、存储、处理的现象。需要注意的是，这里所讨论的数据流动仅指具有经济价值的数据的流动。

早在1980年经济合作与发展组织在《关于保护隐私与个人数据跨境流动的指南》中就已经将数据跨境流动界定为“个人数据跨越国家边界的移动”。然而这种定义将流动数据的客观主体（对象）局限在了个人数据，实际上，在当前这个数字经济时代，随着数字贸易的发展，跨境数据类型逐渐向商业（企业）数据、公共数据等方面倾斜。林登（Linden）和达尔伯格（Dahlberg）在2020年世界经济论坛中提出，数据跨境流动其实就是数据跨越国家边界或者不同国家市场的无阻碍的数据传输。商业软件联盟（2017）则将数据跨境流动定义为位于不同国家的服务器之间的数据传输，该定义使得这个数据流的起点处和终点处更具有操作性。这两种定义都更加强调数据的传输，然而数据跨境流动不一定是发生地理上的移动，还包括象征意义上的流动，即在某一国境内对另一国境的数据进行访问等，同时还应包括数据跨境采集。但数据跨境采集可以视为数据跨境传输的一种特殊形式。即数据跨境流动可以分为两种形式：一种是数据跨境访问；另一种则是数据跨境传输，数据跨境传输还包括其特殊情况——数据跨境采集。

2. 数据跨境流动的测量

目前，对于数据跨境流动的测量甚至还不存在具体切实可行的测量方法。虽然有一些测量的指标，但它们有很多的局限，例如，对于决策和发展目标等还没有合适的指标去衡量。目前，衡量数据跨境流动的体量的指标是国际互联网宽带。根据国际电信联盟的说法，国际互联网宽带是国际上互联网宽带的总使用量，以兆比特/秒（Mbit/s）为单位。也就是说，这些数据是以字节来表示单位流动的数据量，没有指明流动方向以及来源。虽然国际电信联盟的统计数据提供了关于数据跨境流动的总量等方面的信息，但是数量并不是最重要的因素，关键在于考量数据的质量和性质。因而，找到合适的衡量数据跨境流入和流出的指标和区分原始数据和产品数据的指标是十分重要的。

从经济角度来看，对跨境数据流动的价值进行衡量也是很有意义的。2016年，美国国家电信和信息管理局发布了一份报告，并就数据跨境流动的价值衡量提供了一些建议，包括：改善政府统计数据的整体涵盖范围和质量；为跨境数据的有关概念制定标准的术语及定义；编制一致的衡量数据跨境流动价值的统计数据；加强商务部与国际组织的联系，便于实现信息的共享；等等。

3. 数据跨境流动的类型

根据目前的研究来看，学者们将数据跨境流动归纳为三种类型，包括数据跨境传输、数据跨境采集和数据跨境访问。数据跨境传输指的是普遍意义上数据的跨境转移，即数据经一国的数据中心处理和存储之后传输到另一境外国，而这里的数据中心可以是本国的，也可以是境外他国的，如果是境外他国的，就涉及数据跨境采集。数据跨境采集是指一国的数据中心直接在境外国采集数据，将数据采集至本国后再做处理，它也是数据跨境传输的一种特殊形式。而数据跨境访问是一国数据使用者直接从境外国的数据中心所提供的网站等其他开放性平台读取数据。数据跨境流动类型示意图如图 5－1 所示。

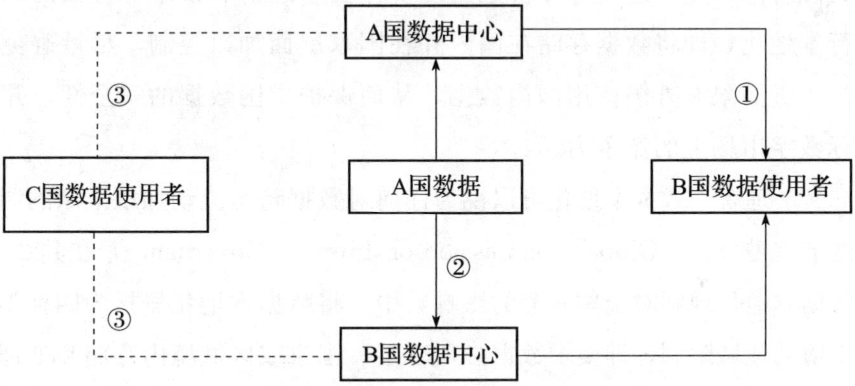

图 5－1　数据跨境流动类型示意图

注：①表示数据跨境传输，②表示数据跨境采集，③表示数据跨境访问。

4. 数据跨境流动的特征

随着数据跨境流动的不断发展，数据跨境流动呈现出以下特点：首先是数据跨境流动规模扩大。在数字经济时代，生活生产和贸易对数据的流动、存储和使用的依赖程度越来越大，尤其是对数据跨境流动的需求逐渐增强。在互联网大背景下，我们在生产生活方面的跨境数据采集、处理以及存储的难度逐渐降低，再加上参与全球化的主体越来越多，数据跨境流动的规模呈现大规模增长趋势。其次是数据跨境流动频率高。随着全球化的推进，数字化转型是必然趋势，数字化已经渗透到经济活动的方方面面，其对于生产生活的影响无疑是革命性的，而数字化必然会伴随着数据跨境流动。同时，由于当前通信技术的发展进步，我们对跨境数据处理的效率越来越高、对数据存储的包容性越来越大，加上数字贸易流量的增长，数据跨境流动的频率越来越高。最后是数据跨境流动风险高。互联网在为我们带来便利的同时，常常伴随着很多潜在的风险，比如信息泄露等。在数据跨境流动过程中，从数据跨境采集、存储到传输等各个过程都存在风险。同时，数据跨境流动规模的扩大和频率的升高也会使得数据跨境流动风险升高。更多时候，数据跨境流动常常会经过多次流转，流转次数越多，数据越有可能会发生部分流失，数据的误差也会越大。

二、数据本地化

数据在跨境流动的过程中出现了三种模式：数据自由传输模式、数据权利保护模式和数据本地化模式。前两者分别由美国和欧盟主导，而后者主要是一些不够发达的经济体采用。这些不够发达的经济体由于经济和技术等方面的原因，将数据进行本地化，即将数据存储在国内并在国家层面加以控制，尽量避免数据的跨境外流，进而限制外国使用国内数据，从而保护本国数据的安全性，并保持自身在国际数字市场上的竞争力。

从广义上理解，数据本地化可以视为任何对数据跨境流动加以限制的制度。全球互联网治理委员会（Global Commission on Internet Governance）在其 2015 年的报告《数据本地化规则对金融服务的影响》中，将数据本地化概括为四种类型：一是数据出境的地域限制，即要求数据必须于某一国家或区域境内存储和处理；二是数据位置的地域限制，即允许数据副本出境处理，但在本国或本区域内必须存有副本；三是基于许可制的数据出境限制，即要求数据出境需经有权机关许可；四是基于标准体系的数据出境限制，即要求数据出境必须采取标准化的步骤以确保数据安全和隐私保护。

数据本地化的模式也有三种，分别是数据的本地化备份模式、可访问的数据本地化存储模式和绝对的数据本地化存储模式。数据的本地化备份模式指的是，任何国内当地的数据在进行跨境流动之前都要先进行备份。数据的本地化备份模式不仅方便了国内对数据产权的保护以及当地数据的使用，而且能将数据进行跨国转移，从而使别的国家也能对数据进行利用，实现各国之间的友好交流。而可访问的数据本地化存储模式相对于数据的本地化备份模式而言，对数据的管制更为严格。可访问的数据本地化存储模式意味着数据不能在各国之间进行转移，包括不能跨境采集和传输，但别的国家对其数据具有跨境访问的权利。这种方式可以实现对数据的访问情况的监控，进而保证了数据跨境使用的安全性，同时还能够使得数据在国家之间流动，进而建立良好的数据共享空间，为其他国家使用数据提供了渠道，使得数据发挥了其国际价值。绝对的数据本地化存储模式指的是，禁止数据进行跨境流动，保证数据只在本国内部使用。这是对数据跨境流动最为严格的管制，也是对数据安全最高级别的保护。这种数据本地化模式实质上就是拒绝他国对于数据的访问，拒绝对数据进行共享，一般此类数据均为机密数据或者敏感数据。

虽然不同的数据本地化模式对数据安全进行了不同程度的保护，降低了数据跨境流动带来的风险，但实际上数据本地化模式仍然有很多的不足。首先，数据不共享意味着数据失去了发挥其最大化价值的机会。对于数据的处理和使用，不同国家的技术水平不同，尤其是发达国家在数据的加工处理和使用上具有更大的技术优势，而选择数据本地化的又一般为不发达国家，实施数据本地化导致数据不能或者很难被发达国家获取，因而数据不能发挥其最大的价值。其次，数据本地化是很难实现的。一方面，数据持有人一般为企业，国家仅能通过法律限制其数据跨境传输活动，而法律具有滞后性，且不可能全面控制数据跨境传输；另一方面，云计算、云存储和区块链等技术造成对数据控制主体难以确定其国籍。因而，数据本地化的制度实施存在很大的技术难度。同时，对数据的本地存储将会耗费大量人力和物力，将会带来很高的经济成本。因此，数据本地化模式既有一些好处，也存在着一些弊端，而如何平衡则需要视国情而定。

三、数据跨境流动的发展现状

1. 数据跨境流动的规模现状

在大数据时代，经济发展越来越依赖数据的流动和交换，数据逐渐成为一种至关重要的生产要素，而自 2019 年末以来，新冠疫情开始在全球蔓延，由此进一步增强了对数据跨境流动的需求。作为数字经济驱动的产物，数据跨境流动的规模越来越大，流动量越来越多，数据跨境流动正受到越来越多国家的重视，并被认为是第四次工业革命中全球竞争的关键因素。有学者预测，每月的全球数据流量预计将从 2020 年的 230 艾字节激增到 2026 年的 780 艾字节。而在 2021 年中国服贸会“服务贸易开放发展新趋势高峰论坛”上，国务院发展研究中心党组书记马建堂指出，2015—2019 年，全球数据流动量增长了 98 倍。据估计，2009—2018 年，全球数据跨境流动拉动的经济增长占全球 GDP 总量的 3%，相当于 2.3 万亿美元[①]，使全球 GDP 增长 10.1%，预计到 2025 年其为全球 GDP 贡献的价值将达到 11 万亿美元。服贸会发布的《中国数字贸易发展报告 2020》显示，2019 年中国数据跨境流动量为 1.1 亿兆比特/秒，约占全球总量的 23%，预计于 2025 年将位居全球数据圈之首。同时，中国作为全球数据大国，数据产量从 2017 年的 2.3 泽字节增长至 2021 年的 6.6 泽字节，位居世界第二。而大数据产业规模也快速增长，从 2017 年的 4 700 亿元增长至 2021 年的 1.3 万亿元。

2. 数据跨境流动的国际合作现状

随着互联网的发展，各国逐渐意识到数字经济与贸易将会是未来经济发展的蓝图，而数字贸易的发展必然会伴随着数据跨境流动，因而各国依托各国际组织纷纷制定了数据跨境流动的协议，其中有很大一部分是关于降低数据跨境流动的限制的协议。2019 年 1 月，美国、日本、中国、欧盟、巴西等 76 个国家和地区在 WTO 框架下共同签署了《关于电子商务的联合声明》（以下简称《声明》），世界贸易组织在《声明》签署后的六个月内收到了各国家和地区提交的 18 份以倡导数据跨境自由流动为主的电子商务提案和文件。目前，数据跨境流动治理领域并未形成全球性规制体系，经济合作与发展组织、亚太经济合作组织、二十国集团（G20）和世界贸易组织等国际机制，成为参与全球数据跨境流动治理的主要多边机制。经济合作与发展组织、亚太经济合作组织和世界贸易组织等组织通过制定数据跨境流动规则，释放全球数字经济发展潜力。经济合作与发展组织是全球首个提出数据跨境流动执行原则的国际组织，而世界贸易组织是全球首要的多边贸易机制，其主张通过减免数字产品关税、推动数据跨境自由流动，来促进全球范围内信息技术产品的自由贸易。经济合作与发展组织将个人隐私看作公民的基本权利，倡导构建能够推动数据跨境流动的数据隐私保护框架。亚太经济合作组织则重视同时建立消费者信任的数据隐私保护框架和数字技术信任体系。在 2017 年 G20 汉堡峰会和 2018 年 G20 布宜诺斯艾利斯峰会上，各国领导人承诺，将致力于建设保护个人隐私的法律框架，并不断重申打造消费者信任的数字技术体系的重要性。

数据跨境流动国际组织合作现状如表 5－2 所示。

---

① 资料来源：刘宏松，程海烨. 跨境数据流动的全球治理：进展、趋势与中国路径. 国际展望，2020（6）：65－88.

表 5-2　数据跨境流动国际组织合作现状

	协议名称	主要内容
世界贸易组织	《信息技术产品协议》(ITA)	尝试取消一系列计算机、软件和电子通信产品关税，促进世界范围内信息技术产品的贸易自由化，为数据跨境流动提供更好的技术保障。
	《服务贸易总协定》(GATS)	强调市场准入义务和国民待遇义务；其附加协议《关于电信服务的附件》第 5 条规定，即使世界贸易组织成员没有开放本国的电信市场，也要确保本国的公用电信网络符合非歧视原则。
经济合作与发展组织	1980 年发布的《关于保护隐私与个人数据跨境流动的指南》	1. 成员国应避免以保护个人隐私和自由的名义，限制数据跨境自由流动。 2. 强调各成员国应当确保个人数据在跨境流动中安全的可持续性。
	《经济合作与发展组织隐私框架》	提出了国家隐私战略、隐私管理程序和安全漏洞通知三个概念，强调对个人隐私的风险管控及全球层面隐私监管的互操作性。
亚太经济合作组织	《亚太经济合作组织隐私框架》	1. 设立以"保护个人隐私、获得消费者信任"为宗旨的"问责代理"机构，在确保企业符合亚太经济合作组织隐私保护标准的同时，提升消费者对电子信息平台的信任。 2. 要求申请加入的企业所在国至少有一个隐私执法机构加入跨境隐私执法安排(CPEA)，监督参与数据跨境流动企业的隐私保护情况，提升各经济体隐私执法机构的互操作性。
二十国集团	2016 年 G20 杭州峰会《二十国集团数字经济发展与合作倡议》	构建与数字经济发展相匹配的数据隐私保护框架和数字技术信任体系，消除数据跨境流动壁垒。

资料来源：根据各国际组织官网发布的声明整理而得。

四、数据跨境流动对数字贸易的作用

有学者研究发现，限制数据自由流动将会导致欧盟的 GDP 萎缩 0.8%～3.9%，对人均收入的负面影响可能达到 340～1 140 美元，而这一损失将抹去通过《欧盟-美国自由贸易协定》实现的贸易收益。这表明当前数字贸易对于全球 GDP 的发展具有不可磨灭的贡献，也表明数据跨境流动对数字贸易的发展具有重要作用。

首先，数据跨境流动促进了全球化的进程。当前的全球化逐渐向数字化倾斜，而数据跨境流动实质上是信息、知识的传播与共享，通过数据跨境流动，各国之间建立了数字化的信息网，加强了相互之间的联系，从而进一步促进了全球化的进程。早在 2014 年，麦肯锡的研究报告中就指出，数据跨境流动直接创造的价值高达 2.3 万亿美元。

其次，数据跨境流动将推动全球价值链布局调整。由于当前数据跨境流动的动力逐渐增强，数据跨境流动正在改变全球经济的形态。数据作为一种新型的生产要素，在生产和贸易中发挥着越来越重要的作用，因而数据这种生产要素在生产生活中的参与将会改变全球价值链的布局，使得全球价值链中高端部分向具有数据要素以及数字化生产技术优势的地区转移。

最后，数据跨境流动还将推动数字贸易的发展。数字贸易的产生依托于数据的数字化和数字化的交易，而这种数字化的国际交易将必然伴随着数据要素的跨境流动，从而这种数据跨境流动反过来也将促进数字贸易的发展。数字产品和数字交易方式是数字贸易的两个基本要素，同时也是数据跨境流动的基本条件。第一，数据跨境流动必须有能够跨境的数据，而这种数据必须是经过数字化的数据，这种数字化的数据在具备经济价值后就能进行贸易；第二，数据跨境流动就必须具有数字化的流动方式，包括电商平台、线上支付、智慧物流等，而这又恰好为数字贸易提供了数字化的平台。因而，数据跨境流动促进了数字贸易的发展。

五、中国的数据跨境流动

1. 中国个人数据跨境流动

从国际上看，数据跨境流动已成为一个国家经济社会发展中的重要问题之一。《中华人民共和国外商投资法》《中华人民共和国个人信息保护法》《中华人民共和国数据安全法》等法律中均有对个人数据跨境流动做出规定的条款。但目前中国对个人数据跨境流动的监管主要以管理为主，且主要是金融监管领域的内容。从国际经验看，随着网络时代的到来和数字经济的发展，个人信息安全日益受到关注，加强个人信息安全与隐私保护已成为国际社会的普遍共识和共同行动。为此，《中华人民共和国个人信息保护法》已自 2021 年 11 月 1 日起正式施行。从立法目的看，个人信息保护是一项基本法律义务（如明确要求不得出售、泄露和非法向他人提供个人信息）；从立法内容看，个人信息保护是一项重要的权利义务关系。为确保法律得以有效实施，《中华人民共和国国家安全法》《中华人民共和国网络安全法》以及其他与网络安全相关的法律法规也对数据跨境流动做出了相应规定。2023 年 2 月 24 日，国家互联网信息办公室公布《个人信息出境标准合同办法》，明确了个人信息出境标准合同的订立、备案等要求，为《中华人民共和国个人信息保护法》视域下的个人信息跨境方式之一的标准合同提供了落地蓝本和中国方案。随着 5G 时代、物联网时代以及人工智能时代的到来，中国数字经济蓬勃发展和数据流量激增对网络安全提出了更高要求。

2. 中国金融数据跨境流动

金融数据跨境流动是指一国金融机构通过数据跨境传输渠道向境外用户提供的与其经营、管理相关的各类信息，包括客户信息、交易信息等。从 2013 年开始，中国外汇管理部门通过建立跨境金融监测分析系统，实现对银行间市场的实时监测和非现场监管，逐步扩大金融数据跨境采集范围。

随着国际化的不断发展，中国金融与国外金融行业的联系越来越密切，同时数字经济时代对数据跨境流动的安全性提出了更高的要求。因此，防范金融行业发展过程中数据跨境流动的风险是极为重要的。人民银行上海总部副主任陆磊表示，当前人民币汇率弹性不断提升，金融数据跨境流动更加频繁，央行将通过一系列手段加强人民币跨境使用相关信息的监测和分析研究。一是在现有制度框架下完善基础设施、加快人才培养、加大监管力度；二是加强跨部门协同；三是推动金融数据跨境流动国际合作；四是深化对相关领域的研究。同时，陆磊还表示，《关于进一步推进资本市场改革开放和稳定发展的若干意见》等文件落地，将为下一步深化资本市场改革开放营造更加良好的政策环境，继续支持中国股票、债券市场高质量发展。央行表示，下一步将继续完善外汇管理体制机制和外汇市场基础设施建设、持续深化人民币汇率市场化改革和扩大金融领域对外开放步伐、积极参与国际治理。央行将不断完善外汇市场基础设施建设；积极参与资本市场国际合作；推动人民币汇率市场化改革并稳步推进人民币国际化；继续推进跨境金融合作；加强多双边货币互换以及其他衍生品业务等基础设施建设。同时，央行也正在加快推进资本市场对外开放进程，包括推动银行间债券市场国际化水平不断提高，稳步推动银行间货币市场对外开放进程，等等。

5.3 数据跨境流动的风险与规制

一、数据跨境流动的风险

1. 数据跨境流动的风险来源

随着数字贸易的发展，各国纷纷降低对数据跨境流动的限制，然而值得注意的是，数据流动存在风险，数据跨境流动更是会进一步放大风险。数据跨境流动的风险主要体现在数据的传输、存储和应用三个环节上。首先是在数据跨境传输上，数据跨境传输过程环节多、路径广、溯源难，传输过程可能被中断，数据也面临被截获、篡改、伪造等风险；其次是在数据跨境存储上，受数据跨境存储当地的防护水平等因素影响，容易出现数据泄露等问题；最后是在应用上，跨境数据的承载介质多样、呈现形态各异、应用较为广泛，数据所在国的政策和法律存在差异，导致数据所有者和使用者权限模糊，数据应用开发存在数据被滥用等风险。数据跨境流动可能会引发用户数据被泄露、滥用等问题，也可能会给企业带来技术管理、资产管理和组织管理上的挑战。

2. 数据跨境流动的风险类型

第一，数据跨境流动存在安全风险。数据跨境流动过程必然会存在数据的风险暴露，不论是个人层面还是国家层面，数据的传输都存在数据泄露问题。从个人层面来说，个人数据泄露将会导致数据被泄露的个人的隐私暴露，对其身心造成安全隐患，随着个人隐私数据泄露涉及面越来越广，甚至可能会引发社会公共问题，同时，由于数据是跨境的，将会存在更大范围的暴露，从而增加数据泄露的风险。从国家层面来说，单个数据泄露可能会影响到消费者的隐私安全，而单个数据聚少成多，整合分析则会具有战略性意义，能够反映一些社会层面以及国家层面的整体状况，一旦被别有用心的人甚至国外情报分子掌握，将有很大概率威胁到国家安全。

第二，数据跨境流动还面临着法律风险。随着数字经济时代的到来，数字贸易规模越来越大，再加上大数据、互联网等的发展，数据的收集整理变得越来越便利，数据跨境流动的风险随之变得越来越高，因而对数据跨境流动规则制定的要求越来越高。但目前中国，甚至全球范围内对于数字贸易以及数据跨境流动等方面的法律制度还不够完善，对于数据传输、存储以及使用等方面的法律问题的界定都还不是很清晰，因而可以说，各国对于数据跨境流动风险所提供的保障是不足够的。再加上由于各国之间的政策制定都“各自为政”，没有形成联合，也就无法形成治理合力，因此，数据跨境流动也存在着很大的法律风险。

第三，数据跨境流动存在经济风险。“数据就是石油”，随着数据作为一种生产要素参与数字全球价值链的价值创造中，各国对于“数据”的竞争越来越激烈。数字经济较为发达的国家已经建立了庞大的本国数据资源，因而具有数据要素禀赋，这会导致数据资源向少数国家倾斜，造成国家之间的数据资源分配不平等，进而使得全球数字经济发展呈现出不平衡的局面。

3. 金融数据跨境流动的风险

金融数据不同于一般数据，它更为敏感，跨境流动过程中一旦发生泄露将会威胁到一国的金融安全。金融数据跨境流动的安全风险涉及个人财产安全、企业安全、社会公共安全甚至国家安全等各个领域。而在金融数据概念被界定出来之前，中国人民银行发布的《关于银行业金融机构做好个人金融信息保护工作的通知》中就已经对个人金融数据的定义、收集、存储、处理和分析进行了明确规定。随着大数据、互联网、区块链等的发展和崛起，传统的金融业务不断实现数字化与信息化，金融业务产生了大量的金融数据，而随着金融数据规模的扩大，金融数据的风险也逐渐暴露。中国人民银行在 2020 年 9 月发布的《金融数据安全 数据安全分级指南》中首次对金融数据做出了明确规定，即金融数据是指金融业机构开展金融业务、提供金融服务以及日常经营管理所需或产生的各类数据。

金融数据在跨境流动中将会面临更多的安全风险。从个人隐私安全的角度来说，金融机构提供金融服务需要大量的金融消费者的各类数据，而这些数据包含消费者的个人身份信息、财产信息等，因而一旦信息出现泄露，将会导致消费者遭受很大的损失。从企业的角度来说，这些数据往往就是它们进行决策的数据基础，一旦数据遗失或者泄露给竞争对手将会给企业的发展以及财产安全造成巨大的损失。世界上很多国家由于其国情的特殊性，其金融业发展不完全，金融方面的法律法规也并不完善，因而金融问题对其来说是十分棘手的问题。金融数据在跨境流动过程中的风险相较于其他数据面临的安全风险甚至更大，由于各国对于数据及其跨境流动的规则制定不一致，很容易引起由此带来的跨境风险，因而金融数据跨境流动中的安全风险对于一国来说是极其关键的。

近几年来，美国的大公司频繁陷入数据泄露的丑闻中。在科技领域，脸书数据泄露举世皆知；在金融领域，美国征信巨头 Equifax 数据泄露也闹得沸沸扬扬。

扩展阅读

美金融巨擘 Capital One 陷数据泄露丑闻，1.06 亿用户受影响

2019 年 7 月 29 日，据美国媒体报道，美国第一资本银行（Capital One）当天发布声明称数据库遭黑客攻击，约 1.06 亿银行卡用户及申请人信息泄露。美国第一资本银行是全美屈指可数的综合性金融机构，美国前三名的信用卡公司，各方面业务都非常出色。美国有线电视新闻网（CNN）称，作为美国第五大信用卡签发方，第一资本银行此次用户资料泄露或成为美国历史上最大规模的银行数据泄露事件。

二、数据跨境流动的规制范式

数据跨境流动过程中将会存在很多的风险，因而各国也根据其实际情况制定了相应的数据跨境流动规制政策。由于国家（地区）之间的通信与数据行业发展水平以及数据发展战略上的差异，各国对数据跨境流动的限制程度也存在差异。关于数据跨境流动的规制，存在几个核心议题。第一个是，国内数字行业的发展是否受到数据跨境流动的影响。基于这个核心议题，发展中国家由于其数字贸易和数字产业发展还不完全，因而在对数据跨境流动的问题上采取了相对保守的措施，即对数据跨境流动的规制更为严格，而发达国家由于其完善的国内数字市场，其对数据跨境流动的规制则相对宽松。第二个是，网络安全和国家安全是否受到数据跨境流动的威胁。由于各国在通信及数字水平上存在差异，很多发展中国家的数字水平相对较低，因而其在数据安全、网络安全保护方面存在技术上的不足，一旦数据流动的限制减少，数据跨境流动更为自由，其数据安全保障设施就很容易受到攻击，从而引发争议和动荡。第三个是，隐私保护水平是否因为数据跨境流动而降低。各国在处理数据跨境流动问题时应当考虑到隐私保护的问题，不能因为数据跨境流动影响到其隐私保护力度，因此，各国在处理数据跨境流动问题时，应当做好其和隐私保护之间的权衡。

由于各国之间以上核心议题的差异，不同国家有针对性地提出了各自相应的数据跨境流动治理方案。自从 1980 年经济合作与发展组织发布的《关于隐私保护与个人数据跨境流动的指南》提出数据跨境流动的法律命题之后，各国开始对数据跨境流动采取规制措施。对不同国家或地区数据跨境流动限制规定的总结见表 5-3。

表 5-3　数据跨境流动限制规定

严格的数据本地化	部分数据本地化	有条件的转移：硬转移	有条件的转移：中性转移/软转移	数据自由流动
中国		阿尔及利亚	阿塞拜疆	澳大利亚
印度		阿根廷	巴林	加拿大
印度尼西亚		亚美尼亚	白俄罗斯	菲律宾
哈萨克斯坦		巴西	加纳	新加坡
尼日利亚		哥伦比亚	日本	美国
巴基斯坦		埃及	吉尔吉斯斯坦	
俄罗斯		欧盟	新西兰	
卢旺达		美国佐治亚州	韩国	
沙特阿拉伯		以色列	阿拉伯联合酋长国	
土耳其		肯尼亚	墨西哥	
越南		马来群岛		
		摩洛哥		
		秘鲁		
		南非		
		瑞士		
		泰国		
		乌克兰		
		联合国		

资料来源：根据各地区数据跨境流动政策整理所得。

严格的数据本地化是指让数据在国内进行存储或处理的法律要求，甚至包括完全禁止数据跨境流动。一些国家严格限制数据跨境流动。例如，中国对关键基础设施运营商收集的个人信息和重要数据实施了严格的数据本地化要求，会影响到大量数据的跨境流动。越南的网络安全法包含一项广泛而严格的数据本地化规定，要求所有国内外电信供应商以及在线提供互联网服务的供应商在本地进行数据存储。印度和巴基斯坦计划明确禁止跨境转移关键个人数据，并要求此类数据在本地进行存储和处理，但对关键个人数据这一术语没有提供具体定义，因而如果这一术语随后被政府广泛定义，将会影响大量的数据流。

部分数据本地化是指数据在本地进行存储的法律要求，但不包括禁止向国外转移数据或在国外存储数据副本。例如，俄罗斯和哈萨克斯坦要求对于可以转移到国外的数据也要在本地存储这些个人数据的副本。

有条件的转移意味着数据可以传输到国外，但数据处理器必须符合相关的法规要求。有条件的转移可以分为硬转移、中性转移/软转移。硬转移需要一个全面的遵约机制，其中包括针对具体国家的数据转移的批准、数据转移的监管批准、已批准的数据转移合同以及《通用数据保护条例》制定的具有约束力的规则。中性转移或软转移要求是指比较容易遵守的要求，例如，获得用户的隐性同意或有限的用户通知要求。或者说，数据可以进行跨境流动，但需要数据接收国对数据保护进行自我评估，并签订必要的合同。例如，墨西哥对于向国外转移的个人数据要求只需要征得用户同意，并且在数据处理者和处理个人数据的外国当事方之间订立必要的合同即可，而没有其他事先获得管理部门批准的要求。

数据自由流动则意味着数据的跨境传输不会受到限制，但是这些规则会涉及对数据跨境流动处理者的事后问责，即数据处理者仍有责任确保其在国外进行的所有数据处理行为均符合国内的法律规定。

各国对于数据跨境流动的规制包括三方面的原因：首先是为了保护公民的隐私权，从而对数据跨境流动进行一定的规制；其次是为了维护国家主权和安全，数据跨境流动的规制有助于应对国外的数据监控，加强国内互联网的主权控制，有利于维护社会、文化和政治的稳定；最后是为了加强经济建设，数据跨境流动的规制有助于数据的公平获取和合理利用，从而通过本地产品和服务去满足本地的需求（见表 5-4）。

表 5-4　各国规制数据跨境流动的原因

保护公民隐私权	维护国家主权和安全	加强经济建设
数据保护与隐私	应对外国监控	打造国内数据冠军
网络安全	保护关键基础设施	确保公平获取数据
对敏感部门的监督	加强对国内互联网的主权控制	通过本地产品和服务满足本地需求
为执法部门查阅数据	社会/文化稳定	
数据伦理	政治稳定	

资料来源：根据各国颁布的政策法令整理所得。

1. 美国规制范式：提倡数据跨境自由流动

随着大数据、互联网等的发展，数字贸易推动了全球价值链的重塑，对于各个国家的中小企业来说，这是一次很好地嵌入全球价值链的机会，所以很多国家都积极推动数字贸易的发展，当然也包括降低数据跨境流动的壁垒和限制。美国为了促进本国企业发展，确立了数据跨境自由流动的基本立场，签订了《跨太平洋伙伴关系协定》（现已退出）、《美韩自由贸易协定》、《美国-墨西哥-加拿大协定》等双边以及多边的协定以及主导构建跨境隐私规则体系，已经形成了数据跨境自由流动的美国规制范式。美国以倡导数据跨境自由流动、打破数字贸易壁垒为由，凭借计算机网络技术优势和互联网行业主导的地位掌握了他国境内大量数据，同时削弱了他国对其境内数据的控制权，进而使得数据跨境流动规则成为维护美国利益的工具。

2. 欧盟规制范式：强调数据安全跨境流动

欧盟将个人数据保护权利视为基本人权，确立了保障数据安全、限制个人数据跨境流动的立场。通过设立《个人数据保护指令》（95/46/EC 指令）、《通用数据保护条例》等数据保护立法和设立欧洲个人数据保护监管机构等方式，试图在隐私、个人数据保护和数据跨境流动之间达到平衡。《通用数据保护条例》旨在减少欧盟成员国之间数据跨境流动的障碍，但对向欧盟境外的数据转移活动设置了三重门槛：充足性保障认定、标准格式合同条款和约束性公司准则。同时，欧盟对个人数据和非个人数据跨境转移的态度截然不同，注重非个人数据跨境流动带来的经济价值，对非个人数据跨境流动的限制较少。

3. 中国规制范式：促进国家和公共安全，支持数字发展

中国的做法与美国提倡数据跨境自由流动的做法截然相反，中国的经济和政治制度意味着国家对经济和社会进行强有力的干预，从而严格管制数据跨境流动。数字发展战略包括补贴新兴的中国平台、对下一代数字技术（如人工智能和物联网）等进行巨额投资等，扩大国内技术实力和关键技术的自给自足。中国对于数据跨境流动的限制性模式，加上战略干预，刺激了国内数字市场的增长，进一步推动了百度、阿里巴巴、美团和腾讯等几家公司在全球取得成功。因此，尽管中国跨境数据监管的主要理由是国家安全和社会稳定，但随着时间的推移，经济议程对其数据监管政策已变得更为核心和关键。中国在大规模数字监控方面是一个重要的参与者，中国在国内法当中对于数据跨境流动实施了各种限制。中国对于数据跨境流动的规范性文件见表 5-5。

表 5-5 中国对于数据跨境流动的规范性文件

法规名称	颁布时间	效力
《中华人民共和国网络安全法》	2016 年	现行有效
《中华人民共和国数据安全法》	2021 年	现行有效
《中华人民共和国个人信息保护法》	2021 年	现行有效
《个人金融信息保护技术规范》	2020 年	现行有效
《网络安全审查办法》	2022 年	现行有效
《关键信息基础设施安全保护条例》	2021 年	现行有效
《网络数据安全管理条例（征求意见稿）》	2021 年	征求意见稿
《数据出境安全评估办法》	2022 年	现行有效
《数据安全管理办法（征求意见稿）》	2019 年	征求意见稿
《个人信息和重要数据出境安全评估办法（征求意见稿）》	2017 年	征求意见稿
《信息安全技术 数据出境安全评估指南（征求意见稿）》	2017 年	征求意见稿

本章小结

本章主要阐述了数据以及数据跨境流动的基本内涵和相关概念，数据跨境流动对数字贸易的作用，数据跨境流动所面临的风险和挑战以及各国对于数据跨境流动的规制范式。

复习与思考

一、不定项选择题

1. 根据数据客观主体来分，可以将数据分为：（　　）。

A. 政府数据　　B. 公共数据

C. 商业数据　　D. 贸易数据

2. 不属于数据跨境流动风险的有：（　　）。

A. 安全风险　　B. 法律风险

C. 系统风险　　D. 金融风险

3. 数据跨境流动的形式有哪些？（　　）。

A. 数据跨境使用　　B. 数据跨境访问

C. 数据跨境采集　　　　D. 数据跨境传输

4. 数据本地化模式不包括哪些？（　　）。

A. 数据的本地化备份模式　　　　B. 可访问的数据本地化存储模式

C. 数据的本地化存储模式　　　　D. 数据的本地化加工处理和使用模式

二、简答题

1. 简述数据化、信息化和数字化的异同。
2. 数据跨境流动的特征是什么？
3. 请对比美国、欧盟和中国的数据跨境流动规制范式。
4. 中国在数据跨境流动及其监管上持什么态度？
5. 数据本地化模式有什么优劣势？

第6章 贸易数字化的主要模式与平台

案例导入

棒谷科技从“借船出海”到“造船出海”

广州棒谷科技股份有限公司（简称棒谷科技）是一家专注于跨境贸易B2C电子商务的公司。其总部位于中国广州，在深圳、东莞、长沙、杭州、义乌均设有子公司，现拥有一支数千人的年轻精英团队。棒谷科技是一家天生的国际数字化贸易企业。在成立之初，棒谷科技深耕于eBay、亚马逊、全球速卖通、Wish、Newegg等第三方平台，将欧美市场作为主要市场，用优质的产品和悉心的服务赢得了第三方平台和广大顾客的赞誉。而后随着其不断发展，从完全依靠第三方平台作为销售渠道使得自己的品牌成功在国外市场崭露头角，到2009年开始主力运营综合类商城网站，致力于跨境自营平台产品销售，为国内开发商开拓海外市场，以客户需求为主导，自主开发新品，提供个性化购物体验，截至目前，棒谷科技已成为广州地区大型的跨境电子商务综合体，行业中的龙头企业之一。棒谷科技成功的很大一个原因就是借助了跨境电商的大平台并且很好地运用了这些跨境平台的优势。棒谷科技从最初借eBay等第三方大平台出海，一步步发展到现在成功引领消费电子行业品牌出海。

棒谷科技的信息技术性质决定了其走的是与传统外贸不同的道路，其对外贸易所有流程数字化的发展模式是棒谷科技成功的主要原因之一。棒谷科技的网站和移动应用程序是该公司数字化外贸业务的核心，这些平台提供了大量的功能，使用户可以方便地浏览和购买产品、查询订单状态、提交售后服务请求等。此外，棒谷科技还提供了多种语言版本的网站和应用程序，为全球用户提供了更好的用户体验。棒谷科技通过数字化的方式对订单、库存、产品、用户数据等信息进行管理。这些数据不仅可以帮助棒谷科技优化供应链、增强库存管理，还可以用于优化销售、改善用户体验等方面的决策。棒谷科技利用自动化流程技术，优化其订单处理、库存管理、物流配送等业务流程。通过数字化和自动化，棒谷科技能够更加高效地处理业务，并降低人为错误和成本。除此之外，棒谷科技还提供在线客服、电子邮件和电话等多种渠道的客户服务和支持。这些渠道可以为用户提供快速、准确的服务，并帮助棒谷科技快速识别和解决用户问题。在用户数据分析方面，棒谷科技利用数据分析和人工智能技术，识别和分析大量的用户数据和订单信息。这些技术可以帮助棒谷科技优化其产品和服务，提高销售效率，并提供更好的用户体验。

棒谷科技始终以“把中国的优质商品、优质供应链带到全世界”为企业使命，以“成为全球top级别客户满意的公司”为愿景，专注于B2C跨境出口电子商务。在供应链管理方面，棒谷科技与许多优秀的供应商合作，利用自身的供应链管理系统，可以快速地将产品引入市场，并在全球范围内实现高效的物流配送。棒谷科技与全球范围内的供应商合作，根据产品品质、价格和交货能力等多个因素，对供应商进行筛选和评估，并且同时通过建立长期的供应商合作关系获得更好的价格和缩短交货时间。

在产品管理方面，棒谷科技通过建立全球采购网络，不断挖掘各种热门和新兴产品，以满足不同地区的消费者需求，同时也会对产品的质量进行严格把控，以确保每一个产品都符合相关质量标准。在库存管理方面，棒谷科技通过数字化的方式对库存进行管理，利用先进的仓储管理系统，可以准确地掌握库存情况，并及时采取措施，以满足客户需求。另外，利用数据分析技术对库存需求进行预测和规划，使得库存积压和缺货的情况得以避免，为消费者提供更良好的产品供应服务。值得注意的是，棒谷科技在全球范围内建立了快速和可靠的物流配送网络，使得产品可以快速地送达客户手中，并且对物流过程进行实时监控和管理，以确保及时交货，为消费者提供更快速便捷的物流服务。

棒谷科技通过建立协同的供应链管理系统，可以将供应商、产品、库存和物流等方面的信息整合起来，形成高效的供应链管理体系。这些数字化的技术和管理手段，可以为棒谷科技提供全方位的供应链管理支持，提高公司的供应链管理效率和竞争力，使得棒谷科技在全球范围内的供应链管理系统拥有相当大的竞争优势。

棒谷科技主要销售电子产品、玩具、家居用品、服装等商品，其在产品创新方面一直坚持深耕产品研发与建立全球品牌。具体来看，近年来，棒谷科技通过引入智能家居产品，如智能灯泡、智能插座、智能家庭安防等，充分满足了消费者对于智能化生活的需求。除此之外，棒谷科技还在自营品牌上有较大的投入，通过不断推出品牌自营产品，如手机、耳机、电脑周边等进一步增加了自身的产品竞争力。

随着人们对3D打印技术的关注度越来越高，棒谷科技也开始关注3D打印技术，并引入了一些3D打印产品，如3D打印机、3D打印材料等，为DIY爱好者提供了更多选择。除了在产品种类创新方面有很大的探索，棒谷科技在对外数字化贸易形式上也不断更新，如开展跨境电商直播向消费者介绍和推荐产品并提供更好的购物体验，推出商品搜索、购物、订单管理的小程序，从而提高了购物的便捷性和效率。

学习目标

掌握不同分类下贸易数字化的模式；了解并区分各贸易数字化平台；掌握主要贸易数字化平台的特点；了解与贸易数字化相关的国际协会的基本情况。

形势分析

党的二十大报告提出要“推动货物贸易优化升级，创新服务贸易发展机制，发展数字贸易，加快建设贸易强国”。无论是货物贸易优化升级，还是服务贸易创新发展和数字贸易发展，加快贸易数字化发展都是最重要的抓手和推动力量，也是加快贸易强国建设的必由之路。贸易数字化是一场从贸易端深入产业端、企业端的产业革命，也是提升我国产业国际竞争力和实现对外贸易高质量发展的关键所在。贸易数字化将为中国对外贸易打造新引擎，为传统外贸注入新动能，从而重塑中国对外贸易竞争新优势。

关键概念

B2B　B2C　C2C　F2C　B2B2C　P2P　贸易数字化平台

6.1 贸易数字化的主要模式

一、按交易主体分类

1. B2B模式

B2B，即business-to-business，是指在基于数字化技术和互联网平台的商业模式下，企业间的商业活动和贸易。在 B2B 贸易数字化模式下，企业可以通过电子商务平台和其他数字化渠道，更加高效地找到供应商、采购产品、处理订单等，从而实现成本控制和业务增长。该模式下的平台企业包括阿里巴巴国际站、敦煌网等。

2. B2C 模式

B2C，即 business-to-customer，是指在基于数字化技术和互联网平台的商业模式下，企业与个人消费者之间的商业活动和贸易。在 B2C 贸易数字化模式下，企业可以通过电子商务平台和其他数字化渠道，更加高效地推广产品、销售产品、处理订单等，从而实现销售增长和客户满意度的提升。该模式下的平台企业包括亚马逊、全球速卖通、Wish、兰亭集势、米兰网等。

3. C2C 模式

C2C，即 customer-to-customer，是指在基于数字化技术和互联网平台的商业模式下，个人消费者间的商业活动和贸易。在 C2C 贸易数字化模式下，消费者可以通过电子商务平台和其他数字化渠道，直接向其他消费者购买商品或服务，从而实现商品和服务的交换以及商业活动的开展。该模式下的平台企业包括 Wish、eBay 等。

4. F2C 模式

F2C，即 factory-to-customer，是指在基于数字化技术和互联网平台的商业模式下，工厂和个人消费者间的商业活动和贸易。在 F2C 贸易数字化模式下，消费者通过直接向工厂购买商品和服务，省去中间环节、降低成本、获得更高性价比。该模式下的平台企业包括拼多多、阿里巴巴国际站等。

5. B2B2C 模式

B2B2C，即 business-to-business-to-customer，是指在基于数字化技术和互联网平台的商业模式下，企业向其他企业提供商品或服务，并通过这些企业向消费者销售商品或服务。在 B2B2C 贸易数字化模式下，平台企业既为厂商提供销售渠道和服务，也给消费者提供高质量、有保障的商品。该模式下的平台企业包括亚马逊、敦煌网、环球资源等。

二、按平台运营模式分类

1. P2P 模式

P2P（peer-to-peer）模式，即点对点模式，这种模式让买方和卖方通过数字平台直接联系，而不需要第三方平台的参与。在这种模式下，单个组件被称为对等点。对等点可以作为客户端，从其他对等点请求服务，也可以作为服务器，为其他对等点提供服务。对等点可以充当客户端或服务器的角色，并且可以随时间的推移动态地更改其角色。每个节点既可以从其他节点得到服务，也可以向其他节点提供服务。

P2P 贸易数字化模式是一种基于数字技术支持的商业交易方式，旨在连接两个或多个贸易伙伴，并直接从生产者或供应商处采购商品或服务，而不是通过中间商或中介机构。P2P 贸易数字化模式通过直接连接生产者和消费者，消除了中间商和层级，并提高了交易效率和透明度。P2P 贸易数字化模式通常基于区块链技术或去中心化的平台来实现。这些平台可以提供数字货币支付、智能合约、供应链跟踪和信用评估等功能，从而使交易更加快捷、安全和可靠。该模式下的平台企业包括 TradeIndia 等。

2. 独立站模式

独立站模式是一种自营模式。在这种模式下，企业通常运营自己的数字平台，比如网站或移动应用程序。该平台首先作为消费者寻找供应商，以较低的价格购买货物并将其运输至仓库，再作为供应商，以较高的价格为消费者提供产品和服务。在该模式下平台企业采用的是以商品差价作为收入的盈利方式。

该模式下的平台企业对平台有强大的掌控力，购买者议价能力很强，有稳定的供货渠道和物流系统，主要优势是可以保证产品质量从而获得消费者信任。独立站模式的主要缺点是运营成本较高、运营管理较为复杂、风险较大，例如需要及时处理产品滞销以及退换货问题。该模式下有代表性的平台企业为兰亭集势、大龙网、米兰网等。

3. 中间商模式

中间商模式是指企业可以使用第三方平台来构建和运营自己的数字交易平台。在该模式下，平台提供方构建一个平台吸引零售商、经销商、制造商等入驻平台以提供商品，再吸引消费者进入平台进行消费，完成交易。平台提供方负责处理平台的技术方面的问题，例如托管和维护。平台起到中间商的作用，通过向商家收取佣金以及其他增值服务费来获得收益。该模式下有代表性的平台企业为敦煌网、全球速卖通、阿里巴巴国际站等。

三、按交易方式分类

1. 直接交易模式

直接交易模式是指买方和卖方直接进行交易，没有中间商参与的模式。这种模式在 P2P 贸易中比较常见，例如通过在线市场或者在线拍卖进行交易。

2. 间接交易模式

间接交易模式是指交易中存在中间商的模式，例如通过电子商务平台进行交易。在这种模式下，平台作为中介方，连接买方和卖方，提供交易撮合、支付、物流等服务。

3. 交易平台模式

交易平台模式是指企业通过建立数字化交易平台进行贸易活动的模式。在这种模式下，平台可以提供各种交易服务，包括供应链管理、采购、销售、物流等，可以满足不同企业的需求。

4. 订阅服务模式

订阅服务模式是指企业向客户提供定期付费的服务模式。这种模式在软件、媒体、内容等行业比较常见，例如通过云服务平台提供软件服务，或者通过付费会员服务提供媒体内容。

四、按涉及数字化技术划分

1. 物联网贸易模式

物联网贸易模式是一种基于物联网技术实现的贸易数字化模式。它利用物联网技术联结物理设备、产品和用户，构建了一个物理世界和数字世界之间的桥梁，使得物品之间的交换和交易变得更加智能和高效。比如智能物流、智能制造、智能仓储等。

在智能物流方面，物联网技术被应用到物流过程中可以实现自动化和智能化。例如，在运输车辆和货运设备上安装传感器和定位器，可以实时监测货物的位置和状态，确保货物的安全和运输质量。此外，物联网技术还可以自动分配订单和路线，提高运输效率。

在智能制造方面，物联网技术被应用于制造业中可以实现生产的智能化和自动化。例如，智能制造车间中的机器和设备可以通过物联网技术进行联网，并实现设备之间的协作和数据共享。这可以提高生产效率，减少生产成本。

在智能仓储方面，物联网技术被应用于仓储管理中可以实现库存的智能化和自动化。例如，仓库中的传感器和智能设备可以实时监测库存情况，自动进行库存管理和补货。

2. 虚拟现实贸易模式

虚拟现实贸易模式是指基于虚拟现实技术实现的贸易数字化模式，例如基于虚拟现实的产品展示、交易体验等。通过虚拟现实技术，可以实现更真实、生动的贸易体验，也可以更好地满足消费者的需求。

虚拟现实技术可以在展览领域发挥重要作用。传统的展览需要参展者到现场参观，而虚拟展览可以通过虚拟现实技术实现远程参观和交流，降低参展成本。

虚拟现实技术可以在旅游领域发挥重要作用。传统的旅游需要旅游者到景点进行实地参观，而虚拟实景漫游可以通过虚拟现实技术实现远程参观和体验，提高旅游体验和吸引力。

虚拟现实技术可以在虚拟商品交易领域发挥重要作用。虚拟商品是指在虚拟环境中产生的商品，如虚拟货币、虚拟物品等。虚拟现实技术可以实现虚拟商品的展示、交易和付款，提高虚拟商品交易的便捷性和安全性。

3. 数据共享贸易模式

数据共享贸易模式是指通过数据共享实现的贸易数字化模式，例如基于数据共享的贸易合作、供应链管理等。通过数据共享，企业可以更好地管理和利用数据资源，提高贸易效率和价值。

在数据共享贸易模式下，企业通过共享数据资源，实现更高效、精准的贸易活动。数据共享贸易可以涉及多个环节，包括供应链管理、市场营销、客户关系管理等。

在供应链管理方面，数据共享可以帮助企业更好地了解供应链中的各个环节，提高供应链的效率和透明度。例如，企业可以通过共享供应商的生产数据和交货数据，更好地把握供应链的进展和风险。同时，供应商也可以通过共享企业的需求数据和销售数据，更好地了解市场需求和趋势，提高生产和交付的准确性和效率。

在市场营销方面，数据共享可以帮助企业更好地了解消费者的需求和偏好，实现更精准的营销活动。例如，企业可以通过共享消费者的购买历史和行为数据，更好地了解消费者的需求和偏好，实现个性化的产品和服务推荐，提高销售转化率和客户满意度。

在客户关系管理方面，数据共享可以帮助企业更好地了解客户的行为和需求，提高客户服务和忠诚度。例如，企业可以通过共享客户的投诉和建议数据，更好地了解客户的需求和反馈，提高服务质量和客户满意度。同时，企业也可以通过共享客户的消费和交互数据，更好地了解客户的忠诚度和生命周期价值，实现更精准的客户管理和营销活动。

4. 区块链贸易模式

区块链贸易模式是一种基于区块链技术实现的贸易数字化模式，例如基于区块链的数字货币交易、智能合约等。通过区块链技术，可以实现更安全、透明、高效的贸易活动，也可以更好地管理贸易风险和成本。

区块链技术被应用于供应链管理中可以实现供应链的透明度和安全性。例如，区块链技术可以记录供应链中各个环节的数据，包括生产、运输和销售等，保证数据的真实性和准确性。这可以帮助企业实现供应链追溯，及时发现和解决问题。

区块链技术被应用于贸易融资方面也会发挥重要作用。传统的贸易融资流程往往需要通过银行等金融机构进行信用评估和担保，而通过区块链技术，贸易双方可以建立一个去中心化的信用评估和担保系统，实现快速和便捷的贸易融资。

区块链技术也可以在贸易结算方面提高效率和安全性。传统的贸易结算流程往往需要通过银行等金融机构进行汇款和结算，需要花费较长时间和较高费用，而通过区块链技术，贸易双方可以实现快速和安全的贸易结算，减少中间环节和费用。

5. 供应链金融模式

供应链金融模式是指通过数字化技术优化供应链贸易的金融服务模式。它利用数字化技术和金融工具，为供应链中的各个参与方提供资金支持和融资服务，包括供应链融资、供应链支付、供应链数据管理、供应链协同管理等。该模式将供应链中的贸易和金融紧密结合起来，为企业提供了更加高效的资金管理方式。

供应链融资是指通过金融机构向供应链中的各个参与方提供融资服务。这些融资服务可以包括信用贷款、保理融资、仓单质押融资等多种形式。通过数字化的方式，供应链中的各个参与方可以更加便捷地申请和获得融资服务，从而提高供应链的资金流动性。

供应链支付是指利用数字化支付工具，为供应链中的各个参与方提供支付服务。这些支付工具可以包括电子汇票、在线支付等多种形式。通过数字化的支付工具，供应链中的各个参与方可以更加高效地进行支付和结算，从而降低交易成本和风险。

供应链数据管理是指通过数字化的方式对供应链中的数据进行管理和分析，从而提高供应链中的交易效率和风险控制能力。通过分析供应链中的数据，可以对供应链上的各个参与方进行信用评估和风险管理，从而提高供应链的稳定性和可持续性。

供应链协同管理是指供应链金融通过建立协同的供应链管理系统，可以将供应链中的各个参与方紧密联系起来，实现供应链中的信息共享和协同管理。这些数字化的技术和管理手段可以为供应链中的各个参与方提供更加高效的协作方式，提高供应链的效率和竞争力。

6. 软件即服务模式

软件即服务（Software as a Service，SaaS）模式，即企业通过互联网向其他企业或消费者提供基于云计算的软件服务模式，例如基于云计算的云存储服务、在线办公软件、数据分析工具等。通过 SaaS，企业可以更方便地使用和管理软件，也可以更好地降低软件的成本和复杂性。

云存储服务是一种基于云计算的存储服务，用户可以通过网络将数据存储在云端，实现数据的备份和共享。云存储服务可以为跨国贸易提供便捷的数据交换和共享，同时也可以保证数据的安全和隐私。

在线办公软件是一种基于云计算的办公软件，用户可以通过网络实现文档的创建、编辑和共享。在线办公软件可以为跨国贸易提供便捷的协作工具，同时也可以降低跨国贸易的沟通成本和误差率。

数据分析工具是一种基于云计算的数据分析软件，用户可以通过网络进行数据的收集、分析和处理。数据分析工具可以为跨国贸易提供便捷的数据分析服务，同时也可以提高跨国贸易的决策效率和准确性。

7. 平台即服务

平台即服务（Platform as a Service，PaaS）模式，是云计算的一种服务模式，它为开发者提供一个应用程序开发和部署的平台。

AWS Elastic Beanstalk 是一种完全托管的平台服务，它允许开发者轻松地创建、部署和管理 Web 应用程序，而无须关注底层的基础设施。AWS Elastic Beanstalk 提供多种编程语言和开发框架的支持，使开发者可以快速地构建和部署应用程序。

Google App Engine 是谷歌提供的一种平台服务，它允许开发者使用多种编程语言和开发框架构建和部署 Web 应用程序。Google App Engine 提供了可扩展的计算和存储资源，使应用程序可以随着需求的增加而自动扩展。

6.2 主要的贸易数字化平台

一、SHEIN

1. 平台介绍

目前，SHEIN 是国内最大的快时尚数字化贸易电商。SHEIN 的前身是于 2008 年创立的南京点唯信息技术有限公司，其在 2012 年以 sheinside. com 作为域名搭建自己的平台，2015 年改名 SHEIN 后进入高速发展期。SHEIN 主要经营女装，但也提供男装、童装、饰品、鞋、包等时尚用品，其经营模式是 B2C 形式，在中国完成设计以及生产，在海外定位市场瞄准消费者。在创立之初，SHEIN 延续的是传统的外贸业务，不掌握货物和渠道，仅提供在批发市场购进成品并通过贸易平台分销到海外的业务。然而，SHEIN 的信息技术的性质决定了其与传统外贸不同的道路。

SHEIN 将先进的数字化技术应用于供应链体系、物流体系、ERP 体系和销售预测体系，增加贸易机会，降低贸易成本，提升贸易效率，缩短贸易流程，从而走上了增长快车道，迅速地抢占市场份额。如今，SHEIN 的 APP 下载量超过了 1. 5 亿次，有超过 7 000 万名活跃用户，并且用户黏性很高。截至 2021 年 5 月 6 日，在 TikTok（国际版）上带有“＃SHEIN”标签的视频播放量超过了 74 亿次，仅“＃SHEINhual”（开箱）的活动视频播放次数就突破了 21 亿次，而在 2020 年 10 月，这两个数据分别是 23 亿次和 1. 5 亿次。它在北美最大的社交网站脸书上的粉丝数达到了 2 200 万，在 Instagram 上的粉丝数突破了 1 955 万。2021 年 5 月 17 日，SHEIN 在北美 iOS 应用商店的下载量一度超过亚马逊，成为当日下载量最大的购物 APP。

2. 平台特点

（1）采取独立站形式。

SHEIN 在出海初期就没有依赖第三方平台接触海外消费者，而是选择独立站这种进出口贸易新形式直接触达消费者（direct-to-consumer，DTC），将流量掌握在自己手里，实现了对供应链的深度把控，其网站和 APP 作为用户直接使用或进行交互的前台，既是了解用户需求的窗口，也是快速响应用户需求，对后台系统例如财务系统、产品系统、客户管理系统、物流管理系统等进行数据调用和业务处理的依据。

（2）强大的数据搜索情报采集系统。

作为快时尚贸易数字化平台，SHEIN 系统定期在各种时尚网站、竞品网站利用线上爬虫、网页抓取工具等广泛搜索、抓取数据，关注 TikTok 和 Instagram 等社交平台上的最新潮流，对互联网上各个服装零售网站的产品进行跟踪，追踪有关颜色、面料、款式的关键搜索词的变化。SHEIN 通过 APP 收集一手数据，借助专业团队和数据智能分析系统了解消费者当下的消费动机，挖掘更本质、更真实的需求信息，得到更为准确的开发趋势，个性化地设计、选品以及推荐。得到的数据反馈结果经过整理上传至策划端进行相应的广告投放宣传，提升商品的选款效率，吸引用户下单。正是这种数据抓取和流行趋势评估技术，赋予了 SHEIN 和供应商捕捉时尚的能力，从而能够不断开发新款产品。

（3）“小单快返”的柔性供应链。

SHEIN 的供应链模式被概括为“小单快返”，即小批量首单，多频次补单，很少库存。SHEIN 之所以能够在终端以极低的售价俘获海外消费者，是因为在库存管理上做得极好，它是以“小单快返”的返单方式，而不是以订单的方式生产的，这改变了整个供应链的基本逻辑。返单是指企业以极小的首单单量来测试市场，当消费侧有数据显示某款商品是“准爆款”时，企业再将该商品返到工厂侧增加生产订单。很明显，因为不涉及大量提前生产，返单生产会极大地降低库存。

（4）设计辅助系统提升生产效率。

对于快时尚平台来说，设计师的时尚产品的产出效率是极其重要的。SHEIN 注重通过数字化能力去提高设计产出效率，进而提高贸易效率。SHEIN 推出了设计师孵化器 SHEIN X 设计辅助系统，它所提供的素材库可以提供时尚设计中领口、袖口、腰身、下摆以及颜色等不同元素，设计师只需要简单改变一个元素就可以生成全新组合的设计，这大大提高了设计师的工作效率，为丰富的产品上新和开发打好了基础。

二、TEMU

1. 平台介绍

TEMU 是拼多多旗下的外贸数字化平台，该平台产品于 2022 年 9 月 1 日上线。TEMU 在 APP 商店介绍中含义为“Team Up，Price Down”，和拼多多的含义相似，即“买的人越多，价格越低”。相对国内的拼多多版本，TEMU页面风格更简洁，商品图片质量更高。橙色Logo中除了TEMU这几个英文字母，还有裙子、玩具马、高跟鞋和箱包图案，与TEMU目前主打的品类一致。TEMU的主要推荐页面上有珠宝、母婴、宠物、电子产品等多个类目入口，可以推测TEMU是通过瞄准快时尚市场作为切入点从而逐渐拓展全品类商品。TEMU将继续向国内制造业的品牌商家、中小企业、源头工厂全面开放，并对入驻的商家提供零佣金、零保证金的优惠政策，以及流量支持、资源补贴等一揽子扶持政策。

相关数据显示，刚上线不久，TEMU已在非洲多个国家进入Google Play购物类免费榜前200应用之列。其中，在喀麦隆，TEMU位列Google Play购物类免费榜第22名，超过其在美国的排名。根据TechCrunch，2022年10月，TEMU在美国的日均安装量约为4.3万次，同期低于竞争对手SHEIN的6.2万次；而到11月，尽管SHEIN攀升至日均7万次，TEMU却大幅增长至18.7万次。

2. 平台特点

(1) 无中间商直销。

不仅中国供应商能通过平台直接向美国消费者销售产品，而且产品是直接从中国发货，无须在美国构建仓库网络。

(2) 丰富的产品种类和低廉的价格。

TEMU平台上有大量种类丰富的产品，包括电子产品、服装、家居用品、玩具等，同时价格也比较低廉，吸引了大量用户。

(3) 大量限时折扣。

TEMU正通过狂撒优惠券、免运费等套路吸引美国客户。TEMU还推出面向所有商品的限时免运费服务，虽然这一“限时”折扣每天都会刷新，但仍吸引了不少过去需要付运费的美国用户。

(4)“一店卖全球”。

TEMU的目标是“一店卖全球”，即对于评分达标的店铺，其商品会直接同步到海外市场，无须卖家额外操作，已同步的商品则会有新一轮的增量市场流量加成。

(5) 物流议价能力低。

TEMU只在国内设置了用于集货的跨境仓，干线运输、目的地妥投都依赖第三方，平台更像一个“大号”的货代委托方。由于前期商品交易总额还没有形成规模，平台难有物流议价能力。

(6) 质量较难保证。

过去一年，受通货膨胀和经济下行影响，美国消费者也不得不向低价商品低头，折扣店购物已经成为不少人的选择。从这层意义上而言，TEMU选择了一个巧妙的时机。超低的定价也让消费者对TEMU尤其宽容——“你不会得到最好的产品，但这没关系”，然而在第一波冲击过后，这种宽容在减少，消费者的抱怨正在增多。iOS应用商店新增的一、二星评价中，已经有用户展露出对物流缓慢、产品质量低等问题的不满；在专门评价消费体验的美国网站BBB（Better Business Bureau）上，TEMU的用户评级已经跌至1.78星。

三、全球速卖通

1. 平台介绍

全球速卖通（AliExpress）是阿里巴巴集团旗下的一个国际电商平台，成立于2010年。它的目标是向全球消费者提供高质量、低价的中国商品，同时帮助中国中小企业开拓海外市场，推动中国制造业的国际化发展。

全球速卖通是一家B2C平台，旨在为全球消费者提供便捷、高效、安全的购物体验。在全球速卖通平台上，消费者可以浏览数百万个来自中国的商家提供的商品，并享受到全球免费配送、多种支付方式、买家保护等服务。全球速卖通的主要市场是俄罗斯、美国、巴西、西班牙、法国、意大利、德国、波兰、荷兰、土耳其、阿拉伯联合酋长国等国家和地区，其网站支持多种语言和货币，方便全球消费者进行购物。

全球速卖通平台提供了多种商品类别，包括服装、电子产品、家居用品、运动装备、汽车和摩托车、珠宝、玩具、宠物用品、婚礼用品等等。在这些商品类别中，消费者可以轻松找到他们需要的商品，同时可以通过筛选功能快速找到具有竞争力的价格和高质量的商品。与此同时，全球速卖通还提供了一系列增值服务，如保修服务、货物追踪、争议解决等，以改善消费者的购物体验。

全球速卖通平台还为商家提供了一系列工具和服务，以帮助它们在全球范围内开拓市场。商家可以在全球速卖通平台上开设自己的店铺，通过全球速卖通的广泛渠道，向全球消费者推销自己的商品。同时，商家可以利用平台提供的如搜索引擎优化、广告推广、仓储和物流等服务，提高它们的销售额和竞争力。目前，全球速卖通已经成为全球最大的跨境电商平台之一，拥有超过2亿的注册用户和超过10万个海外卖家。

2. 平台特点

（1）一站式跨境电商服务。

全球速卖通平台的主要业务是为全球各地的中小企业提供一站式跨境电商服务，包括批发采购、跨境物流、在线支付等服务，为卖家提供便利的出口通道，为买家提供海量丰富的产品选择。

（2）开放性平台。

全球速卖通平台是一个开放性平台，任何人都可以在平台上开店销售自己的产品，而且平台也提供了一些工具和服务来帮助卖家提高销售业绩。因此有很多卖家入驻全球速卖通平台，平台上的交易比较活跃。然而，全球速卖通平台的进入门槛低，使得从事同类业务的卖家数量众多，价格竞争激烈，从而挤压了市场的价格空间。

（3）信用评价体系。

全球速卖通平台建立了完善的信用评价体系，通过买家对卖家的评价来评估卖家的信用水平，提高平台的交易安全性和信任度。

（4）便捷的交易环境。

全球速卖通平台支持多种语言和货币，可以为全球不同地区的买家和卖家提供更加便捷的交易环境。全球速卖通网站页面简洁清晰，对于初级卖家和买家很友好。并且阿里巴巴对于全球速卖通新手卖家提供客户和社区培训体系，帮助初级卖家快速入门。此外，全球速卖通平台建立了完善的交易保障机制，为买家和卖家提供担保交易和交易纠纷处理等服务。

（5）支持小额批发。

全球速卖通平台支持小额批发，这对于中小型卖家来说非常有利，可以减少资金压力和库存风险。

（6）数据化运营。

全球速卖通平台采用大数据分析技术，通过分析买家的购买行为和偏好，为卖家提供更加精准的推荐和营销策略。全球速卖通平台为卖家提供广告营销服务，包括搜索广告、展示广告等，帮助卖家提高品牌知名度和销量。

（7）安全稳定的全球化物流服务。

全球速卖通平台提供全球化的物流服务，为卖家提供快速、安全、稳定的全球物流渠道，为买家提供更好的购物体验。全球速卖通开辟了更多的跨境物流合作渠道，如菜鸟平台通过和中国邮政的战略合作进入万国邮政网络，大大提升了物流效率。

（8）支付结算。

全球速卖通平台提供在线支付服务，支持多种货币结算方式，方便卖家和买家进行跨境交易。平台不仅支持西联汇款、信用卡，还支持第三方支付平台——国际支付宝。除此之外，全球速卖通平台还引入了蚂蚁金服，卖家可以通过 PayPal 顺利将货款取出，账号也不会被冻结或者销户。

四、亚马逊

1. 平台介绍

亚马逊（Amazon）是全球最大的在线零售商和云计算服务提供商之一，总部位于美国西雅图。该公司成立于 1994 年，最初是一家线上书店，现在已经发展成为全球最大的综合性电商平台之一，涵盖了数百万种商品和服务。亚马逊拥有世界上最先进的物流网络之一，能够为全球各地的客户提供快速、便捷的购物和配送服务。亚马逊平台作为全球最大的电商平台之一，具有强大的用户基础、物流网络、品牌影响力和安全保障措施。对于卖家来说，亚马逊平台提供了丰富的销售工具和服务，包括了开店、上传产品、管理订单、处理退换货、运输和物流等服务，为卖家打造更好的销售渠道和品牌形象，提高销售效率和效益。对于买家来说，亚马逊平台提供了广泛的商品选择、便捷的购物体验和优质的售后服务，包括浏览商品、下单支付、查看物流、评价商品等功能，满足消费者多样化的需求和购物体验。

2. 平台特点

（1）全球化。

亚马逊在全球数十个国家和地区均搭建了电商平台，涵盖了全球绝大多数的消费者市场。卖家可以通过亚马逊平台进入全球市场，扩大销售范围，提高销售额。

（2）品牌建设。

亚马逊平台提供了一系列品牌建设工具和服务，包括广告投放、品牌推广、品牌授权等。卖家可以利用这些工具和服务提高品牌知名度和美誉度，增加客户忠诚度和重复购买率。

（3）海量用户。

亚马逊平台每年吸引数亿的用户进行购物，用户覆盖全球各地。卖家可以通过亚马逊平台获取更多的潜在客户和销售机会。

(4) 物流服务。

亚马逊拥有强大的物流和仓储网络，为卖家提供了快速、稳定、便捷的物流服务，包括仓储、物流、配送、退换货等服务。为了向消费者提供良好的物流体验，亚马逊平台建立了自己的物流体系——FBA。平台建议大部分在亚马逊从事经营活动的卖家选择亚马逊平台的 FBA 服务，尤其建议欧洲市场的卖家选择该方式，因为欧洲自身的物流体系发展缓慢，运送商品时间长并且费用昂贵，严重影响到了买家的购物体验，所以选择 FBA 服务配送商品是必然选择。

(5) 数据分析。

亚马逊平台提供了丰富的数据分析及统计工具和服务，可以帮助卖家了解客户需求、市场趋势、竞争情况等信息，为卖家制定营销策略提供数据支持。

(6) 客户服务。

亚马逊平台提供了 24 小时在线客服支持，为买家和卖家解决各种问题和纠纷。

(7) 安全保障。

亚马逊平台严格确保卖家和买家的资金、账户和信息安全。平台对卖家进行严格的审核和监管，保证商品质量和售后服务质量。同时，平台还为卖家提供了退款保障、货款担保等服务，降低了卖家的交易风险。

3. 平台的新特性

(1) 亚马逊 Prime 会员服务。

亚马逊推出了 Prime 会员服务，Prime 会员可以享受快速免费配送、无限制流媒体观看、优先抢购、打折优惠等福利。卖家可以通过参加 Prime 计划提高产品曝光率和增加销售机会。

(2) 亚马逊智能家居解决方案。

亚马逊推出了智能家居解决方案，包括了 Alexa 智能音箱、智能插座、智能灯泡、智能门锁等产品，卖家可以通过亚马逊平台销售智能家居产品。

(3) 亚马逊广告服务。

亚马逊推出了广告服务，包括搜索广告、品牌广告、卖家中心广告等，卖家可以通过投放广告提高产品曝光率和销售额。

(4) 亚马逊开放 API。

亚马逊开放了 API 接口，允许开发者和卖家进行自主开发和定制，为平台提供更多的创新应用和服务。

五、敦煌网

1. 平台介绍

敦煌网成立于 2004 年，是国内最早开设的跨境电子商务交易平台之一，所销售商品覆盖消费电子、电脑、服装、美容美发用品、体育用品、鞋包、手表、珠宝饰品、家具、汽配和建材等品类。敦煌网目前已拥有 230 万以上累计注册供应商，年均在线产品数量超过 2 500 万，累计注册买家超过 3 640 万，覆盖全球 223 个国家及地区，拥有 100 多条物流线路和 10 多个海外仓，71 个币种的支付能力，在美洲、欧洲等地设有全球业务办事机构。与我国其他贸易数字化平台相比，敦煌网是第一个针对中小企业提供 B2B 贸易数字化的平台，努力为我国中小企业借助贸易数字化平台商的方式进入全球市场提供帮助，为企业提供了一条跨国交易的新渠道，使得跨境电商更加安全、简单、高效。

敦煌网作为中小零售商 B2B 贸易数字化业务的创新者，其选择的营销模式是电子邮件营销，通过这种模式可以高效率、低成本地开拓国际市场。其自己创建的 DHgate 平台可以为该平台全球的消费者提供优质且高质量的商品详细信息，同时消费者可以根据自己的需求订阅电子邮件营销平台上面发布的商业信息，通过邮件消费者可以第一时间了解敦煌网上最新的供应变化情况。

2. 平台特点

（1）“买全球，卖全球”。

敦煌是中国古代丝绸之路上的辉煌驿站，是中国丰富商品走出国门的盛大之城。敦煌网以此命名，正是承载着其创始人帮助中小企业“买全球，卖全球”的梦想。敦煌网通过整合传统外贸企业在关检、物流、支付、金融等领域的生态圈合作伙伴，打造了集相关服务于一体的全平台、线上化外贸闭环模式，极大降低了中小企业对接国际市场的门槛，不仅赋能国内中小企业，而且惠及全球中小微零售商，并成为二者之间的最短直线。

（2）品质保证。

敦煌网为保证产品品质，建立了严格的商品审核体系和供应链管理系统，确保售出的产品正宗、优质。同时，敦煌网与国内众多的供应商建立了战略合作关系，拥有优质的供应链资源，可以保证产品的品质和库存。

（3）创新营销。

敦煌网在营销方面不断创新，通过线上线下多种渠道进行品牌推广，如参加海外展览等。

（4）跨境物流。

敦煌网具有完善的跨境物流系统，可为海外用户提供全球配送服务，以及多种支付方式。

（5）品牌影响力。

敦煌网在海外市场拥有较高的品牌知名度和影响力，能够提高消费者对产品的信任度和购买意愿。

（6）提供多元化服务和个性化定制服务。

敦煌网提供了多种服务，如全球配送、海关清关、支付结算等服务，能够满足消费者多元化的需求，为其提供良好的购物体验。此外，敦煌网还为消费者提供了定制服务，消费者可以根据自己的需求定制符合自己口味和文化特点的产品。

六、eBay 平台

1. 平台介绍

eBay 是一个全球知名的电子商务平台，创建于 1995 年，总部位于美国加利福尼亚州。eBay 的主要业务是提供一个在线交易平台，买家和卖家可以在平台上进行各种商品和服务的交易，包括二手物品、新品、收藏品、艺术品、汽车、房产等等。eBay 是世界上最大的在线拍卖和零售平台之一，每天有数百万的商品在平台上出售。eBay 的商业模式是基于 C2C 和 B2C 的在线市场，买家和卖家可以在平台上自由交易商品，eBay 作为中间平台，提供交易处理、支付结算、物流配送等服务。eBay 的收入来源主要是向卖家收取佣金和广告费，以及从 PayPal 等支付渠道收取手续费。

eBay 的国际影响力是其经营优势之一，其经营范围覆盖了全球市场，并且其自有的支付系统 PayPal 业务覆盖也极为广泛。在物流方面，eBay 与各国邮政进行了合作，使得各国供应商在进行贸易数字化运营时更加快速、便捷。正是因为这些优势，eBay 快速发展，从美国、德国等发达国家快速扩张到俄罗斯等新兴市场。

2. 平台特点

（1）独特的拍卖功能。

eBay 平台最初以在线拍卖业务起家，拍卖功能一直是 eBay 平台的一大特色。卖家可以将自己的商品在平台上发布拍卖，买家通过竞价的方式购买商品。eBay 平台是以低价起拍的方式拍卖商品，可以调动买家的积极性，使其踊跃参与拍卖。同时，即将结束拍卖的商品会在“即将结束”的排序结果中获得较前的排名，从而获得平台给予的更多曝光机会。

（2）灵活的销售方式。

在 eBay 平台上，卖家不仅可以结合拍卖以及一口价两种方式去销售产品，还可以选择定价出口、无底价竞拍等方式销售产品。其中，一口价方式是指固定价格销售。卖家可以将自己的商品以固定价格出售，并且可以设定商品的数量和售价。eBay 平台提供的销售模式选择较多，比较灵活。

（3）信誉评价系统。

eBay 平台建立了一套信誉评价系统，卖家和买家可以相互评价，评价分数反映了其在平台上的交易记录和信誉度。

（4）支持多种货币和语言。

eBay 平台支持多种货币和语言，方便全球用户进行交易。

（5）安全支付但收款方式单一。

eBay 平台提供安全的支付系统，卖家可以选择使用 PayPal 等第三方支付平台进行支付，确保交易的安全性和保障买家权益。

6.3 其他贸易数字化平台

一、Shopee

Shopee 是东南亚地区以及台湾地区一家领先的电商平台，成立于 2015 年，总部位于新加坡。Shopee 业务范围辐射新加坡、马来西亚、菲律宾、泰国、越南、巴西等 10 余个市场。Shopee 拥有 700 万个活跃卖家，超过 8 000 名员工，是东南亚发展最快的贸易数字化平台，是国货出海东南亚的首选平台。

在成立初期（2015—2016 年），Shopee 最初将自身定位为一个社交电商平台。在这一时期，Shopee 快速扩张，开始在东南亚市场崭露头角。

在转型升级期（2017—2018 年），Shopee 转型升级，将重点放在移动电商方面，并且提供更多的产品和服务。紧接着，Shopee 推出了新的标识和品牌战略，并开始在东南亚市场扩张。

在持续扩张期（2019年至今），随着公司规模的扩大，Shopee开始在更多的东南亚市场进行推广，如印度尼西亚、菲律宾、泰国、越南等。Shopee还不断推出新的产品和服务，如Shopee Mall、Shopee Food、Shopee Live等，以满足不同用户的需求。

在全球化进程中，Shopee开始进军巴西、墨西哥、智利等拉丁美洲市场。Shopee还推出了Shopee海外购服务，使用户能够方便地从中国购买产品。未来，Shopee还将继续扩大全球化市场，为用户提供更好的购物体验。

Shopee采用混合商业模式，既支持B2C模式，也支持C2C模式。同时，Shopee还提供O2O（线上到线下）服务，为用户提供更好的购物体验。除此之外，Shopee平台重视移动端的发展，将其视为未来发展的重点方向。因此，Shopee专门开发了移动应用程序，提供丰富的购物功能和便捷的支付方式，方便用户随时随地进行购物。

Shopee平台提供了一个全球化的市场，覆盖了东南亚和台湾等地区，为用户提供了跨境交易的机会。同时，Shopee提供安全的支付系统，支持多种支付方式，包括信用卡、PayPal和银行转账等方式，确保交易的安全性和保障买家的权益。此外，Shopee支持多种语言和货币，方便不同地区的用户进行交易。

二、Lazada

Lazada是东南亚地区知名的跨境电商平台，成立于2012年，总部位于新加坡，目前已经进入印度尼西亚、马来西亚、菲律宾、新加坡、泰国和越南等六个市场。由于东南亚网络及移动通信等基础设施的建设正处于高速发展之中，所以其电商市场具有极大的发展前景。Lazada正式上线之后，公司始终保持着高速发展的态势，业务领域不断扩充。

Lazada成立初期，旨在成为东南亚地区领先的在线购物平台。2013年，Lazada开始拓展市场，在印度尼西亚、马来西亚、菲律宾、泰国和越南等地建立了自己的电商平台。2014年，Lazada获得了两笔巨额融资，分别来自Temasek和Rocket Internet，这使得Lazada成为东南亚地区最具实力的电商平台之一。2016年，阿里巴巴集团宣布收购Lazada，Lazada成为该集团在东南亚地区的战略布局的一部分。2017年，Lazada启动了LazMall计划，打造高端品牌的旗舰店，旨在提高平台的品牌知名度和形象。2018年，Lazada推出了LazGame平台，提供游戏娱乐服务，以及LazPay数字支付服务，方便用户进行支付。2019年，Lazada开始向非城市地区扩展业务，以满足更多用户的需求，同时也推出了 LazLive 直播服务，帮助商家进行营销推广。2020 年，受到新冠疫情的影响，Lazada 进一步加快了数字化转型，推出了“Lazada for Good”计划，致力于为受疫情影响的社区和企业提供支持。

总之，Lazada 在短短几年的时间里迅速崛起，成为东南亚地区领先的电商平台之一，并在阿里巴巴集团的战略布局中扮演着重要角色。Lazada 不断推出新的产品和服务，努力提高用户的购物体验和商家的销售效益，不断加速数字化转型。纵观 Lazada 的成长历程和发展模式，Lazada 正在努力扩展业务范围，以形成覆盖东南亚地区的商业版图，并打造一条电子商务生态产业链。通过全方位的服务吸引并联结大量用户群体，使消费者可以在 Lazada 平台上购买所需要的全部商品，满足用户一站式购物需求。

Lazada 平台的重点是跨境电商，用户可以从世界各地的商家购买商品，同时也可以在平台上销售自己的产品，因此其在平台运营方面具有如下特点。首先，Lazada 平台上的商品种类非常丰富，包括服装、鞋子、美妆、家居、家电等各类商品。同时，Lazada 推出的产品性价比高，Lazada 平台经常推出各种优惠和促销活动，如折扣、满减、赠品等，吸引用户购买。其次，Lazada 平台支持多种语言和货币，方便用户在不同的国家和地区进行购物。再次，Lazada 平台支持多种支付方式，包括信用卡、支付宝、微信支付、银行转账等，方便用户进行支付。又次，在物流方面，Lazada 平台提供快速配送服务，许多商品支持当天或次日送达，用户可以在购买后尽快收到商品。最后，在产品安全方面，Lazada 平台提供安全保障措施，如买家保护、卖家保护等，保证用户购物的安全和权益。

三、与贸易数字化相关的国际协会

1. 联合国贸易和发展会议

联合国贸易和发展会议是联合国下属的一个专门机构，成立于 1964 年，总部设在瑞士日内瓦。该机构致力于促进国际贸易和发展，并推动电子商务和数字经济的发展。联合国贸易和发展会议的使命是通过促进贸易和发展来促进全球繁荣。它为发展中国家提供贸易和投资政策建议，支持可持续发展目标，并推动数字化经济和电子商务的发展。联合国贸易和发展会议的工作涵盖了多个领域，包括国际投资、贸易政策、经济发展、电子商务、数字经济、竞争政策和消费者保护等。在数字化经济和电子商务领域，联合国贸易和发展会议开展了大量研究工作，例如发布报告和指导文件，组织培训和研讨会等。它还支持各国政府和企业建立数字化平台，推广数字支付和电子商务等，以促进数字经济的发展。

该机构的任务与世界范围的商务领域有着直接的关系，因为其中心目的是为发展中国家和转型国家提供一些工具，使它们能成功地融入国际贸易和经济体系。这些工具包括从规范的标准制定活动，如环境会计这样的新领域，到旨在加快货物流通的实际工程；从有关投资趋向与政策的分析研究和数据收集，到推动中小型企业发展。它为政府和企业提供竞争法律和政策咨询。同时，它从世界资本市场为微观金融计划创造新的渠道，加强发展中国家利用电子商务的能力。联合国贸易和发展会议每年主要的出版物——《全球贸易和发展报告》《世界投资报告》和《最不发达国家报告》，在它们各自领域发挥着权威性作用。这些报告提供最新的资料，分析全球趋势，制定对政府和私营部门有用的实用政策建议。联合国贸易和发展会议的中心工作是提供使地方和跨国企业得以繁荣的最佳政策框架，以此培养发展中国家固有的能力。但是能力的培养还有其他越来越重要的方面，如官员和企业行政人员在国际贸易和投资问题方面的培训。

联合国贸易和发展会议在非洲和俄罗斯主持石油工业会议；帮助发展中国家建立股票市场和商品交换市场。企业可通过下列途径直接和间接参与联合国贸易和发展会议的工作。首先，作为政府间会议的观察员或小组成员参与相关会议，这些会议有：专家会议；贸易和发展理事会一年一次的会议；四年一次的联合国贸易和发展会议；等等。其次，各企业可与秘书处合作参与对发展有影响的、共同感兴趣的项目。

联合国贸易和发展会议的重点工作领域主要包括市场情报和分析、贸易和供应链开发、贸易政策和营商环境、可持续发展和企业社会责任四个方面。

在市场情报和分析层面，联合国贸易和发展会议为发展中国家提供有关市场需求、产品标准、贸易政策和商业机会等方面的信息和分析，帮助它们制定更好的贸易策略和决策。

在贸易和供应链开发层面，联合国贸易和发展会议支持发展中国家的企业和出口商，帮助它们开拓新的市场和供应链，并提供技术援助和培训，以提高它们的生产能力和贸易技能。

在贸易政策和营商环境层面，联合国贸易和发展会议帮助发展中国家制定贸易政策和法规，促进营商环境改善，以吸引更多外商投资和贸易机会。

在可持续发展和企业社会责任层面，联合国贸易和发展会议支持发展中国家的企业和出口商，推动可持续发展和企业社会责任的实践，并提供相关的培训和咨询服务。

2. 中国国际电子商务中心

中国国际电子商务中心成立于1996年2月，肩负商务部信息化服务和技术支撑的使命，负责推动外贸电子数据交换，实施贸易单证电子化服务，承担推动电子商务发展与应用、促进电子商务国际合作与对外交流的重任，服务商务数字化智慧化建设。目前，中心拥有6家全资子公司，近千人的服务团队，以云计算技术为支撑建立了“两地三中心”数据中心基础设施，是国内第一家同时获得ISO9001、ISO20000、ISO27001和ISO22301等4项资质的政务信息化服务机构，率先步入符合国际标准规范的信息化服务机构行列。

中国国际电子商务中心的重点工作领域主要包括如下几个方面：

一是参与制定商务部信息化和电子政务总体规划、年度计划。

二是承担商务部电子政务系统建设和运行、维护工作，提供技术支持和服务，参与编制有关项目预算。

三是建设、运行、维护中国国际电子商务网（国家金关工程主干网）和中国国际经济贸易互联网，为部门间互联互通提供安全、可靠的网络运行环境。

四是承担商务部网络信息安全建设和运维保障工作，研发、推广、应用信息安全等实用信息技术，承接服务外包业务和容灾备份业务。

五是承担商务部委托的信息采集、数据分析等工作，为商务部行政管理和公共服务提供支撑。

六是承担国家电子政务、电子商务重点科研课题的研究、推广、应用。

七是参与拟订国内外贸易和国际经济合作领域电子商务标准和规则，推动电子商务应用的国际交流与合作。

八是承办商务部交办的其他事项。

秉承多年成功经验与成熟技术，中国国际电子商务中心为国内外商贸企业在电子政务和电子商务两大业务领域提供服务，服务内容涉及公共服务、专业服务、安全服务、信用服务和灾备服务，现已经拥有会员近100万家。

在公共服务方面，中国国际电子商务中心建设、运行、维护的商务部电子政务平台集成了进出口、外商投资、国际经济合作、内贸管理、政务信息服务等五大类近百项电子政务应用项目，为企业提供安全的在线申报、审批、备案、政策咨询与产业指导。这些电子政务应用项目不仅方便了企业开展商贸活动，大大提高了政府工作效率，而且为商务部业务管理、统计分析、预警决策提供了详尽的信息支撑。

在专业服务方面，中国国际电子商务中心为企业提供贸易信息收集、贸易撮合、贸易应用和各类培训服务。中国国际电子商务中心的第三方服务基础平台包含中国商品交易市场、中国无线电子商务平台、中国电子贸易金融服务平台、贸易物流公共服务平台、中国交易中心、中国商务协同作业平台、全球贸易交易管理应用平台、全球零售商品采购平台等应用服务平台。

在安全服务方面，中国国际电子商务中心直属的北京国富安电子商务安全认证有限公司是中国第一家拥有自主知识产权的安全认证机构，是目前唯一具有国家部委颁发的第三方行政许可资格的 CA 认证机构，已经在全国设有 37 个 RA 注册机构、100 个技术服务机构，服务范围覆盖全国。国富安 CA 现已被广泛应用到政务、电信、银行、贸易等各类项目中，并被泛亚电子商务联盟认可的大陆安全认证系统应用到中外企业的跨国电子交易中。

在信用服务方面，基于海量、权威的国家级信用数据库，中国国际电子商务中心建设了中国企业信用信息数据库、加工贸易/外贸企业数据库、全球采购商数据库等大型专业数据库，入库企业达到 100 多万家，为企业提供信息服务、风险报告、信用管理咨询与培训、商账管理与风险控制等业务。

在灾备服务方面，中国国际电子商务中心的容灾备份中心以北京东单、北京亦庄、广州等多个高度安全可靠的数据中心基础设施及功能强大的 IT 系统为基础，以专业化的咨询服务团队和系统服务产品为核心，面向商贸流通领域各类企业和相关政府部门，提供最安全、快捷、全面的数据备份、灾难恢复和业务持续性保障服务。中国国际电子商务中心与万国数据服务有限公司共同建设的中国第三方灾备服务项目，投资规模近百亿元，是我国第一批承担第三方容灾备份业务的机构。该项目在北京、广州容灾备份建设的基础上，计划在全国形成十二个区域灾备中心，为政府、金融、电信、能源、交通、制造、商贸、物流等机构和行业提供灾难恢复和业务连续性服务，为中国乃至亚太地区提供一流的容灾备份服务。

本章小结

本章首先根据不同的分类标准介绍了目前贸易数字化业务的主要模式；本章其次分别对 SHEIN、TEMU、全球速卖通、亚马逊、敦煌网、eBay 这六大贸易数字化平台展开了介绍，并且详细说明了各大平台的特点；本章最后简单介绍了 Shopee、Lazada 以及与贸易数字化相关的国际协会的基本情况。

复习与思考

一、不定项选择题

1. 贸易数字化模式可以分为哪几类？（　　）。

A. 直接交易模式、间接交易模式、平台交易模式、订阅服务模式

B. 供应链金融模式、数据共享贸易模式、物联网贸易模式、虚拟现实贸易模式、区块链贸易模式、软件即服务模式、平台即服务模式

C. B2B 模式、B2C 模式、C2C 模式、F2C 模式、B2B2C 模式

D. P2P 模式、独立站模式、中间商模式

2. 以下哪个选项不是 TEMU 平台的特点？（　　）。

A. "一店卖全球"　B. 质量难保证　C. C2C 模式　D. 无中间商直销

3. 全球速卖通又被称为（　　）。

A. 国际版抖音　B. 国际版微信　C. 国际版淘宝　D. 国际版优酷

4. 亚马逊的总部设在（　　）。

A. 日本　B. 加拿大　C. 英国　D. 美国

5. Lazada 和 Shopee 的共同特点是（　　）。

A. 专注于移动端购物　B. 主要面向东南亚地区

C. 专注于服装服饰　D. 专注于女性消费者

6. 联合国贸易和发展会议总部设在（　　）。

A. 日内瓦　B. 华盛顿　C. 东京　D. 杭州

7. 中国国际电子商务中心的容灾备份中心包括（　　）。

A. 北京东单　B. 北京亦庄　C. 广州　D. 江苏

二、简答题

1. 请分析 eBay 平台和亚马逊平台的异同。

2. 请简述 SHEIN 平台的特点。

第7章 数字营销与市场开发

案例导入

2022 年 6 月 9 日，董宇辉在东方甄选直播间通过英汉双语来介绍产品，其新奇的直播方式火速收获了大批网友的关注度，最终沉寂了半年的东方甄选直播间才真正出圈，7 天涨粉千万。根据 QuestMobile 数据，在 6 月 13 日当天日活跃用户接近 700 万，让东方甄选一跃成为抖音电商的新顶流。出圈后，东方甄选直播间的粉丝量从不足百万暴涨到将近 2 000 万，开启了直播带货的新风尚，主播董宇辉更是凭借其充满知识情怀的讲解火爆各大社交媒体。此次出圈归功于东方甄选直播间在直播形式上的与众不同，除了采用中英文双语直播介绍农产品以外，还靠主播的才华对产品进行了更高层次的包装和增值，无论是多普通的产品，董宇辉总能用场景化的体验描述，以高质量的内容为产品赋予情感、故事、价值，实现产品最大化的情感连接。他一边直播带货，一边教英文、讲段子、分享学识、回顾经历，没有不断催促用户下单，但是商品却总能快速售罄。相较之下，这是一种更高级的卖货方式，通过情感的共鸣来勾起粉丝们的购买欲。此外，直播间的氛围更是舒适得像一场心灵按摩，不同于目前抖音上的主流直播间"套路型"带货模式，东方甄选直播间慢声细语的"知识型"直播给观众带来了更多想象空间，用文化直击内心，博得用户好感，让用户"为知识付费"。

学习目标

掌握数字营销的概念和特点；了解数字营销的发展历程和发展现状；掌握数字营销与传统营销的对比；掌握数字营销的应用；掌握数字营销的发展趋势和面临的挑战。

形势分析

数字营销迅猛发展

近年来，数字贸易发展得如火如荼。自 2020 年以来，由于新冠疫情的持续影响，线上消费规模迅速扩张，2019—2020 年欧美及亚太地区主要国家整体电商零售额增幅超过了 15%，实现了高速增长。在数字经济时代，传统企业实现数字化时，必须把数字营销作为一个重要的方面来关注，变革原本不能满足需要的营销思想、模式和策略，实现新的营销方式。与数字管理、生产制造一道，数字营销作为一个热点，将成为数字企业的三个重要组成部分之一。一般来说，在充分竞争的市场上企业只能得到正常利润，如果想得到超额利润，那就必须创新。创新是对生产要素进行新的组合，从经济学的意义上讲，它不仅包括技术创新，还包括营销创新。其中，数字营销就是创新的典型事物。

数字营销不仅仅是一种技术手段的革命，而且包含了更深层的观念革命。它是目标营销、直接营销、分散营销、客户导向营销、双向互动营销、远程或全球营销、虚拟营销、客户参与式营销的综合。数字营销赋予了营销组合以新的内涵，其功能主要有信息交换、网上购买、网上出版、电子货币、网上广告、企业公关等，是数字经济时代企业的主要营销方式和发展趋势。

关键概念

数字营销　搜索引擎营销　电子邮件营销　大数据营销　直播营销

7.1 数字营销概览

一、数字营销的定义

数字营销也称在线营销、互联网营销或网络营销。术语“数字营销”已经流行一段时间。在美国，在线营销仍然是一个流行术语。在意大利，数字营销被称为网络营销。全球数字营销已成为最普遍的术语，尤其是在 2013 年之后。

数字营销主要是指在企业战略规划下，针对互联网流量的精细化运营，包含了企业预算范围内的各媒体渠道的付费广告投入以及免费的流量经营，最终达成企业的营销目标，实现较优的营销投入产出比模型，并根据效果反馈调整后续的营销思路。简单来说，就是使用数字传播渠道来推广产品和服务的实践活动，从而以一种即时、相关、定制化和节省成本的方式与消费者进行沟通。数字营销的范围很广，从当前火热的借助大数据和人工智能的 MarTech 营销技术到我们比较常见的一些在线互联网营销手段比如信息流投放、SEM 投放、内容营销、裂变增长等都属于数字营销范畴，还包括一些非互联网的数字渠道，譬如电视广告、短信、广播等。

二、数字营销的特点

1. 集成化程度高

在互联网时代，各种各样的关于营销、信息展示以及客户回访和管理的功能等等都可以集成在统一的平台上，可实现由商品信息展示至收款、售后服务一气呵成，因此数字营销提供了一种全程的营销渠道。集成性实现了前台与后台的紧密集成，这种集成是快速响应客户个性化需求的基础。此外，企业可以借助互联网将不同的传播营销活动进行统一设计规划和协调实施，避免因不同传播活动的不一致性而产生的消极影响。

2. 服务更个性化

数字营销按照客户的需要提供个性化的产品，还可跟踪每个客户的消费习惯和爱好，推荐相关产品。由于不同的用户需求不一样，或者侧重点不一样，采用数字营销模式就可以迅速地了解到这些用户到底有什么样的需求，然后针对这些需求展开个性化的或者是有针对性的服务，从而提高营销精准度和客户满意度。

3. 成本更低廉

传统营销模式的一个重要的不足之处就是它的成本会非常高，包括交通成本、住宿成本以及人力成本等等，而现在通过数字化的方式来进行营销，这些成本通通都可以忽略不计了。这是因为采用数字营销模式，就可以在一个高度集成的平台上通过各种各样的功能迅速完成客户信息筛选、产品展示以及客户拜访等。由于不再需要人员到现场进行宣传，所以不再需要传统的人力成本等开销。将产品直接向消费者推销，可缩短分销环节，发布的信息谁都可以自主地索取，可拓宽销售范围，从而可以节省促销费用，使产品具有价格竞争力。前来访问的大多是对此类产品感兴趣的客户，受众准确，避免了许多无用的信息传递，也可节省费用。还可根据订货情况来调整库存量，降低库存费用。网上服务可以是24小时的服务，而且更加快捷，其不仅包括售后服务，还包括在客户咨询和购买过程中及时地提供服务，帮助客户完成购买行为。通常售后服务的费用占开发费用的67%，提供网上服务可降低此项费用。

4. 灵活度更高

数字营销可以适用于各种各样的市场，因为在这种营销模式之下，营销的地域范围就是整个互联网，可采用的营销策略就会更加灵活多变。企业可根据客户的需求、竞争环境或库存情况及时调整营销产品的种类、价格和营销手段等，网络能超越时空限制与多媒体声光功能范畴，有助于发挥营销人员的创新作用。

5. 产品信息更丰富

互联网可以提供当前产品详尽的规格、技术指标、保修信息、使用方法等信息，甚至对常见的问题提供解答。用户可以方便地通过互联网查找产品、价格、品牌等。

6. 选择空间更大

数字营销将不受货架和库存的限制，提供巨大的产品展示和销售舞台，给客户提供几乎无限的选择空间。

7. 其他特点

数字营销还具备多媒体、跨时空、多元化、交互式、拟人化、超前性、高效性、经济性等特点。由于利用了数字产品的各种属性，数字营销在改造传统营销手段的基础上增加了许多新的特质。

基于以上特点，数字营销具有许多前所未有的竞争优势：能够将产品说明、促销、客户意见调查、广告、公共关系、客户服务等各种营销活动整合在一起，进行一对一的沟通，真正达到营销组合所追求的综合效果。这些营销活动不受时间与地域的限制，综合文字、声音、影像、网络视听，用动态或静态的方式展现，并能轻易迅速地更新资料，同时消费者也可重复上线浏览查询。综合这些功能相当于创造了无数的经销商与业务代表。

三、数字营销的发展历程

数字营销的发展与技术进步密不可分。其开始时的关键点之一是1971年，雷·汤姆林森（Ray Tomlinson）发送了一封电子邮件，他的技术使人们可以通过不同的机器发送和接收文件。但是，更可识别的时期是1990年的数字营销时代，因为在这一时期加拿大麦吉尔大学计算机学院的师生创建了 Archie 搜索引擎作为 FTP 站点的索引。

在20世纪80年代，计算机的存储容量已经足够大，可以存储大量客户信息。公司开始选择在线技术，例如数据库营销，而不是有限列表经纪人。这种数据库使公司可以更有效地跟踪客户的信息，从而改变了买卖双方之间的关系。但是，手动过程效率不高。

在20世纪90年代，“数字营销”一词首次出现。随着服务器/客户端体系结构的首次亮相以及个人计算机的普及，客户关系管理（CRM）软件成为营销技术的重要组成部分。激烈的竞争迫使厂商开发包括更多服务的软件，例如包括市场营销、销售和服务功能的软件。互联网诞生后，营销人员还能够通过 eCRM 软件拥有庞大的在线客户数据，公司可以更新客户需求的数据并对其充分利用。这导致了可点击的横幅广告于1994年开始投放，这是 AT&T 发起的“You Will”广告系列，在广告投放的前四个月中，有44%的观看广告的人点击了广告。

进入21世纪，随着越来越多的互联网用户和 iPhone 的诞生，客户开始首先在网上搜索产品并做出有关其需求的决定，而不是咨询销售人员，这给公司的营销部门带来了新问题。另外，英国2000年的一项调查发现，大多数零售商都没有注册自己的域名地址。这些问题使营销人员找到了开发市场的数字方式。

为了解决上述问题，2007年出现了营销自动化的概念。营销自动化帮助公司对客户进行细分，发起多渠道营销活动并为客户提供个性化信息。但是，其对消费设备的适应性速度还不够快。

数字营销在21世纪第一个十年和第二个十年变得更加复杂，当时设备访问数字媒体的能力激增，导致其突然增长。2012年和2013年的统计数据表明，数字营销仍在增长。随着进入21世纪以来社交媒体的发展，例如领英、脸书、YouTube 和 Twitter，消费者在日常生活中变得高度依赖数字电子产品。因此，他们希望在不同的渠道上获得无缝的用户体验来搜索产品信息。客户行为的改变改善了营销技术的多元化。

据估计，数字媒体每年投放的在线广告数量为4.5万亿，数字媒体支出在2010年增长48%。广告中越来越多的收入来自采用在线行为广告（OBA）为互联网用户量身定制广告的企业，但 OBA 引起人们对消费者隐私和数据保护的关注。

四、数字营销的发展现状

1. 网红营销将从趋势演变为常见的营销策略

网红营销在近些年得到了长足的发展。网红，即平台中有影响力的人，通常是在他们谈论的领域或话题中的大师，拥有一批对他们产出的内容感兴趣的粉丝。当营销人员与行业内有影响力的人合作时，可以扩大品牌知名度。如果没有足够的资金邀请头部网红，也不必担心。事实上，超过 56%的营销人员表示与腰部网红合作效果更好。尽管腰部网红的关注者较少，但粉丝参与度较高，他们的帖子往往更具冲击力。根据调查，34%的营销人员表示 2022 年网红营销是他们首选的营销方式之一。此外，11%的营销人员表示这是他们测试过的营销效果最好的方式。

2. 短视频依旧热度不减

短视频是营销人员目前利用的另一个有效的营销方式。虽然长视频可以为观众提供有关产品、品牌或服务的深度和大量信息，但 B2C 和 B2B 营销人员都知道，通过短视频切入正题实际上会更有效。目前随着受众接收信息越来越碎片化，短视频方式更适合受众快节奏的生活方式。这也是近几年 TikTok、Reels 等平台在海外得到了快速增长的原因。

3. 移动端营销越来越重要

现代社会的人越来越离不开手机了，在上面花费的时间也越来越多，每年在线网站流量的一半以上来自移动设备，包括平板电脑。随着千禧一代和 Z 世代受众的购买力不断增强，想要对新一代受众进行营销，优化移动端的数字体验显得尤为重要。此外，移动端的体验不仅对于品牌网站很重要，而且在其他关键营销策略中也很重要。

4. 企业将社会责任放在首位

在当前的情况下，社会责任、道德和透明度对现代消费者很重要。企业员工对他们的挫折、不平等和工作场所待遇变得更加直言不讳。此外，麦肯锡等组织的早期研究预测，客户将更加支持那些表现出对客户、员工有关怀的品牌。考虑到所有这些，很多企业已开始调整社交媒体策略，不仅将精力放在促销和产品上，而且会突出它们支持的事业或使命。虽然这可能无法立即将产品销售出去，但是展示出的社会责任感是会发挥长期效果的。

5. 入站营销将是成长型品牌的最佳实践

在数字化转型时期，采用集客营销是一项非常明智的举措。在过去的两年中，世界面临着前所未有的变化，对外营销策略在接触潜在客户方面变得更加无效。入站营销可以成为创造品牌知名度和通过重新调整战略以数字方式建立信任以推动客户寻找品牌相关内容的重要方式。入站营销的过程要求企业针对目标受众和买家角色及其需求量身定制产品和有价值的内容。

7.2 数字营销与传统营销

一、理论演变

数字营销与传统营销最大的差异在于用户，企业不再以产品为中心闭门造车，而是更多地关注用户需求、体验，甚至以免费、补贴的方式来快速占领市场，同时更关注与用户的沟通和接触。传统营销的 4P 理论也不再适用，演变为数字营销 5C 理论。

1. 客户

4P 理论中的产品（product）转变为 5C 理论中的客户（customer）。所有的数字营销都需要围绕着客户展开。客户的需求是什么，客户的爱好是什么，客户经常看的媒体是什么，客户从什么地方接触到要购买的商品，客户的群体画像是怎么样的，这些都是需要回答的问题。

2. 内容

4P 理论中的价格（price）转变为 5C 理论中的内容（content）。以前人们买东西最关心价格，而现在营销沟通的内容才能打动人心，促使人们进行下一步的购买。而数字媒体为内容的呈现提供了技术支持，不仅内容更抓人眼球，而且可以通过大数据、A/B test 等方法准确地呈现客户喜好的内容。

3. 渠道

4P 理论中的渠道（place）转变为 5C 理论中的渠道（channel）。触达客户的渠道不再局限于线下场所，所有能够触达用户的通路都成了可以实现销售转化的渠道。时时刻刻抓住每一个需求产生的瞬间，或者通过长期沟通，促发需求的产生，俗称“种草”，将成为数字营销的首要任务。当然，数字媒体的渠道非常广泛，每一个渠道都有自己独特的市场技术，当然也有流量的各种问题。

4. 标识策略

4P 理论中的促销（promotion）转变为 5C 理论中的标识策略（campaign）。标识策略最成功的案例莫过于“双十一”了。一个好的标识策略是基于以往销售大数据而做出的长期规划。标识策略必须有时间的积淀，才能不断一次次地演化。一旦选定了标识策略的方向就要坚定地走下去，小打小闹、零散的活动除了浪费钱外是不会有任何沉淀的。

5. 客户关系管理

客户关系管理（CRM）是一个宏大的课题。数字技术的出现使得企业在一波波的营销活动热闹过后，能够清晰地留存下客户的信息，并且能够通过更为宏大的大数据（来自各个数字媒体如阿里巴巴、腾讯、谷歌、脸书）将每一个客户定义得异常清晰，从而个性化地与每一个客户再次沟通。

二、区别

相较于传统营销，数字营销其实是把营销做得更精准，用很通俗易懂的话来说就是把对的东西卖给对的人。这样能节省一些试错的成本，提升转化率。而更精准地传递价值是基于现在数字化的技术和工具来实现的。

数字营销注重效果的追踪和归因，能通过数据更好地洞察客户心理，在这个过程中，企业与客户就是做了一个双向的互动。传统营销可能更程式化，因为它有成熟的理论和一些基本的套路，而数字营销需要企业去钻研与琢磨如何跟企业本身的业务和场景相结合，并且只有不断地分析和迭代，才能达到预期效果。

传统营销所服务的对象是卖方，就是企业方，我们通过传统的投放渠道和投放方式，把我们想要传递给客户的信息和价值传递出去，但是收到反馈或者说收到有效的反馈，可能是比较困难的。进入数字化营销时代，数字营销服务的对象变成了买方，也就是客户。我们把传统营销那种单向的传播变成了一种交互式的传播，这种交互式的传播能够更好地让我们了解客户的行为，追踪客户的每一个步骤，然后更好地进行客户分析。这些分析结论为我们提供了很多的依据，让我们可以有针对性地进行广告投放，从而能够获得更好的结果和更有效的反馈。

数字营销与传统营销的对比见表 7-1。

表 7-1　数字营销与传统营销的对比

	数字营销	传统营销
成本	低	高
精准度	高	低
衡量产品难度	容易	困难
持久程度	短	长
选择多样性	多	少
更新换代速度	快	慢
互动性	强	弱

7.3 数字营销的应用

一、数字营销的方式

1. 搜索引擎营销

搜索引擎营销是指结合用户在使用搜索引擎时形成的习惯，以合适的方法调整关键词搜索结果的排名，实现排名提升，吸引更多用户点击商品链接，由此产生良好的促销效果，让品牌曝光度实现提高。对此类营销方式进行分析，其实质就是先要让用户获取信息，然后进入相应的网页浏览商品信息。近 20 年来，伴随互联网的不断发展，搜索引擎技术也愈发精进，搜索引擎能够帮助我们快速、准确地获取信息。

如今，用户能在互联网中获取海量信息，在使用搜索引擎时耐心逐渐变差，大部分用户在获得搜索结果之后只是仔细查看前几页内容，如果连续查看了几页依然没有发现自己想要的结果，就会对关键词进行调整，也有些用户索性更换搜索引擎。为了获得用户更多的关注和点击，继而带来更多的商业机会，以这种方式实施营销，能让自己的网站在搜索结果中拥有较为理想的排名。

以下以阿里巴巴国际站的搜索引擎营销为例进行说明。

(1) 流量来源。

阿里巴巴国际站的曝光流量主要分为自然流量、付费流量、信保流量、采购直达流量四部分：自然流量又称免费流量，是指在阿里巴巴国际站通过打造优质排名获得的流量；付费流量是指卖家通过外贸直通车直接以出价方式获得排名，将产品展示在阿里巴巴平台上获得的流量；信保流量是指卖家通过完成信保订单，彰显信用，被系统选入阿里巴巴国际站精品商城获得的展示流量；采购直达流量是指卖家通过进入阿里巴巴国际站采购直达市场浏览求购信息，主动出击发起报价后获得的流量。

（2）影响搜索排名的因素。

搜索排名主要是买家需求的体现，因此阿里巴巴国际站的搜索排名也是从买家角度出发逐步进行筛选后做出的排序，目标是让买家快速高效地找到合适的产品、卖家或者资讯。影响搜索排名的因素如下：

商业因素：包括卖家是否付费会员，产品是否橱窗产品，以及企业认证信息完整度、企业年限等。

信息质量：涉及产品标题、属性、图片，以及交易信息、物流信息等。

买家偏好：包括产品点击率、询盘率等。

信用保障及交易：包括交易中是否使用了信用保障服务，以及交易时间、额度、记录，也涉及保障订单数量等。

作弊行为：包括是否存在重复铺货行为，是否存在恶意类目错放行为等。

相关性分段：包括类目相关性和文本相关性。

供应商因素：涉及零效果产品清理情况、店铺转化率、对买家咨询的回应速度等。

（3）搜索引擎营销方式。

竞价排名：竞价排名需要由卖家购买关键词，按点击量付费。只有卖家付费了，网站才能出现在搜索引擎库之中，排名是否靠前主要取决于付费额度的高低。对于每次点击付费的价格，卖家可以自主设定，对自身在关键词搜索结果中的排名情况进行调整，而且可以通过设置灵活合理的关键词，使产生了不同购买意向的买家都能搜索到自己。

购买关键词广告：购买关键词广告的目的是把卖家发布的广告呈现在搜索结果页面中，卖家应结合自身营销需求对关键词进行调整，从而产生把广告投放于多个页面之中的效果。

搜索引擎优化：优化网站页面甚至重新设计网站页面，目的就是要在搜索结果中让自己的网站能有理想排名。对搜索引擎进行优化，涉及图片、代码、关键词、内容、链接等方面。

2. 电子邮件营销

电子邮件营销是指企业把电子邮件发送给目标客户，为自身与这部分客户进行沟通创建渠道，以直接的方式把广告及其他信息推送给客户，也可以开展市场推广、组织市场调查等，文本、图片、动画、音频、视频、超级链接等都可以投递。卖家可以通过分析目标客户对电子邮件的点击行为来获取销售线索。以这种方式与目标客户交流，可以产生良好的销售效果。

（1）电子邮件营销的相关概念。

打开率：电子邮件被打开的数量与发送的电子邮件总数的比率。为了追踪电子邮件打开率，企业一般会在发送的电子邮件中把微型图片置于其中，然而，由于服务商会对图片进行拦截，一般不能显示该图片。

点击率：网站点击数和电子邮件打开数（注意不是总数）的比率。这个参数非常重要，因为电子邮件营销的目的就是吸引客户访问卖家的网站。

送达率：在电子邮件发送总量中客户接收到的邮件占比。有些电子邮件会被投入垃圾邮件箱或因收件人不详而被退回。

退订：收件人可以灵活自如地退出发件人的收件人列表，包括两种方式：一种是完全退订，收件人提出要求，不再出现在发件人的收件人列表之中，即发件人不会再向其发送电子邮件；另一种退订只是针对某一列表，即应收件人的要求，仅从某一收件人列表退出，该列表中的所有电子邮件都不会再发送给该收件人。例如，收件人喜欢阅读每周新闻，但反感特惠信息，他们就可以退出特惠信息的列表。

退信数：电子邮件中由于未顺利送达收件人而退回发件人的数量。造成退信的原因比较多，例如收件人的收件箱未及时清理导致空间不足、地址有误等。如果收件人以租借或购买两种方式获得列表，那么退信数指标就比较重要了，能及时提醒发件人，列表中的邮件地址中无效地址的数量。

（2）电子邮件营销文字写作技巧。

内容应具有针对性。对于不同的目标用户，卖家应发送具有针对性的邮件。例如，对于管理人员，可以发送一些精炼的管理策略；对于一般的白领女性，可以发送一些实用的穿搭方案；而对于一般的普通消费者，可以发送一些购物小技巧、优惠券等信息。向特定的人发送合适的邮件，如果刚好满足了他们的需求，便可增强其对企业的信任与黏性，在大幅降低企业营销成本的同时，也可实现较好的营销效果。

应突出重点，简洁明了。邮件应该直接点明主题，同时也可结合邮件编辑工具对主题进行突出，如通过设置不同颜色的字体，加粗字体，加入有创意的图片等方式让用户立刻得知卖家发送邮件的目的，避免用户因为找不到重点而关闭邮件，导致无效营销。

卖家应尽量激发用户的兴趣与好奇心，引起共鸣。可通过设置某些优惠或折扣来吸引用户打开网站链接，以进一步了解商品信息。

尽量使用针对性称谓。应把单一的统称“先生/女士”改为用户的名字，这样会给用户带来亲切和被重视的感觉从而增进买卖双方的关系。

(3) 电子邮件营销主题设计。

在邮件被打开之前，收件人先浏览的是邮件主题，主题能否吸引人决定了收件人是否阅读电子邮件。在设计主题时，应使用重点突出又简洁有力的文字。以下展示几类优质主题：

问题类型的主题：以提问的形式设计邮件主题往往能吸引收件人的目光，使之点击链接并阅读。在提出问题时要讲究技巧，例如可以采用如下主题：“您是否纠结于怎样才能为父母挑选一份能让他们满意的礼物”。

指令类型的主题：例如“不要再等了，本周商品已优惠 $x\%$ 了”，促使用户采取行动完成订单。

3. 大数据营销

大数据营销能充分体现出平台在数据方面的优势，在大数据技术的支撑下开展营销活动，目前已实现了广泛应用。大数据营销能在最合适的时间段，依托合理的载体，运用最恰当的方式投放网络广告，使需要的人群能及时获取广告，是互联网行业快速发展的产物，也助推了互联网行业的发展。通过多平台采集数据，进行深入分析并对发展情况进行预测，可以为广告制作与投放提供依据，让企业在广告投入方面获得更高的产出。

(1) 大数据营销的特点。

多平台采集数据：大数据有着广泛而多样的数据来源，在采集数据时以多平台化的方式进行能更加全面而客观地描述网民行为。在采集数据时，除了互联网以外，还可以通过户外智能屏、广电网、智能电视等平台完成。

突显时效性：进入网络时代之后，短期之内网民的购买方式、消费习惯就发生了改变，这就需要在网民需求量最大时实施营销。AdTime 是世界范围内大数据营销水平最高的企业之一，是“时间营销策略”的诞生地，要求借助于先进的技术把握住网民需求，且及时回应，争取在网民为是否购买而犹豫不决时为他们推送商品质的广告。

个性化营销：在网络快速发展的当下，广告主的营销理念也发生了改变，能发挥出导向作用的不再是媒体而是受众。过往营销活动的开展依托媒体进行，广告主往往将广告投放到浏览量与影响力都比较大的媒体。当前，广告营销活动以满足受众需求为根本，运用大数据技术能让同一媒体的同一个界面引起大量用户的关注，广告内容也体现出差异化的特征，让个性化营销成为可能。

性价比高：大数据营销能节省成本，这是传统广告不具备的优势。广告主在投放广告时能做到有针对性，而且能及时反馈广告宣传效果，以便优化投放策略。

关联度高：大数据营销增强了不同广告之间的联系，在采集数据过程中，大数据技术能准确而便捷地把握住目标受众的关注点，也能了解他们的具体位置，这些信息对于投放广告而言都很有价值，让广告与广告之间形成紧密联系成为可能，网民们可以在不同广告之间展开深度互动。

（2）大数据营销的应用。

分析用户行为与特征：要想准确地把握住用户在购买中形成了怎样的习惯、了解用户的需求等，需要获取大量用户数据，在数据的辅助下深入了解每一名用户，这是大数据营销最大的优势。

对营销活动进行引导：如果在研发与设计产品之前就准确地把握住用户的喜好、对产品的要求等，就能在产品设计与生产环节做到投其所好。

监测竞争对手并传播品牌：利用大数据技术能对竞争对手的情况获得更为全面的了解，把握住其做出了怎样的策略。在品牌传播过程中，要想增强有效性，需要借助大数据技术进行分析。可以对传播内容、发展趋势、用户情绪、产品口碑与属性等进行分析，对竞争对手进行持续监测，以行业标杆为参照实施用户策划，并对微博矩阵运营效果做出评估。

监测与管理品牌危机：品牌危机爆发之后，需要把握住危机传播趋势，及时制定合理的应对策略。运用大数据技术，可以采集负面定义信息，对危机的发展情况进行跟踪并发出报警，分析人群的社会属性，了解聚类事件中存在着哪些观点，摸清传播路径、识别关键人物，维护企业与产品口碑，找到危机源头并及时处理。

筛选重点客户：通过用户对相关网站的访问情况，能了解他们是否对自己的企业产生了兴趣；根据用户在社交媒体中发布的信息，或是与他人的互动情况，能找到不同数据信息中千丝万缕的联系，建立关联规则，甄别关键目标用户。

客户分级管理：对于活跃粉丝，要运用大数据技术对活跃粉丝的互动情况进行分析，除了能为消费者进行精准画像，也能为其制定相应的规则，对会员与潜在用户进行关联，确定目标群体之后实施精准营销，以社会化数据对传统客户关系实施管理，丰富用户标签的维度，从而及时对消费者生命周期数据进行更新，增强数据有效性。

识别新市场并预测发展趋势：以大数据分析为支撑，可以获取用户高频搜索词等信息，从而为企业家把握市场发展情况、分析经济发展趋势提供支持。

4. 直播营销

（1）直播的发展历程。

直播的发展历程可大致划分为以下四个阶段：

第一阶段（2016—2017 年）：在这一阶段，直播基本为秀场直播、游戏直播，大规模电商平台尝试采用“电商＋直播”模式，包括京东、淘宝等。

第二阶段（2018 年）：在这一阶段，部分传统电商平台着手孵化红人体系，在进行供应链管理时强调了整合的重要性。有些影响力较强的短视频平台探究电商直播，例如快手、抖音等，并为电商直播的 MCN 机构提供良好服务，这意味着直播的发展日益体现出精细化的特征。

第三阶段（2019 年）：这一阶段实现了井喷式发展，直播带货模式的商品交易总额成倍增长，表现最突出的是淘宝直播的商品交易总额，小红书、拼多多等平台也竞相效仿，村播、名人直播等方式与电商直播相整合，吸引了大量消费者，各大平台为了争取更多流量培养红人，MCN 机构在商业变现模式上进行积极探索。

第四阶段（2019 年以后）：这一阶段为持续发展阶段。在新冠疫情的冲击下，“宅经济”发展势头迅猛，从而为直播的发展添砖加瓦。

（2）直播持续快速增长的原因。

在新冠疫情期间，线下营销缩减，而线上直播形式可实现以较低的成本获取较高的投资回报率，所以很多商家以及品牌方愿意持续投入资源，发展电商直播。并且电商直播具备内容创新、实时互动、即时性、全网最低价、信任保障等明显优势，激发了用户的消费需求与意愿。此外，技术的不断迭代与优化实现了用户的精准推送、直播设备的持续优化，同时物流、支付等体系的不断优化，均为电商直播行业的发展保驾护航。未来的电商直播规模仍将保持高增长、持续拓宽品类，电商直播行业将逐步向平台化、产业化发展。

（3）跨境电商直播产业链。

跨境电商直播产业链包含供货、流量以及交易服务三大环节。

供货环节：应具备供货渠道，例如工厂、批发商等，为电商平台带来充足货源。

流量环节：通常是以跨境电商直播的方式变现流量，涉及四大板块的内容，即平台、内容、主播、评价。当前影响力较大的平台包括 WOTOKOL、Lazada 等跨境电商直播平台。MCN 机构承担着培养主播与孵化的责任，主播通过收取佣金提供直播服务，卖家则可根据需求选择不同国家、类型的主播。直播内容则结合商品特性和主播特性进行个性化定制。与此同时，企业及时而深入地分析用户数据（如用户活跃度、复看率、直播间停留时间、下单转化率、售后满意度等）以优化直播营销效果，从而促进流量变现效率的持续提高。

交易服务环节：需要同时为供货和流量两大环节提供服务，服务项目比较多，例如第三方支付、运营支持、数据支持、交易支持等。

拓展案例

TikTok

截至 2021 年 10 月，抖音及其海外版 TikTok 的下载量已超过 5 700 万，蝉联全球移动应用（非游戏）下载榜冠军，而抖音凭借其自身的巨大流量成了电商直播带货的重要平台。近日，抖音直播间中新东方旗下的“东方甄选”电商直播火遍网络，一些新东方名师把自己曾经在教学中的特长，用在了对直播货品的介绍中，成为直播界的“一股清流”，其直播间热度位居抖音直播间排行榜第二位。新东方创始人俞敏洪曾在直播时透露有意开设电商学院，希望让中国带货主播的整体水平有所提升，由此可见俞敏洪对未来直播带货赛道前景的认可。

二、数字营销的策略

数字营销的策略有两种形式——“拉”策略和“推”策略，它们各有利弊。

1. “拉”策略

“拉”式数字营销技术使用户参与到查找和直接抓取内容的活动中去。网站、博客和流媒体（音频和视频）就是很好的例子。在这些例子中，用户会通过一个专门的链接（URL）来查看内容。

这种数字营销策略的优势非常明显。首先，在内容形式或尺寸大小上没有严格限制，因为用户会自取所需。其次，不需要发送内容的技术，只需要存储和显示内容即可，也不需要“选择加入”（opt-in）的过程。但同时，它也非常受限，“拉”策略需要相当大的市场投入，才能使用户能够找到需要的信息或内容；跟踪能力也十分有限，只能拿到下载数量、页面浏览数量等信息；同时，定制化也难以实现，因为对于所有受众，接收和浏览的内容都是一样的。

2. “推”策略

“推”式数字营销活动既涉及营销人员（信息制造者），也涉及接收者（用户）。电子邮件、短信、RSS订阅等都是“推”式数字营销的例子。在这些例子中，为了使信息能够被用户接收到，营销人员必须发送信息给用户。

与“拉”策略相比，“推”策略可实现定制化，即按照所选择的标准，用户接收到的信息可以有高度的针对性和精确性，例如，一个提供给大于21岁或者住在加利福尼亚的女性的特别优惠。还可以获取详细的跟踪和报告，营销人员不仅可以得知有多少人看到了信息，而且还能得知关于每个用户的详细情况，例如他们的名字、人口统计数据和心理统计数据。此外，“推”策略可能带来高投入产出比，如果实施得当，推送信息可以帮助带来新的收入并强化品牌。“推”策略也存在一些问题，首先是兼容性问题，各种推送信息技术都有自己的规则，例如较少限制（RSS）、严格控制（电子邮件和文本信息）等，不同规则难以兼容。其次，需要用于发送内容的系统，营销人员需要使用应用程序来发送信息。最后，信息发送可能被阻挡，如果营销人员不遵守各个推送信息类型的规则，内容可能会在到达预期的接收者之前就被拒绝或阻挡。

三、数字营销的作用

1. 解决企业营销信息不对称的问题

企业采用常规营销方式会导致库存积压多。通常厂家按自己的主观想象，先将同一种产品制造出成千上万件，再一级一级批发到各地商场。结果有许多产品并不符合消费者的需要，这些产品就形成大量积压，有的库存几个月，有的甚至库存几年。经过长期库存后，企业再削价处理。在商场里，经常可以看到“大降价”“大拍卖”之类的标语。企业盲目地生产，是由于企业对市场销售的情况无法及时统计和做出反应，从而造成产品库存加大、资金周转时间加长、货款回收不及时等问题。这不仅严重影响企业的经济效益，影响企业的生存和发展，降低了企业的投资回报率和盈利能力，而且也影响企业的形象，降低了企业品牌的价值。而这一切的根源就是企业营销信息不对称，企业无法及时了解产品的营销信息。而数字营销就可以很好地解决营销信息不对称的问题。数字营销让营销信息反馈变得及时，企业可以清楚地了解消费者的产品偏好，从而精准生产消费者喜爱的产品。数字营销还让统计变得简单，让企业可以了解市场上的需求变化，从而根据需求变化合理调配库存数量以减少库存堆积，做到快速响应。

2. 解决促销的局限问题

通常的商品促销是以发票抽奖或凭商品上带有的刮开型标识物抽奖，也有的生产厂商直接把奖品或现金放在商品的包装盒内，这种方法虽然简单且容易实施，但只具备产品促销作用，而且这种促销方式对消费者来说越来越缺乏新鲜感。面对日益激烈的竞争市场，各商家为了促进产品销售，使出了浑身解数，各种各样的打折、促销外加礼品赠送等满天飞。但是，综观大多数商家的这些行为，都只是为促销而促销，并没有将市场营销的其他元素通过促销行为有机地结合在一起，造成市场在促销过后"人走茶凉"的局面。促销一方面使企业利润下滑，另一方面使更多的消费者对这些价格混战中的"征战产品"的质量产生担忧。数字营销利用社交媒体等平台大大拓展了促销模式，例如与网络红人合作进行产品推广、邀请知名主播开展"618"直接大促等，这样的促销方式不仅可以打破时空的局限，还可以一次进行多种商品的促销，相较于传统营销模式也更适合手机不离身的信息时代。并且数字营销下新型的促销方式让消费者更有新鲜感，更能激发消费者的消费冲动，营销更有效率。

3. 解决广告效率不高的问题

经济的高速发展带来了媒体的高速发展和人们生活节奏的加快，生活的快节奏和娱乐节目的繁盛导致消费群体对广告的接受效率大大降低。每个中国人平均每天要受到500次广告的骚扰，而在美国这个数字是5 000次。一方面企业花了大量人力和物力投入广告宣传，而另一方面广告的有效率却在大大降低，造成这个局面的主要原因是广告没有针对性，就是对消费群体没有根据消费情况进行细分。

从数字营销的出发点可以看出，数字营销不仅是对经销的产品进行信息化处理，而且更是企业管理的一个重要延伸。数字营销就是将经销实际运作中所涉及的资源数据，各类经销商、分销商、终端的基础数据，销售及服务所产生的数据，终端及消费者所反馈的数据和产品真伪所给定的防伪数据等等，进行收集整理，集中分析处理并用于企业生产的指导和管理。营销信息化管理不仅是企业对经销商实行企业化管理的一个重要方面，让企业清楚地知道自己每个产品的实际盈利状况、资源的使用效率、市场的变化特征及发展方向等等，而且通过产品信息化管理，使企业通过数字营销发掘出以前未曾注意过的市场与空间，更重要的是可以阻止假冒产品对市场的冲击。数字营销企业对内要创造更大的效益，对外要控制经销商、分销商、营销终端。数字营销不仅是对传统营销在质量上的提升，而且是通过信息化手段的应用，把企业管理的精度大大提升，使企业在商战中知己知彼，从而实现百战不殆。

4. 提供有力的投资回报率

使用数字营销，可以获得更高的投资回报率。与从事内容营销或运营社交媒体账号相比，采用传统广告和线下营销方式价格高但效果一般。在许多领域，数字方法已能够提供更高的转化率，企业可以用更少的营销预算来策划有效的数字营销活动。

5. 提供有价值的实时结果

数字营销活动可以立即跟踪和衡量相关结果。发送广告后，就可以开始追踪打开率和点击率，并且可以详细查看网站上的流量，甚至可以精确跟踪各个用户在网页上的点击位置。从实时结果中收集到的信息还可以有助于将受众细分并进行个性化推送，这在传统营销中基本是不可能完成的任务。

6. 降低企业成本

数字营销可以将产品直接推销给消费者，缩短分销环节，降低促销费用。同时，前来访问的用户大多数是对产品感兴趣的用户，受众定位准确，避免了无用信息的传递。另外，重塑业务也可以以最低的成本以多种方式产生相同的消息，从而确保企业在空间上保持新鲜感和潮流。数字营销还可以加速拓宽客户渠道，如企业可以利用百度搜索、微信搜索等方式寻找供应商，同时还可以通过百度优化、百度收录获得更多的展示机会，获取到更多的商机。

7. 提供真实性与互动性

品牌在线上展示其产品时真实性很重要，这样更容易取得消费者的信任。此外，互动性也很重要，64%的澳大利亚人表示，如果品牌在社交媒体上与他们进行积极互动，他们将更可能信任该品牌。

8. 获得用户更多的信任

现在的消费者永远不会只相信单一渠道获取到的结果，而数字营销能够将产品说明、促销、客户的意见调查、广告、公共关系、客户服务等整合在一起，真正达到营销组合追求的效果，所以数字营销使得用户可以通过多个渠道查询到企业信息，增加信任感。

案例探讨

Lululemon

不知道从哪天开始，健身房里一半女生都穿起了 Lululemon 瑜伽裤，Lululemon 品牌衣服更是成了明星街拍常客，拥有运动休闲两副面孔。根据2020年12月10日 Lululemon 公布的第三季度财报，第三季度收入为11.17亿美元，同比增长21%，市值已超过460亿美元，成为全球第二大运动品牌，把阿迪达斯踩在了脚下。Lululemon 是如何靠数字营销完成销售神话的？

一、精准定位，抓住了“她们”的心

Lululemon 很早就确定了自身产品的消费主体——20～35岁教育程度高、收入水平高、对品质生活有追求的新女性，创始人 Wilson 把这类人群称为 Super Girl。

这类人群对产品是很挑剔的，所以 Lululemon 充分做了市场调研，做到了既舒适又显身材的产品特点，更是在购物袋上印着很多类似“Do one thing a day that scares you”“Breathe deeply”的格言，传递着品牌理念。

二、独一无二的社群文化

Lululemon 选用了许多专业瑜伽教练作为“代言人”，他们穿着推荐，可以影响周围的朋友和学生，妥妥的口碑传播；Lululemon 还赞助举办瑜伽课程和活动，吸引瑜伽爱好者，在这个过程中与消费者建立情感链接，形成低成本的“KOL 营销”。

三、开启数字化升级之路

Lululemon 销售额整体增长，主要得益于线上电商业务的增长。其中电商营收增长94%且占比不断扩大，达42.8%。

Lululemon 在线上的布局，有品牌官网、APP 等自营电商，在中国还有天猫和微信商城。据悉，2021年 Lululemon 在天猫的增速超过80%，主要来自其核心用户的拉动。

四、追踪效果，实现精准投放

通过数字营销的各种技术手段，企业可以追踪和分析营销活动的效果，了解用户的兴趣和需求，并根据这些数据调整和优化营销策略，实现更加精准的投放和更高的回报率。

7.4 数字营销的未来

一、数字营销的发展趋势

1. 从追求“品效协同”到追求“长效 ROI”

“长效 ROI”是指一种利用广告把用户导入企业私域，让企业可以长期反复地运营用户的营销思路。这意味着流量思维不再是一种短视行为，而是可以像品牌广告一样，变成企业永续经营的方法。以往的品牌广告主要是操纵人心，先入为主，而“长效 ROI”则是精细化管理人的行为。

2. IP 营销进入后链路时代

如今的品牌已经不满足于将一个 IP（大剧 & 综艺）当作流量包来使用。企业逐渐认识到对 IP 的关注，不仅包括它能带来的“观看、留言、点赞、分享”前链路数据，而且包括用户在观看完相关内容之后会产生的“搜索、加粉、留资、下载、购物、到店”等后链路行为。因此，企业在未来开展数字营销活动，要学会运用“IP＋活动”“IP＋数据流”等方式，让产品消费变为内容消费，让购物行为可视化，从而提升用户黏性，达到精准营销的目的。

3. 长视频、短视频、直播三大视频形式互融

新媒体渠道多种多样，但也各具特色。长视频、短视频、直播都是“视频流”的一种，它们在各具规模后，就会开始吸纳彼此的优势，拓展进入对方的业务领域。比如，以腾讯、爱奇艺为首的长视频平台极力补充 PGC、UGC 内容；西瓜视频、抖音分别以版权购买、节目自制的形式侵袭长视频版图；近几年大热的直播，除卖货外也增加了游戏环节。在这种情况下，企业要以自身业务为主，选择相对比较合适的形式，或者是有主有次，不要让用户数据最终还是处于孤立状态，要让各个平台的数据能够相互融合，从而可以精准划分用户标签，更了解企业自身的用户群体。

4. 媒体和卖场合一，新营销催生新商业物种

如今，众多的新消费品牌选择入驻抖音、小红书、B 站、微信公众号，将媒体平台打造成自己的卖场。以小红书为例，笔记就是宣传单，KOL 就是导购，官方账号就是店铺。尤其对于小品牌而言，一开始它们没有能力进入天猫，更没有资金拓展线下渠道，则直接将抖音、小红书、B 站、微信公众号这些媒体平台当成了卖场。如近两年大热的美妆品牌麦吉丽，刚开始也是靠微信起家。这种新型模式，可以说将媒体与卖场的关系进行了重构，也催生了新商业物种——品牌直营。数据显示，2019 年，美国的品牌直营电商已经占到了 35%～40%，而中国才不到 15%。但在 2020 年上半年，中国的品牌直营电商已经有 40 多起融资，规模超过了 42 亿元。也就是说，这一模式的未来潜能巨大。无论是对于大企业还是中小企业，这一模式均将成为企业数字营销必不可少的一种选择。创新的方式多种多样，新消费品牌利用大数据、新媒体等渠道颠覆了传统的营销方式，让众多企业看到了数字营销带来的巨大变化。

5. 体验式营销可能卷土重来

体验式营销活动使观众能够获得身临其境的体验，这种体验通常在物理场所或通过增强现实/虚拟现实（AR/VR）平台进行。举一个体验式营销活动的例子，很多品牌现在会做快闪店，像 M&M 的风味屋（flavor room），每个房间都配有某种糖果风味独有的装饰和香味，还包括带 M&M 主题鸡尾酒的小吃和饮料休息室。消费者一定会将这样的体验分享在各大社交媒体上。尽管像这样的沉浸式体验在社交媒体上有趣、有效且高度共享，但这类快闪店在疫情的影响下，也会遭遇被迫关闭运营。线上体验成为解决这一问题的重要方式。但是由于打造品牌化的 AR/VR 体验是一项高预算的赌注，还要依靠观众拥有 AR/VR 耳机或最新的智能手机技术等工具来访问内容——较少的品牌会选择投资这项数字体验营销活动。

6. 越来越多的企业将使用搜索引擎优化来获取搜索流量

作为营销人员，我们必须确保我们的网站和内容尽可能容易地被找到。对于出海企业，尤其是在谷歌上，搜索引擎优化可以提供长期和短期的流量回报。虽然搜索引擎优化并不是一个新鲜事物，但依旧发挥着重要的作用。随着谷歌算法的发展，搜索引擎优化不仅仅是大量制作回答简单搜索查询的基本帖子。现在，企业正在花费大量精力寻找搜索引擎优化专家，他们可以帮助企业处理从搜索分析报告到多媒体优化的所有事情。

7. 基于账户的营销将整合更多的销售和营销团队

基于账户的营销是一种企业营销战略，针对的是整个账户而非单个联系人（将一个组织团体下的多个联系人视为一个整体），主张以账户为单位来进行战略营销，并将资源集中在高价值的客户上。最新的技术可以赋能销售和营销团队去规范基于账户的营销，并给成百上千的客户推送个性化的实时信息。未来，借助这种营销方式的企业将可以更深入地挖掘账户资源，得到最大价值。营销人员可以利用销售团队提供的有关潜在客户和客户的信息来满足他们的营销需求。

二、数字营销面临的挑战

1. 信息量太大

在这个数字化的时代，一个人一天可以接触到的信息量是巨大的。在社交媒体中，品牌的信息和广告等内容占了很大一部分，品牌之间的竞争十分激烈，平台的用户一天接触的信息量过多，就会导致品牌的内容效果降低，这对于数字营销来说是一个非常大的挑战。因此要想引起受众的注意，就需要提升内容的质量，让其更具创意和吸引力。

2. 战术优先，战略不足

数字营销的一大优势就是它可以进行数据分析，这对于品牌来说是非常有价值的，品牌可以借此分析出哪种内容更有可能受到受众的喜爱。但是这样做的一个弊端就是，过于重视数据会让品牌陷入战术优先的风险之中，而忽视了从整体出发，进行更大范围的经验总结。因此数字营销需要用对品牌和受众双方都有意义的方式来进行营销，完善数字营销策略。

3. 盲目跟风，失去自我

其实每一个品牌都需要有自己的特色，然而很多品牌为了跟上数字化时代的流行趋势，盲目地随大流，逐渐在这一过程中失去了自己的特色。因此品牌需要注意的是，可以抓住当下的热点机会，但需要考虑如何将品牌的特色与之结合，树立好品牌形象，在消费者心中留下深刻印象。

本章小结

本章主要阐述了数字营销的基本内涵和特点、数字营销的崛起历程和发展现状，并简要地对比了数字营销与传统营销的区别，介绍了数字营销的应用，分析了数字营销的未来。

复习与思考

一、单选题

1. 数字营销与传统营销最大的差异是：（　　）。

A. 用户　　B. 内容　　C. 渠道　　D. 营销方式

2. 数字营销的特点不包括：（　　）。

A. 服务更个性化　　B. 集成化程度更低

C. 成本更低廉　　D. 灵活度更高

3. 数字营销发展趋势不包括：(　　)。

A. 从追求“品效协同”到追求“长效ROI”

B. IP营销进入后链路时代

C. 长视频、短视频、直播三大视频形式互融

D. 越来越少的企业将使用搜索引擎优化来获取搜索流量

二、简答题

1. 简述数字营销的定义。

2. 数字营销的特点有哪些？

3. 分析数字营销的作用。

4. 简要讨论数字营销面临的挑战。

第8章 智慧物流与数字贸易

案例导入

智慧物流的运营需要依托强大的现代化物流信息平台，同时需要提升相关的软件与硬件设施，从而实现商品在仓储、运输、装卸搬运等七个环节的运作。菜鸟公司成立后，京东迅速对此做出反应，制定了亚洲第一战略，并迅速以上海为根据点，开始建立京东上海“亚洲一号”。“亚洲一号”是京东物流在亚洲建设的规模最大、自动化程度最高的现代智能物流项目之一。“亚洲一号”采用自动化系统、机器人和智能管理系统，应用于货物立体存储、包装、分拣、运输等各物流环节中，并进行了大规模应用，目前有28座在全国进行运营。“亚洲一号”的出现为智慧物流的应用在全球范围内树立了新的典型。

2019年“618”全球购物节期间，京东物流23座“亚洲一号”智能物流园区全面投产，每天一个仓库的订单处理量达到数百万。“亚洲一号”已成为亚洲电子商务物流领域最大的智能物流仓储集团。与传统的物流中心相比，京东“亚洲一号”北京智能物流园区充分利用智能分拣系统、AGV装卸机器人、无人驾驶叉车、AR/VR领导力、人工智能识别与监控、大数据物流仿真、数字孪生等技术，以及园区5G通信平台，实现高速、便捷的物流服务海量数据的低延迟实时传输。

“亚洲一号”智慧物流项目已发展成为京东的核心竞争优势。它的布局和设计将有助于未来20年电子商务核心竞争力的提升和战略投资回报的提高。据《新闻晨报》报道，在物流硬件方面，“亚洲一号”上海项目（一期）配备了自动存取系统（如RS）、自动输送系统、高速自动分拣系统等自动化设备。现阶段京东在北京、上海等地开展了“极速达”这一特色物流服务。比如，消费者可以在上午9点下单，12点收到货物。现有的智能物流平台使京东能够在3小时内完成对产品的分拣、包装、扫描、配送等多项物流标准化操作。这类物流服务主要针对少数对商品有最新要求的用户，这项快速物流服务会为每份包裹额外增加 49 元的物流配送费用。

学习目标

掌握智慧物流的基本概念；了解中国智慧物流的产生与发展过程；明确智慧物流的特点和功能；了解中国智慧物流的发展理念；掌握智慧物流在跨境电商海外仓中的应用机制；理解数字贸易背景下智慧物流的服务模式。

形势分析

智慧物流助力数字贸易发展新格局

近年来，随着互联网、大数据以及人工智能等技术的发展和进步，数字贸易也得到了进一步的发展。数字贸易呈现出虚拟化、平台化、集约化、普惠化、个性化、生态化的特征，尤其是生态化特征。在数字贸易背景下，平台、商家、支付、物流、政府部门等通过平等协商、沟通合作，共享数据资源、共同创造价值，形成了一个良好的生态。而随着物流业与互联网的融合不断深入，新技术、新模式、新业态不断涌现，以互联网为核心的新一轮科技革命深刻影响着物流业。以"互联网＋物流"为重点的智慧物流，为物流业转型升级开辟了新的路径，有力地推动了我国物流业的发展。智慧物流基于"智慧供应链"理念，依托数字技术网络技术，实现物流的自动化、可视化、可控化、智能化、网络化，大幅度提高资源利用率和生产力水平。

中国"十四五"规划纲要提出，建设现代物流体系，加快发展冷链物流，统筹物流枢纽设施、骨干线路、区域分拨中心和末端配送节点建设，完善国家物流枢纽、骨干冷链物流基地设施条件，健全县乡村三级物流配送体系，发展高铁快运等铁路快捷货运产品，加强国际航空货运能力建设，提升国际海运竞争力。优化国际物流通道，加快形成内外联通、安全高效的物流网络。智慧物流是建设现代物流体系的必由之路，"十四五"期间，国家建设现代物流体系将利好智慧物流产业发展。

当前，中国智慧物流市场规模呈高速增长态势。数据显示，2020 年中国智慧物流市场规模为 5 840 亿元，2021 年中国智慧物流市场规模达 6 477 亿元，同比增长 10.9%。随着物流业与互联网融合的进一步深化，我国智慧物流市场规模不断增大。

中商产业研究院预测，2023 年中国智慧物流市场规模将达 7 903 亿元。未来，在物流行业数字化转型的推动下，智慧物流运输网络将进一步扩大，物流产业将进一步向着智慧化发展。

关键概念

智慧物流　跨境电商　海外仓　物联网

8.1 智慧物流的内涵和外延

一、智慧物流的内涵

智慧物流，顾名思义就是在物流行业中融入智能元素。具体而言，智慧物流就是以信息化为依托，以“互联网＋”为核心，并广泛应用物联网、大数据、云计算、人工智能等技术工具，在物流价值链上的运输仓储、包装、装卸搬运、流通加工、配送、信息服务这六个基本环节实现系统感知和数据采集的现代综合智能型物流系统，使得整个物流系统如同在人的大脑指挥下一样实时收集并处理信息，做出最优决策、实现最优布局。

究其本质，智慧物流包括三个方面。首先，智慧物流就是货物从供应者一方向需求者一方的智能移动过程。其次，智慧物流其实是通过对物流赋能实现人与物、物与物之间的物流信息的交互。最后，智慧物流实际上是一种运用先进技术手段实现的高层次、高端化的新型物流形态。

二、中国智慧物流的产生与发展

1. 中国智慧物流的发展过程

中国智慧物流的发展过程可以分为四个阶段：

第一个阶段是机械化阶段。在这一阶段，输送车、堆垛机、升降机等逐渐被用于物流领域，逐步替代人工，物流发展实现了由人工到机械化的转变，虽然还未融入智能化因素，但也为物流行业向着智能化发展奠定了基础。

第二个阶段是机械自动化阶段。在这一阶段，企业逐渐在机械仓储的基础上引入自动导引车（AGV）、自动货架、自动存取机器人、自动识别分拣系统，初步引入智能元素，推动了智慧物流的发展。

第三个阶段是智能自动化阶段。在这一阶段，物流系统已经利用射频识别（RFID）设备、机器人、自动导引车以及 MES、WMS 等智能化设备和软件实现了物流过程的整体自动化与智能化，但在数据分析、信息处理方面的能力还有待发展。

第四个阶段是智慧物流阶段。2009 年，奥巴马提出将“智慧的地球”作为美国国家战略，认为 IT 产业下一阶段的任务是把新一代 IT 技术充分运用在各行各业之中，形成物联网，然后将物联网与现有的互联网整合起来，实现人类社会物理系统的整合，达到智慧状态，提高资源利用率和生产力水平，改善人与自然间的关系。同年，温家宝总理在无锡提出了“感知中国”的理念，表示中国要抓住机遇，大力发展物联网技术。11 月，温家宝总理再次指示要着力突破传感网、物联网关键技术。基于以上背景，2009 年中国物流技术协会、《物流技术与应用》编辑部率先在行业提出“智慧物流”这一概念。智慧物流广泛应用物联网、大数据、云计算、人工智能等技术工具，依靠信息的实时性、充分性，来模拟人工做出最优决策，从而为客户带来更好的体验。

2. 中国智慧物流的发展现状

随着中国技术水平的日益发展，越来越多的新兴技术被运用到各行各业，而这一趋势在物流行业中的体现是十分明显的。例如，EDI 技术、GIS 技术以及无人仓技术等在物流行业中的运用越来越广泛，为中国智慧物流的发展输送了血液。智慧物流实现到一定程度，就是对传统物流模式的颠覆创新，将对物流产业的商业模式、运营模式、产业结构和发展模式、发展生态等产生巨大的影响。

近年来，中国智慧物流市场规模呈高速增长状态。如图 8－1 所示，2020 年中国智慧物流市场规模达 5 840 亿元，2021 年中国智慧物流市场规模达 6 477 亿元，同比增长 10.9%。随着物流业与互联网融合的进一步深化，我国智慧物流市场规模不断增大。中商产业研究院预测，2023 年中国智慧物流市场规模将达 7 903 亿元。

我国智慧物流企业注册量也在快速增长，由 2017 年的 785 家迅速增长至 2020 年的 6 760 家（见图 8－2）。2021 年我国新增智慧物流企业 1 960 家，同比下降 71.0%。虽然 2020 年以后受新冠疫情影响数量有所下降，但是中商产业研究院预计 2023 年我国智慧物流企业注册量将达 2 396 家。

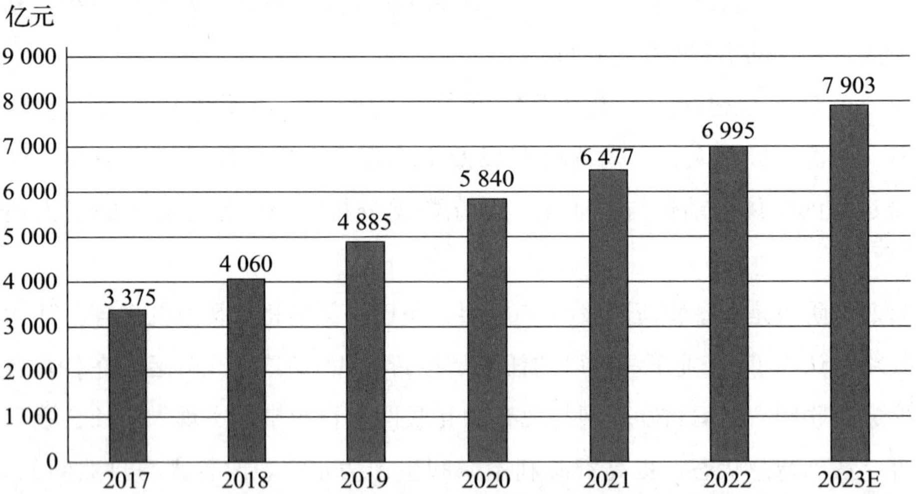

图 8-1　2017—2023 年中国智慧物流市场规模

资料来源：中商产业研究院。

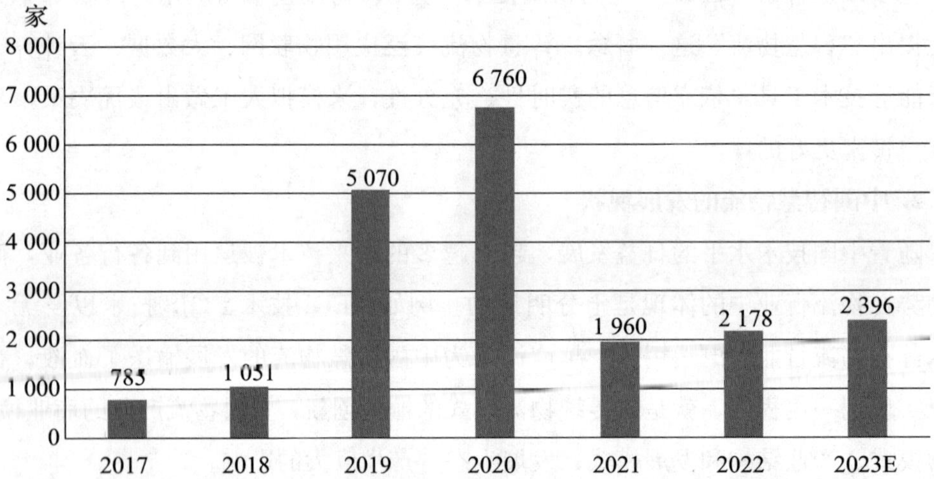

图 8-2　2017—2023 年中国智慧物流相关企业注册量

资料来源：中商产业研究院。

数字化转型给物流行业带来了巨大变革，自电商兴起后，智慧化、数字化智慧物流体系成为发展趋势。伴随着智慧物流行业景气度的不断提升，智慧物流行业投融资规模快速增长。如图 8-3 所示，2021 年我国智慧物流投资数量共 82 起，投资金额达 519.76 亿元。

中国智慧物流的发展是一种必然趋势。第一，中国是全球制造业大国，工业品物流需求大，成为全球最大的物流市场。中国电商物流运行指数年均达到 156 点，表明中国物流行业正在快速增长。而智能机器人的引入使得物流行业的服务水平不

图 8-3　2017—2021 年中国智慧物流建设投资情况

资料来源：中商产业研究院。

断提高，越来越多的物流企业升级改造，将信息化、智能化、自动化逐渐渗透到物流工作当中。以菜鸟驿站的取货改造为例，其由传统的人员取件改为机器化取件，仓库的分拣工作也改为机械化工作。消费型物流推动着整个物流系统向着智慧化方向发展，智慧物流模式逐渐成为一种常态。

第二，随着“互联网+”的出现，越来越多的企业开始在网络平台上销售自己的产品，使物流成为网络交易不可或缺的纽带。平台型物流企业借势加入网络市场，使互联网技术成为物流变革的重要组成部分，带动着智慧物流的发展。

第三，中国自改革开放以来就加快落实基础设施建设，提升了高速公路、高铁、航空等基础运输系统，为智慧物流引进人工智能打下了坚实的基础。物流企业投入智能机器协助工作加快了办事效率，大大减少了网购者和工厂员工的等待时间。

第四，由于物流产业大量的运输工具所产生的碳排放对环境造成的污染和破坏日益加剧，国家和社会都急切要求物流产业进行数字化转型，通过走低碳智能的发展路径，顺应我国经济社会的可持续发展战略。

第五，通过大数据调用有效的信息，进行科学的管理，可以减少物流企业不必要的支出。智慧物流人工智能的引入可以对数据进行精准记录，由科技智能产品代替人工的物流作业，可以在精准化、智能化、信息化的前提下高效工作，大大缩短了货物的运输时间。

三、智慧物流的特点

1. 智能化

智能化是物流发展的必然趋势，也是智慧物流区别于传统物流的典型特征，贯穿于物流活动的全过程，而且其智能化程度也随着人工智能技术、自动化技术、信息技术的发展而不断提高。其智能化发展不仅仅局限于确定库存水平、计划运输道路、自动跟踪、自动分拣、智能配送等方面，而且随着技术和时代的发展，其智能化特点也将被赋予更多的内涵。

2. 柔性化

柔性化是在生产领域，为了实现“以客户为中心”的理念而被提出的，即真正地根据消费者的动态需求灵活地调整生产工艺。物流的发展也是如此，必须按照客户的需求提供可靠的、特殊的、额外的个性化服务。“以客户为中心”的服务的内容将不断增多，服务的重要性也越来越大，而智慧物流本身的特点就能达到这种目的。

3. 一体化

智慧物流活动既包括企业内部生产过程中的全部物流活动，也包括企业与企业、企业与个人之间的全部物流活动。智慧物流的一体化指的是智慧物流活动的整体化和系统化，是以智慧物流管理为核心，将物流的包装、装卸、运输、存储等环节集合成一个一体化的系统，以最低的成本为客户提供最满意的服务。

4. 社会化

随着物流设施的国际化、物流技术的全球化和物流服务的全面化，物流活动并不仅仅局限于一个企业、一个地区或者一个国家。为实现货物的国际流动和交换，以促进资源的最合理配置和区域经济的发展，一个社会化的智慧物流体系正在形成。构建智慧物流体系对于降低商品的流通成本具有决定性作用，同时也成为智能型社会发展的基础。

四、智慧物流的功能分析

1. 识别感知功能

智慧物流要对物品信息进行数字化处理，通过射频识别技术、卫星定位技术，快速对物品进行识别，进而实现物流领域中生产自动化、销售自动化、流通自动化管理。

2. 决策功能

智慧物流技术将数据挖掘技术和信息处理技术应用于物流领域，从而通过对物流数据、客户需求、商品库存等信息和数据进行分析，计算出最佳的仓储位置、仓储方式、配送路径等，为物流企业的决策提供有力的数据支撑。

3. 定位追溯功能

射频识别技术、卫星定位技术等在物流领域的应用能获取运输车辆及配送过程各环节的数据和信息，了解货物的位置和状态，进而对货物进行定位和追踪管理，为消费者和相关工作人员提供实时反馈。

五、中国智慧物流的五大发展理念

中国电子商务的高速发展，以及大数据、云计算、物联网、区块链、柔性自动化、人工智能等新技术的发展和应用，推动了智慧物流的诞生和高速发展。自 2009 年智慧物流的概念出现以来，智慧物流已经走过了十多年的发展历程。基于现代的一系列智能技术在物流行业的应用和发展模式，在中国产生了关于智慧物流的五大发展理念。

1. 开放智能化

这一理念更加注重智慧物流的技术方面。开放智能化指的是体系开放的智能化网络，既包括内部开放，也包括外部开放。内部开放指的是一个物流系统内部硬件系统间的标准开放：非移动智能模块可以实现即插即用，实现分布式的即时组合与搭建；移动智能硬件（如物流机器人）可以实现即使是源于不同的厂家或者品牌，也能自主接入、自动入网。这一点欧美已经走在前列：2021 年美国 MassRobotics 机构联合美国物流机器人企业与机构，发布了机器人互操作性标准。这个标准能够让来自多个供应商的自主移动机器人（AMR）的工作实现无缝协同，从而支持全球工厂、仓库和配送中心的安全高效运营。同年，德国也推出了自动导引车和主控制器之间的通信接口标准 VDA5050，并于 2021 年上半年组织了 6 家企业的自动导引车在一个公用的操作平台上测试。而外部开放就是智能化网络体系对外开放，根据实际需求和经过授权，不同的智能化网络系统间可实现即时性的数据联通、软件共享和硬件互操作。

2. 绿色智慧化

这一理念强调了智慧物流在环境方面的要求。绿色智慧化指的是物流系统不仅要具备智能化功能，还要满足绿色低碳的需要。在“双碳”的大背景之下，绿色智慧化必然是未来中国智慧物流发展的重要方向。而绿色智慧化涉及智能设备的绿色化、物流系统的绿色化以及物流信息网络的绿色化等。

3. 全面无人化

这一理念强调的是物流作业时要尽可能地用人工智能来代替或者帮助人处理工作。当然，这里所谓的全面无人化并不是说今后所有物流系统全部都无人，而是说智慧物流在仓储作业、搬运作业、分拣作业、物流运输、上门配送等环节，都可以根据实际情况和现实需求推进机器人代替人、软件代替人。相比于过去的无人化理念，当前所提出的这种无人化理念涉及的范围更广、更全面。过去的无人化理念重点集中在物流作业领域，而近几年无人化技术与应用发展很快，如阿里巴巴、京东的无人仓，各大物流公司推出的无人配送，卡车公司推出的无人卡车，以及部分快递公司推出的无人机配送等。

4. 为物流设计

智慧物流是物流互联化、全程数智化、作业自动化、产业链一体化的智能系统，在智慧物流时代，物流与产业链、供应链的深度融合成为产业经济的新基础设施。“为物流设计”理念指的就是让物品的物流起点前置，从产品设计开始，即在进行产品设计时就考虑产品在制造、仓储、销售、配送等过程中的物流友好性，提前考虑让产品的规格尺寸与产品的包装便于运输、存储、配送、装卸、搬运、堆码和信息感知或数据采集，从而推动物流全链路成本降低，使产品更有竞争力。

5. 物流元宇宙

元宇宙是虚拟时空的集合，是利用科技手段进行链接与创造的、与现实世界映射交互的虚实融合世界，是具备新型社会体系的数字生活空间。元宇宙通过数字化形态承载与人类社会并行的平行宇宙，为了发展和创造元宇宙，需要发展增强现实技术、虚拟现实技术、互联网技术、物联网技术、数字仿真技术、数字孪生技术、区块链技术、人工智能技术、数字机器人技术、数字货币技术等，并推进这些技术的集成应用与迭代创新。当前，智慧物流数字仿真技术获得了巨大发展，借助数字仿真技术可以实时模拟智慧物流体系中软硬件运作流程。近年来数字孪生技术已经在智慧物流领域得到了很多应用，获得了巨大发展。借助数字孪生技术，可以在一个智慧物流硬件诞生时就建立其数字孪生体，并贯穿该硬件全寿命周期。还有智慧物流大脑以及数字员工的上岗都表明智慧物流在未来必将创造出技术先进的物流元宇宙。

8.2 跨境电商与智慧物流

一、跨境电商

跨境电商是一种新兴的国际贸易形式，产生的时间相对较短，对跨境电商的模式、政策、监管与国际协调仍然处于探索阶段，因此，对于跨境电商目前还没有统一的定义。但就其本质而言，跨境电商实际上就是指分属不同关境的交易主体，通过电子商务平台进行跨境交易的活动。因而，本书将跨境电商界定为地理上处于不同关境的买卖双方，通过互联网平台完成浏览、比价、咨询、下单、在线支付等环节，然后利用跨境仓储和物流，最终将商品从卖方送到买方手中的一种国际商务活动。其中货物或服务入境的被称为跨境电商进口，反之，出境的则被称为跨境电商出口。

如前所述，跨境电商是数字贸易的表现形态之一。近年来，我国各地高新区、综保区数管齐下，不断积攒创新素材、发展特色优势、打造良性生态圈，推动跨境电商高质量发展。各地保税区搭建了数字贸易服务系统，并创立主心骨团队，为数字贸易的发展打造服务团队，辐射周边地区企业，带动周边地区与产业转型升级。还搭建了对外贸易大数据平台，开发了传统对外贸易与数字贸易之间搜索匹配的信息平台，将企业的基本工商信息、商标、专利条件等信息综合分析显示，借助分析引擎完成企业智能化升级。同时，与金融机构合作，研究并提出针对跨境电商企业的融资服务方案，联合大型银行达成金融服务协作，推动对外贸易企业的物流、信息流和资金流相辅相成，引导跨境电商企业进行数字化、阳光化改革，为需要融资的跨境电商企业提供资金支持。上述举措合力打造形成了创新服务体系，构建了跨境电商生态圈。

同时，我国电商行业积极响应国家政策，发挥优势“走出去”，探索中欧班列与跨境电商的深度融合，开辟了“中欧班列＋跨境电商”的新发展模式。在积极融入“一带一路”建设过程中，中欧班列充分发挥了运载量大、物美价廉的优点，降低了物流成本，缩短了物流所耗时间，为跨境电商企业多窗口“走出去”提供了便利。另外，跨境电商企业加强海外仓与境内保税仓联动，促进了境内外电商体系一体化。

扩展阅读

跨境电商与数字贸易

将数字智能技术运用至物流服务系统中，逐步用人工智能取代重复性的人工劳动，同时在实际工作场景中模拟可能出现的状况，锻炼相关人员随机应变的能力及处理危机的能力。业务数据本身就是数字贸易中的关键载体，可以给全世界范围内的人提供大数据信息。国际交易平台使人们在移动端购物成为可能，且不受国家和地区的限制，产品的创新进一步促进了数字贸易规模的扩大。

二、跨境电商物流

跨境电商物流是指以海关关境两侧为端点的实物和信息有效流动和存储的计划、实施和控制管理的过程。伴随着跨境电商的发展，跨境电商物流也获得了迅猛发展。数据显示，2022 年全球电商物流行业的市场规模达 71 700.9 亿元，同比增长 7.01%；在电子商务蓬勃发展的态势下，我国电商物流行业也迎来了巨大的发展机遇，2022 年我国电商物流行业的营收规模突破 7 000 亿元。为了适应跨境电商物流的发展需要，各国物流企业推出了适合跨境电商的物流运输方式，常见的跨境电商物流运输类型有邮政包裹、商业快递、专线物流和海外仓。

1. 邮政包裹

邮政包裹包括中国邮政航空小包（挂号、平邮）、EMS 国际快递、E 邮宝、其他邮政小包。中国邮政航空小包又称中国邮政小包、邮政小包、航空小包。它包括挂号和平邮两种方式，可寄达全球各个邮政网点。EMS 国际快递是各国邮政开办的一项特殊邮政业务。该业务在各国邮政、海关、航空等部门均享有优先处理权。它可以高速度、高质量地为用户传递国际紧急信函、文件资料、金融票据、商品货样等各类文件资料和物品，同时提供多种形式的邮件跟踪和查询服务。E 邮宝是中国邮政为适应跨境电商轻小件物品寄递市场的需要推出的经济型国际速递业务。单件限重 2 千克，7～10 个工作日可妥投，价格实惠。其他邮政小包主要包括香港邮政小包和新加坡邮政小包。重量在 2 千克及以下，外包装长宽高之和小于 90 厘米，且长度小于 60 厘米，通过香港邮政空邮服务寄往国外的小邮包被称为香港邮政小包。香港邮政小包分为平邮与挂号两种服务，香港邮局称香港邮政小包平邮为大量投寄空邮服务，称香港邮政小包挂号为易网邮服务。前者费率较低，不提供跟踪查询服务；后者费率稍高，可提供网上跟踪查询服务。新加坡邮政小包，又被称为新加坡挂号小包，即新加坡邮政航空小包裹，是新加坡邮政推出的一项邮政小包服务，主要针对的是重量在 2 千克以下的包裹，具有时效好、通关能力强、可以到达大部分国家和地区等优点。

2. 商业快递

商业快递是指通过批发、零售和储存环节，把各生产企业的产品在一定的物流据点集中起来，然后再经过储存、分拣、流通加工、配送等环节，将商品送到零售商或消费者手中的整个过程。商业快递以 UPS、FedEx、DHL、TNT 四大国际快递巨头为第一梯队。商业快递的优点在于其自建的全球物流网络时效性极高，缺点在于价格较高。

UPS（United Parcel Service），即美国联合包裹运送服务公司，总部设于美国佐治亚州亚特兰大市，是全球领先的物流企业。UPS 拥有强大的物流网络，覆盖全球 220 多个国家和地区。UPS 在 1988 年进入中国市场，最初采用与中国对外贸易运输（集团）总公司（中国外运集团）签署业务合作协议的方式进入中国市场，2004 年后开始在中国独立运营。经过一百多年的发展，UPS 已经不再是一家仅提供包裹和货物运输的公司。在过去的 20 年中，UPS 每年投入约 10 亿美元发展物流科技、建设智慧物流网络。UPS 除了提供货物运输服务外，还提供国际贸易便利化、先进技术部署等服务。

FedEx，即美国联邦快递，总部位于美国田纳西州孟菲斯。FedEx 是一家国际性快递集团，提供隔夜快递、地面快递、重型货物运送、文件复印及物流服务。FedEx 在 1984 年进入中国，2008 年其在广州建立的亚太转运中心投入运营，FedEx 也由此成为第一个在中国设立洲际转运中心的跨国货运巨头。

DHL，总部位于德国波恩，其业务遍布全球 220 多个国家和地区。1986 年，DHL 与中国外运集团各注资 50%成立中外运-敦豪国际航空快件有限公司，这是中国成立最早、经验最丰富的国际航空快递公司。

TNT（Thomas National Transport），总部位于荷兰阿姆斯特丹，在欧洲和亚洲可提供高效的递送网络，且通过在全球范围内扩大运营分布来优化网络域名注册查询效能。TNT 提供世界范围内的包裹、文件以及货运项目的安全准时运送服务。TNT 有着遍布全球的航空与陆运网络，可以提供全球门到门、桌到桌的文件和包裹快递服务。TNT 中国公司成立于 1988 年，主要提供国际快递和国内公路快运服务。在国际快递方面，它拥有 34 家国际快递分公司和 3 个国际快递口岸。在国内公路快运方面，TNT 通过其所属的全资公路货运公司天地华宇，运营着国内覆盖最广泛的私营公路递送网络，下辖 56 个运转枢纽及 1 260 个运营网点，服务覆盖中国 500 多个城市。

3. 专线物流

专线物流又称货运专线，是指物流公司用自己的货车、专车或者航空资源运送货物至其专线目的地。一般在目的地有自己的分公司或者合作网点，以便货车来回都有货装。专线物流的优点在于能集中大批商品运输，规模效应可以降低成本；缺点在于时效较慢。提供国际专线物流服务的公司有燕文物流、领航数贸（原俄速通）、Aramex、SPSR 等。

航空专线-燕文，俗称燕文专线，是北京燕文物流有限公司（简称燕文物流）旗下的一项国际物流业务。燕文专线目前已开通南美专线和俄罗斯专线。燕文专线具有时效快、交寄便利、赔付有保障、时效有保证等特点。

领航数贸成立于 2013 年，是服务于中国品牌数字化出海的服务商，总部位于哈尔滨，业务中心位于深圳，在北京、上海等地设有分支机构，在俄罗斯、美国、波兰、巴西、德国等国家设有海外中心。领航数贸以中国品牌出海需求趋势为契机，与中国优质品牌商建立紧密合作，致力于帮助中国品牌出海，为中国品牌提供高效率、低成本的跨境物流解决方案，降低跨境物流成本，提高跨境交付效率，解决品牌出海难题。领航数贸是由中俄贸易、物流专家、电子商务专家、知名快递公司共同打造的对俄语系国家数字贸易综合服务商。领航数贸提供的服务具有经济实惠、可邮寄范围广泛、运送时效快、全程可追踪等特点。

Aramex 是阿拉伯地区的第一家本土快递，也是唯一一家在纳斯达克上市的阿拉伯企业。在中东、南亚、北非地区，Aramex 在价格和清关方面具有绝对优势。

SPSR 是俄罗斯最优秀的商业物流公司之一，也是俄罗斯跨境电商行业的领军企业。其提供的中俄快递- SPSR 服务提供经北京、香港、上海等地出境的多条快递线路，运送范围均为俄罗斯全境。

此外，中欧班列作为连接亚欧大陆的重要运输方式，是深化我国与沿线国家经贸合作的重要载体和推进“一带一路”倡议的重要抓手。中欧班列是由中国铁路总公司（现改制为中国国家铁路集团有限公司）组织，按照固定车次、线路、班期和全程运行时刻开行，运行于中国与欧洲以及“一带一路”沿线国家间的集装箱等铁路国际联运列车。自 2011 年“渝新欧”首次开行以来，中欧班列发展势头迅猛，截至 2019 年底，依托西伯利亚大陆桥和新亚欧大陆桥，中欧班列已形成西、中、东三条运输通道，其辐射范围快速扩大，国内始发城市已达到 56 个，并到达了欧洲 15 个国家的 49 个城市。

4. 海外仓

海外仓是指建立在海外的仓储设施，是一种新型外贸基础设施，是外贸新业态新模式的重要组成部分。在跨境电子商务中，海外仓模式是指由物流企业、跨境电商平台或大型跨境电商卖家等主体在境外通过自建或租用，分批将货物发往国外仓库，实现本地销售、本地配送的跨国物流形式。

近年来，我国电商企业纷纷开始拓展海外市场仓储物流体系，使得越来越多的跨境电商企业开始进军海外仓建设，以提高自身实力。比如阿里巴巴、京东、唯品会等电商巨头都建立了自己的海外仓，在跨境仓储、跨境网购业务方面凸显出较大优势。除此以外，我国多家物流企业也开始建立海外仓，比如顺丰物流已经在全球建立了30多个海外仓。英国、美国、澳大利亚等发达国家成为我国海外仓主要建设国家和地区。

（1）海外仓的类型。

目前市场上海外仓的类型主要分为三种，分别是第三方海外仓、平台海外仓以及自营海外仓。

第三方海外仓是指由第三方企业（多数为物流服务商）建立并运营的海外仓，其可以为跨境电商企业提供清关、入库质检、接收订单、商品分拣、配送等服务。

平台海外仓是指依托平台建立的仓储配送物流体系。例如，亚马逊FBA仓提供包括仓储、拣货打包、派送、收款、客服与退货处理的一条龙式物流服务，其物流水平是海外仓行业内的标杆。

自营海外仓则是指卖家自己建造的海外仓库。自建仓卖家可以自己掌控和管理仓库，十分灵活，但与此同时，卖家也需要自己解决仓储、报关、物流运输等一系列问题。此类自建仓一般都是由大型电商企业或大型进出口企业设立的，对企业自身实力要求较高。

（2）海外仓的业务流程。

通常，卖家使用海外仓发货涉及头程、海外仓、尾程和售后四个模块。从国内将货物运输到海外仓的过程被称为头程，包含内地到香港、国际段运输、出口/进口报关和清关、目的港到仓四大板块，一般由货代负责。头程运输流程如图8-4所示。

货物到达目的港清关后，就通过卡车、铁路等方式将货物送仓；而海外仓接收到卖家入仓订单信息后，将货物入库上架；当海外仓接收到出库订单后，便按订单类型进行分拣，经过拣货员拣货、二次分拣、复核、打包、称重后出库，最后联系本地快递派送到买家手中或送至电商平台仓库。这就是海外仓和尾程模块，具体流程如图8-5所示。

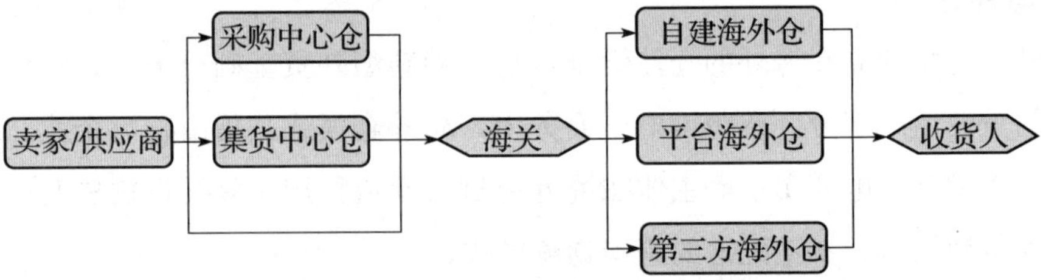

图 8-4 头程运输流程

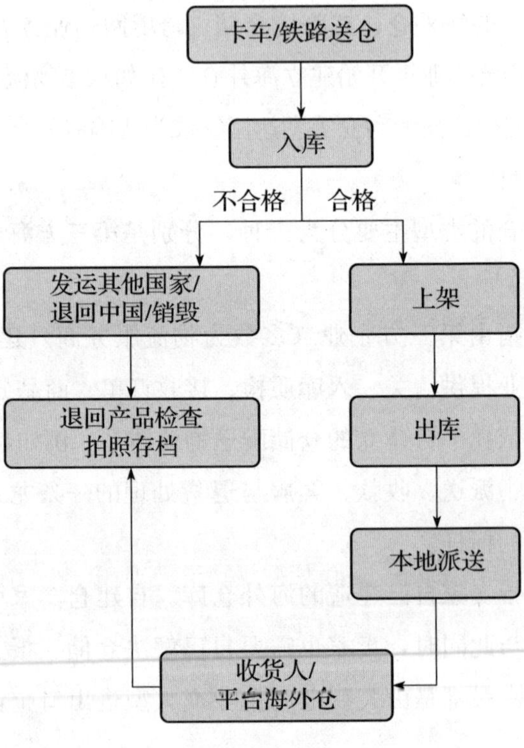

图 8-5 海外仓和尾程派送流程

(3) 海外仓模式的优缺点。

海外仓模式通过“先发货，后销售”的形式有效缩短了跨境物流周期，同时也提高了消费者订单响应速度，在很大程度上避免了包裹丢失和破损等问题，并且简化了消费者退换货的烦琐程序，很好地规避了海关查扣、快递被拒收等潜在风险，使得跨境电商可以为消费者提供更为优质的跨境物流服务。

然而海外仓模式仍然存在很多问题。比如，就目前海外仓的技术管理情况而言，国内企业主要以 ERP 采购系统下单为主，而这种人工核查方式非常容易出现漏洞，如果通过海外仓运行，很容易出现转仓、越仓记录无法更新的情况。同时，国内支付手段无法在境外的海外仓运营中使用，所以只能使用境外支付手段。但目前跨境电商平台中 VISA 卡、万事达卡等国际卡的使用往往需要较多的手续费，导致海外仓运营支付成本增加。除此以外，海外仓从建设初期到整个运营期都需要大量的物力、人力、资金支持，因而跨境电商海外仓经营面临着巨大的资金压力。在面临这么多问题的情况下，如何正确利用海外仓成了一个非常重要的问题。此时，智慧物流的应用成为跨境电商海外仓发展的客观需要。

三、智慧物流在跨境电商海外仓中的应用机制

根据物流系统的作用方式不同，我们可以将智慧物流技术分为智慧作业技术和智慧数据底盘技术两大类。智慧作业技术指的是运用于海外仓出入库操作以及库内操作中的智慧物流技术。出入库操作中的智慧物流技术主要包括实现自动化配送的无人机技术，实现长途运输转向最后一公里配送的 3D 打印技术，实现末端智能收获的智能快递柜等。而库内操作主要包括货物的分拣识别与搬运上架，在库内操作中应用智慧物流技术的例子如用分拣机器人进行货物的分拣、用可视化设备技术进行货物的快速识别、用自动导引车和货架穿梭车等进行货物的搬运和上架等。智慧数据底盘技术则是运用于分析和预测需求、构建仓储网络和维护设备的相关技术，主要包括大数据分析技术、物联网技术和人工智能技术。智慧数据底盘是所有数字化、智能化实现的基础和前提。当前在物流行业应用比较广的大数据分析技术，是基于互联网平台采集分析并预测需求的技术。而物联网技术主要包括射频识别技术、传感网技术和 M2M 技术，通过智能化的识别、定位、追踪和监控去完成机器之间的交互式通信，管理构建仓储网络，实现仓库内物品信息的及时获取与更新。人工智能技术则在各个领域都有很广泛的应用，是研究开发并模拟和拓展人的智能的技术，在海外仓运营中可用于机器人操作、货物识别和物流信息处理等方面。智慧数据底盘通过信息化应用，将海外仓运营的各个环节整合为一个完整的网络体系，从而提高物流运营的效率。因而，智慧物流技术的应用不仅能够节省成本，减少货物遗失、漏发错发等风险，进而提高海外仓运营效率，提高服务质量，而且能通过智慧数据底盘构建的网络系统对消费者的需求进行合理预测，有助于跨境电商海外仓技术的智能化发展，为构建智慧物流元宇宙奠定基础。智慧物流在跨境电商海外仓中的应用机制如图 8－6 所示。

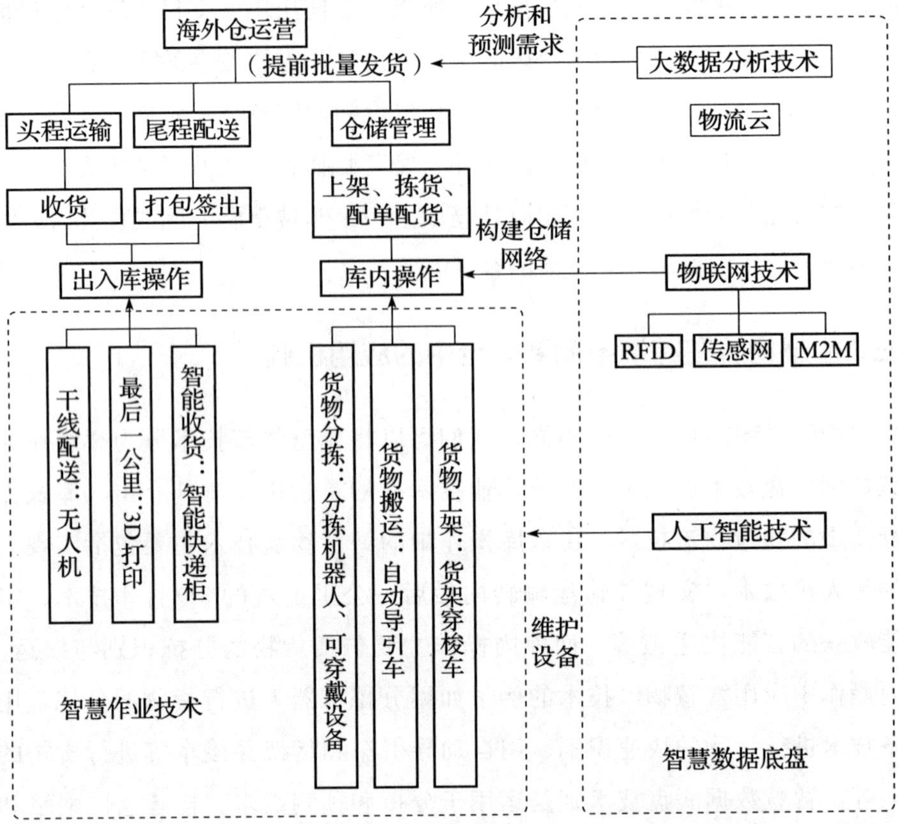

图 8－6　智慧物流在跨境电商海外仓中的应用机制

资料来源：肖雄，李泽建．智慧物流在跨境电商海外仓中的应用机制及发展策略．物流科技，2020，43（9）：73－76.

8.3　数字贸易背景下的智慧物流

一、智慧物流与数字贸易的联系

智慧物流与数字贸易是相辅相成的，数字贸易的发展促使物流向着智慧化转型，同时，智慧物流的发展和升级也推动着数字贸易的发展壮大。

1. 智慧物流提高了数字贸易的便利化水平

数字贸易是一个广泛的概念，它不仅包括以数字形式传输的产品与服务的贸易，还包括基于数字化平台实现的传统货物贸易（如跨境电商）。而物流作为贸易的中间环节，对贸易的发展起着至关重要的作用。智慧物流在数字贸易领域的应用主要集中在物流云、物流大数据以及物流模式的升级和优化等方面。首先，智慧物流能根据不同产品的不同特点进行分析，进而设计物流系统；其次，智慧物流能集成和整合信息与数据资源，对不同系统的物流进行协同优化和风险控制；再次，智慧物流能够针对不同的需求提供个性化物流服务，这一点对于提升数字贸易企业的服务质量具有重要意义；最后，智慧物流能够打造一体化的信息共享平台，实现数据的透明和共享，进而使得数字贸易更加便利的同时还能降低成本。

2. 数字贸易的兴起推动了智慧物流的发展

随着数字贸易的不断发展，消费者和生产者在物流领域产生了新的需求，而这种需求恰好为智慧物流的发展提供了动力。在当前数字经济背景下，随着居民消费水平的不断提高，消费者对商品的个性化需求也越来越多，大规模的标准化生产已经变得不再适用，小批量的个性化生产逐渐成为主流。这种转变将会导致对物流服务也产生新的需求，而智慧物流则通过运用互联网、物联网、云计算、人工智能等技术手段不断提高自身的竞争力，进而适应这种新需求。

二、数字贸易背景下智慧物流的服务模式

智慧物流的核心目标是实现"协同共享"，这催生了全新的商业模式以及市场参与主体，其中包括"互联网＋车货匹配""互联网＋多式联运""互联网＋仓储交易"等模式，能够有效提升物流供需资源之间的整合，促进企业的全面转型发展。

1. 基于 SOA 的物流服务模式

SOA（service-oriented architecture）是面向服务的分布式体系结构。基于 SOA 的系统是将异构平台上应用程序的不同功能部件通过定义良好的接口和规范，按松耦合方式整合在一起，将多个现有的应用软件通过网络整合成一个新系统。采用 SOA 的优点包括：能充分利用现有资源；更易于集成和管理复杂性，将各个系统的复杂性进行隔离，有助于多个企业应用协同工作；使得资源整合更加快捷，同时还能减少成本。在整个物流系统中，存在不同的操作系统、不同的数据库类型、不同的网络环境，因此，想要寻找一种互联方式来实现协同效应是非常困难的，而基于 SOA 的物流服务模式就能很好地解决这些问题。

基于 SOA 的物流服务模式是一种基于 SOA 构建的物流信息平台实现服务的模式，以信息技术为依托，通过集成供应商、物流服务商、企业用户的资源信息，协调优化供应链上的物流资源，整合和升级物流服务的各个系统，完成"一站式"专业化的智慧物流综合服务，实现行业资源共享，发挥物流的整体优势，促进物

流资源整合。基于SOA的物流信息平台以透明方式提供了物流管控功能服务，如物流信息发布、配载服务、车辆调度服务、货物跟踪以及运输计划制订、物流企业业务管理等，也提供一系列的增值服务和决策服务，如智能配载、物流配送车辆调度优化、虚拟仓库、物流方案设计、客户价值分析、决策支持、供应链物流解决方案等。

智慧物流技术生态链如图8-7所示。

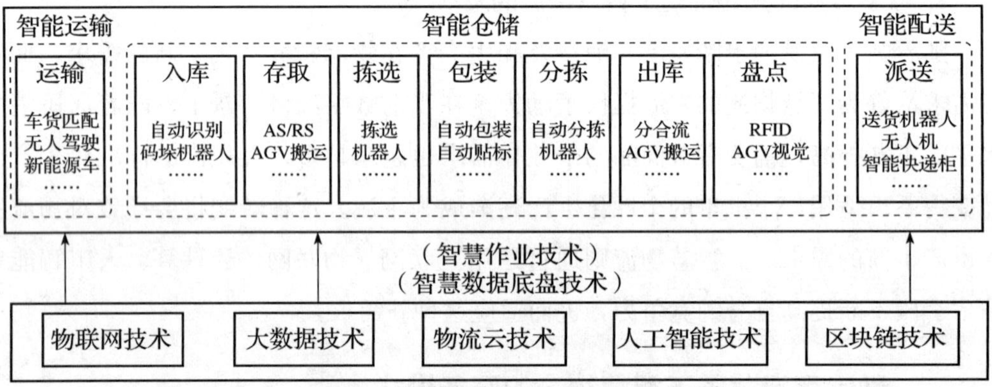

图8-7 智慧物流技术生态链

2. 基于物联网的物流服务模式

基于物联网的物流服务模式是基于物联网构建的物流信息平台实现的一种服务模式，将物联网技术应用到包括原材料采购、生产制造、包装再加工、出库入库、装卸搬运、仓储运输及物流配送等物流服务在内的物流业务运作过程和解决方案制订中。同时采取信息化的方案和手段进行综合优化和处理，从而提高智慧物流系统对于各项物流资源的整合能力，并在上下游企业物流供应链范围内实现物流信息资源的共享和高效率运作，实现企业与政府之间、物流企业之间、企业与客户之间的物流信息和物流功能共享，以优化物流业务流程和实现物流运作过程的智能化和可视化，从而达到智慧物流服务的全面和高效。

物联网技术在智慧物流领域的应用也是十分广泛的，包括感知技术、射频识别技术、数据采集技术、地理信息系统技术以及自动化技术。感知技术也可以称作资料搜集技术，通过这种技术可以自动识别并获取相应货物的信息，它已经被广泛应用在物流的运送、存储等领域。而射频识别技术是一种可以实现大规模自动化的技术，由电子标签、读写器和中央信息系统三部分组成。电子标签含物品信息，然后由读写器识别并将识别到的数据传输给中央信息系统，中央信息系统再对传输过来的信息进行读取和分析。数据采集技术就是在无结构的资料中挖掘用户信息，并处理信息和数据的技术。地理信息系统技术则可以对物联网上各种地理位置的空间数据进行采集、存储、管理和运算后呈现在一幅“物流地图”上。自动化技术则是利用导航实现自动存取、自动分拣、自动搬运等操作，进而实现货物运输的自动化。物联网技术在智慧物流中的应用体现为以下几点：

第一，运输智能化。物联网技术在当前智慧物流中的运用可以有效实现物流运输的智能化。如运输车辆会设有各种传感器以及定位装置，这些设备能够将准确的信息传递到数据库，工作人员对相关数据进行分析后，能以此来判断物流运输过程的安全性，以及整个路线规划的合理性。同时，物流公司在分析数据的时候也能准确定位车辆，进而实现对车辆的追踪，获取物流信息。智能化的物流管理方式可以有效地获取当前商品运输的状态，进而对商品进行实时监控，从而保障商品的安全性以及整个运输过程的效率，还能有效地降低运输成本。

第二，仓储自动化。在对商品进行仓储管理时，人工管理对于仓储的温度、湿度等各种参数不能进行敏感的把控，因而具有潜在风险。而物联网技术可以实现仓储的自动化经营管理，通过对物联网技术的使用可以对整个物流管理平台进行有效控制，对仓库里面各种各样的货物进行有效把控。如通过使用射频识别等技术，针对出库以及入库的货物进行盘点，将仓库的货物信息汇总起来，与客户的需求进行匹配；后期工作人员采用先进的传感器对货物的信息进行有效筛选，在物联网的帮助下，这些货物信息能够自动转化成数据并得到妥善保存。物流仓储实现自动化可以有效针对仓储物流的各个环节进行盘点、管理，进而有助于提高企业的运作水平和效率，节省人力成本。

第三，配送过程的信息化。在物流过程中，配送是极为重要的一环，因为它是直接面对消费者的，配送服务的质量直接关系着消费者对该物流服务的印象。由于人工配送的工作量巨大可能导致信息的收集和整理不及时，因此往往会出现配送不及时等问题。而采用物联网技术能够有效实现配送过程的信息化、数字化，便能很好地解决这个问题。企业往往采用先进的信息技术对物流配送过程进行监管，进而保障物流配送的效率。由于物流的配送是动态变化的，因而为了适应客户的动态化需求就需要制订动态化的配送方案。目前，通过物联网技术，物流企业的配送过程得到优化，工作人员在其信息系统的帮助下能够实时了解到商品的物流动态，进而能够对整个配送过程有一个相对完全的把控。

3. 基于大数据的物流服务模式

基于大数据的物流服务模式是以物流平台为依托，利用大数据技术和通信网络技术，提供物流信息、技术、设备等资源共享服务，依靠大数据处理能力、标准作业流程、灵活的业务覆盖、精确的环节控制、智能的决策支持及深入的信息共享来完成物流行业各个环节所需要的信息化要求和服务需求，面向社会用户提供信息服务、管理服务、技术服务和交易服务。这种服务模式可以通过构建大数据系统、依靠物流信息平台获取信息、依托物流管理平台进行信息共享、资源整合、流程再造等几步实现一站式物流服务。

借助大数据，智慧物流能够分析过去的历史数据，监测现在的业务状况，预测未来趋势，为不同职责的人员提供更贴切的数据视图，为管理层的业务决策提供依据。智慧物流系统以为客户提供优质服务为最终目的，从智慧物流商务管理、智慧物流供应链管理和智慧物流业务管理三个角度进行分析，形成完整的智慧物流应用框架。

首先是智慧物流商务管理。智慧物流商务管理是以达到供需平衡为目的，对商品进行分类，并统计不同品类商品的流量和流向。针对需求构建指标体系，建立合适的模式，通过对大量数据的处理分析发掘潜在的规律，为优化物流节点和通道布局提供参考依据。

其次是智慧物流供应链管理。智慧物流供应链管理是从企业物流出发，对整个供应链信息进行计划、协调、控制、操作以及优化的活动和过程。供应链管理是所有物流发展的必然趋势，也是所有企业经济发展的必然趋势。供应链企业在进行采购、供应、生产、销售、回收等流程中，通过对协同合作、流程处理与使用者行为等进行分析，以业务整合与以用户为核心的观点看待整个业务流程，并立即针对分析结果做出反应，以达到提高业务销售、供应链效率与消费者满意度的效果。

最后是智慧物流业务管理。智慧物流业务管理是从物流企业的角度出发对物流业务进行管理，物流业务包括运输、仓储、配送、流通加工、包装等多个环节。对于现代物流，特别是大数据背景下的智慧物流，它更加关注物流服务一体化，这一点与传统物流有很大的区别。智慧物流业务管理就是通过对物流业务的再造和优化形成核心化、高效化、精简化的流程。

大数据背景下智慧物流的应用框架如图 8-8 所示。

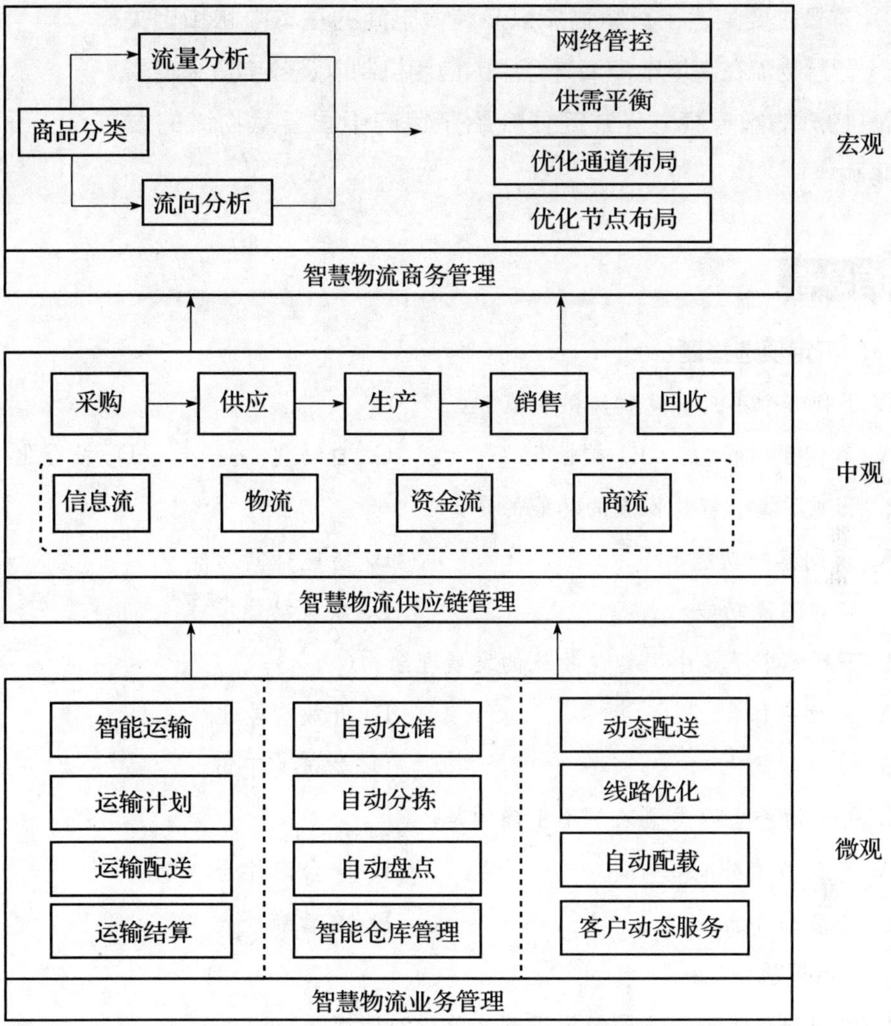

图 8-8　大数据背景下智慧物流的应用框架

资料来源：杨志华．基于大数据的智慧物流应用模式分析．物流工程与管理，2022，44（1）：38-40.

4. 物流云服务模式

物流云服务模式是指基于云计算等信息技术的一种面向供应链的物流服务模式，是在网络技术的支持下，通过物流云服务平台整合物流资源和客户资源，并按照客户需求智能管理和调配物流资源，为客户定制和提供安全、高效、优质廉价、灵活可变的个性化物流服务的新型物流服务模式。这种服务模式实现了包括运输工具、运输线路、仓储资源、信息资源和客户资源等各类物流资源的整合，为物流服务系统全生命周期过程提供可随时获取、按需使用的个性化物流服务。

本章小结

本章主要阐述了智慧物流以及跨境电商的基本内涵和相关概念，智慧物流在跨境电商海外仓中的应用机制以及数字贸易背景下智慧物流的服务模式，并简要介绍了目前中国智慧物流的发展情况。

复习与思考

一、不定项选择题

1. 下列哪个不是智慧物流的特点？（　　）。

A. 智能化　　B. 柔性化　　C. 自动化　　D. 社会化

2. 下列不属于智慧物流的功能的是：（　　）。

A. 识别感知功能　　B. 智能存储功能

C. 定位追溯功能　　D. 决策功能

3. 下列哪个不是中国智慧物流的发展理念？（　　）。

A. 全面一体化　　B. 开放智能化

C. 绿色智慧化　　D. 物流元宇宙

4. 关于海外仓的类型以下不正确的是：（　　）。

A. 第三方海外仓　　B. 平台海外仓

C. 专营海外仓　　D. 自营海外仓

二、简答题

1. 中国智慧物流的发展经历了哪些阶段？请简要描述。

2. 什么是海外仓？

3. 请分析一下智慧物流在跨境电商海外仓中的应用机制。

4. 如何理解数字贸易和智慧物流是相辅相成的？

5. 智慧物流的服务模式有哪些？

第9章 数字支付与数字货币

案例导入

数字人民币与数字贸易——“世界超市”义乌

2023 年 3 月 31 日，为期 3 天的第 17 届中国义乌文化和旅游产品交易博览会在浙江义乌国际博览中心开幕。为了推动数字人民币的试点工作，展会期间举办“布布文旅消费节”，并首次在展会现场试点数字人民币消费场景。

义乌所在的金华市，2022 年就已成为数字人民币试点城市之一。在这一年间义乌形成了许多数字人民币成果，如落地了全国首个全渠道数字人民币免密支付公交场景，在浙江省率先实现数字人民币公积金业务全覆盖……

支付是贸易数字化改革的重要环节，也是国际贸易交易的关键一环。拥有 210 万家以上的中小微企业、与全球 230 多个国家和地区保持贸易往来、外向度高达 65%的义乌，被誉为“世界超市”，支付应用场景非常丰富。

2022 年 5 月 19 日，数字人民币首次进入义乌市场。义乌商城集团以国际商贸城一区及一区东市场为先行试点，围绕支付、收款、兑现等商贸流通场景，打造数字人民币无障碍应用环境，为市场经营户、外贸公司、国内外采购商等人士提供多元化支付选择。截至 2023 年初，义乌小商品城约 6 万商户完成受理环境建设，累计交易金额达 10 亿元，专业市场逐渐形成规模化应用。

2023 年 3 月 8 日，浙江省首台离行式数字人民币兑换机在义乌国际商贸城一区启用。该兑换机可兑换人民币现钞和数字人民币硬件钱包，支持 18 种外币现钞，支持身份证、护照、港澳台通行证等 8 类证件，提供 8 种语言画面及语音指导，可以满足外籍客商、经营户的日常消费、采购需求。

根据相关统计数据，2022 年全年，与义乌市有跨境人民币结算的国家和地区达到 176 个，累计办理结算金额 565.39 亿元，同比增长 56.23%。

扩展阅读

数字人民币（e-CNY）的跨境应用前景

除此之外，小商品城全资控股的持牌第三方支付机构Yiwu Pay（义支付），已与全球400多家银行达成合作，业务覆盖100多个国家和地区，国际收付主流币种达到16个，打通了跨境人民币支付通道。义乌在持续扩大跨境人民币业务规模的同时，也将做好跨境贸易数字人民币支付的文章，打造数字人民币境内境外、线上线下全场景应用标杆。

学习目标

了解数字支付的产生与发展；理解数字支付的定义与内涵；掌握数字支付的特征；掌握数字支付的类型；了解中国的数字支付现状；了解数字货币的产生与发展；理解和掌握数字货币的定义；掌握数字货币的属性特征与特点；掌握数字货币的类型；了解现有主要的全球加密数字货币；了解数字人民币的产生、定义与发展；理解数字货币对数字支付的影响、数字货币对数字贸易的影响、数字支付对数字贸易的影响。

形势分析

数字贸易论坛或展会上的数字人民币

近年来随着数字人民币的逐渐推行，其各种应用场景也不断落地，如首个数字人民币线上平台上线、加载多应用的数字人民币硬钱包推出、首笔科技创新券以数字人民币形式完成兑付……数字人民币如何促进数字经济、数字贸易发展也成为“数字”大环境下的重要话题和政府推动经济与贸易发展的新的努力方向。

2022年11月8日，首届上海数字贸易论坛开幕论坛在长宁区IBP国际会议中心成功举办。在会上，长宁区人民政府与中行上海市分行共同为“中国银行数字人民币数字贸易创新孵化基地”揭牌，全国首个聚焦“数字人民币+数字贸易”的孵化基地落户长宁。该项目将在提升数字人民币在零售支付领域份额的基础上，聚焦长宁总部经济和数字经济企业全球布局发展的需求，充分发挥政府、企业和银行各自的资源禀赋优势，利用数字人民币智能合约技术，探索数字人民币在数字贸易中的创新试点、实践和应用。作为全国首家“数字人民币+数字贸易”孵化基地，其发挥着重要的创新引领作用，通过构建数字人民币场景生态建设发展的“试验田”

和“样板间”，打造数字人民币发展的“先行示范区”，将助力上海建设全球数字贸易枢纽港，从而促进数字贸易新业态的良好发展，推动优化数字贸易综合营商环境，全面促进贸易的高质量发展。

2022年12月11日，首届全球数字贸易博览会在杭州国际博览中心开幕，本届大会主题为“数字贸易 商通全球”。数字人民币作为新型数字化国家金融基础设施亮相数字贸易博览会国家馆。本次数字人民币展示由中国人民银行数字货币研究所、人民银行杭州中心支行联合牵头指导，工、农、中、建、网商等运营机构共同承办，现场全链条展示了数字人民币软（硬）钱包生成（兑换办理）——C端消费者持有或使用以及B端商户各种终端受理。其中最吸引观众眼球的莫过于各种形态的数字人民币硬钱包，以及可以安全使用数字人民币支付的无网支付设备。

不论是在国内成立相关数字人民币数字贸易创新试点，还是借由全球性的博览会向世界展示中国数字人民币成果，都体现出国家和政府对数字人民币推行的重视。习近平总书记在2020年底二十国集团领导人第十五次峰会上就指出，要以科技创新和数字化变革催生新的发展动能，为数字经济营造有利发展环境，加强数据安全合作，加强数字基础设施建设，并倡议以开放和包容方式探讨制定法定数字货币标准和原则，促进数字经济健康发展。

数字人民币的发展还任重道远，但是随着数字人民币的发展，相信它将会为我国数字贸易的发展带来巨大的助力。

关键概念

数字支付　数字货币

9.1 数字支付

一、数字支付的产生与发展

1. 数字支付的产生

随着信息技术和互联网技术的不断发展，基于计算机、手机、智能终端等支付载体，借助互联网、移动通信网络等支付渠道的数字支付应运而生，数字支付成为一种越来越流行的支付方式，不仅正在改变人们的消费和生活，而且各类机构也试图加入数字支付的热潮而从中获利。商业银行、非银行支付机构以及卡组织等支付业务参与方纷纷发力网络支付、APP 支付、条码支付等新兴支付业务。在各类数字支付快速渗透普及的同时，智能终端、手机 POS 等受理终端设备不断推陈出新，智能手表、手环等可穿戴支付设备陆续涌现，人脸、声纹、指纹、静脉等生物特征支付也逐步从实验室走向人们的生活。得益于数字支付高效便捷的特性，其已经成为当下数字经济、数字贸易背景下重要的支付手段。

2. 数字支付的发展

（1）第一阶段：电子支付阶段。

电子支付阶段大致经历了银行与机构间电子支付阶段和个体与银行间电子支付阶段。20 世纪 60 年代，美国、欧洲等国家和地区最早开始在银行内部使用较为成熟的数字化资金结算处理方式；到了 90 年代，银行与外部的大型机构之间也开始进行数字化的资金往来，例如以非现金方式发放工资等；20 世纪末，随着互联网不断普及，个人银行网上交易额不断上升，其中银行卡支付是电子支付的主力。

随着数字技术的不断发展，银行卡支付也在不断衍生出新的数字化形态：

①手机银行。银行以智能手机和其他移动设备为载体，使客户能够在此终端上使用银行服务，为客户办理相关银行业务或提供金融服务。

②银行网点数字化转型。银行通过精简网点数量，优化网点布局，统一规划网点软硬件设施，并利用金融科技来打造数字化网点，促进银行网点的数字化转型。

③数字银行卡。区别于普通银行卡，数字银行卡是以虚拟电子卡标准发行的银行卡，在线上申领、开通并使用，没有实体卡的物理形态。数字银行卡不经过银行网点开立，只能是二、三类账户，资金交易是有额度限制的。目前数字银行卡有百度闪付卡、银联无界卡等。

（2）第二阶段：第三方平台支付阶段。

这个阶段的数字支付的主要应用形式为个体用户以第三方互联网平台为中介使用银行账户内资金进行线上或线下的消费以及资金的转移。第三方平台支付具有便捷、创新、成本低等优势，它可以随时随地进行服务，利用积累数据库有针对性地满足客户的各种需求，以及有效降低不同个体之间资金往来的成本。在第三方平台支付经历了“线上场景支付阶段—线下场景驱动阶段—产业支付驱动阶段”的蓬勃发展的同时，传统支付方式的交易额也随之不断缩减。虽然第三方支付平台以合作银行信用为依托，具备较好的信用保障，但是这种中心化的平台结构使得用户的有关隐私存在泄露风险。

（3）第三阶段：数字货币支付阶段。

目前的数字货币支付阶段主要是通过法定数字货币，即央行发行的数字货币进行消费和资金转移。法定数字货币是数字支付的最新形态，以去中心化的区块链技术为支撑，其具备高匿名性、安全性等特性，能够在很大程度上解决第三方平台支付下的数字隐私问题，同时具备国家信用背书，在一定程度上遏制了私人数字货币的泛滥，是未来数字支付发展的主流趋势。目前已经有包括中国在内的多个国家发行了法定数字货币，但是还处于发展初期，未来数字支付的发展还需要各个国家共同努力。

二、数字支付的定义与内涵

目前国内外对于数字支付的定义不一而论。国内对数字支付的定义有以下几种：有人认为数字支付是交易过程的数字化，即货币债权转移可在数字化、无形的信息流或资金流中达成，而无须有形货币的支付；有人认为数字支付体系是独立于实物支付、现金支付、银行卡支付的数字经济下的支付模式，这个定义将数字支付与数字经济、数字贸易的发展密切地联系起来；还有人认为数字支付区别于需要纸币、票据等实物的支付方式，是一种运用自动识别、信息通信、区块链、大数据、云计算等数字技术，以数字形式实现货币债权转移的创新支付方式；而 2019 年京东数科在《数字支付："小支付"成就"大时代"》中将数字支付定义为借助计算机、智能设备等硬件设施以及信息通信、人工智能、信息安全等数字科技手段实现的数字化支付方式，是由非银行主导的电子支付方式；还有其他观点将数字支付与电子支付等同或者是将数字支付与法定数字货币的支付等同。

而国外对数字支付的定义也大体认为数字支付与电子支付的内涵较为接近，2007 年印度在《印度支付和结算法案》中将数字支付定义为：包括 ATM 交易、电话转账、POS 机转账、互联网或信用卡支付以及直接取款或存款。

从某种意义上来说，绝不能将数字支付简单地等价于数字货币支付或者电子支付。数字货币是一种货币，除了行使支付职能外，它还行使价值尺度、流通手段等其他货币职能，而数字支付单指支付这一行为模式。中国人民银行在《电子支付指引（第一号）》中将电子支付界定为：单位、个人直接或授权他人通过电子终端发出支付指令，实现货币支付与资金转移的行为。虽然数字支付与电子支付有相同的地方，即它们的行为主体都是个人或单位，它们的行为表现皆为不使用现金的支付行为，它们的行为结果均为货币债权在不同主体间的转移，但是随着区块链等数字技术催生各类新型数字货币，数字支付相比电子支付拥有更加丰富的支付介质，其支付介质不仅包括传统的商业银行存款货币，还包括基于区块链技术的数字货币。

综上，我们可以从广义和狭义两个角度界定数字支付。广义的数字支付是用数字化方式达成经济活动中的货币债权转移，而狭义的数字支付则是指单位或者个人为实现所有权转移而通过使用包括数字化的商业银行存款货币或数字货币在内的支付介质完成货物或服务购买或者债务偿还等经济活动。

三、 数字支付的特征

1. 支付介质为电子形式的货币或数字货币

数字时代的货币在更多的时候是通过数字计算机系统进行交易、存储以及管理。因此，数字时代的货币获取和支付主要依托手机和电脑进行。

2. 有效降低交易成本

与实体支付形式不同，数字支付能够在时间和空间上实现点对点的直接对接，甚至无须银行中介的参与，属于成本最低的货币支付形式。因此，数字时代支付变革的最大优点在于提升了小额零售支付效率，降低了整个经济社会的交易费用。

3. 应用创新型数字技术

除了依托区块链技术的数字货币的使用外，数字支付中的银行卡支付使用了 IC 卡识别技术，二维码支付运用了条码识别技术，刷脸与指纹支付则运用了生物识别技术。

4. 是数字经济和数字贸易的产物

扩展阅读

二维码的前世今生

数字支付背后不仅涉及资金流，而且涉及信息流。中国人民银行在《互联网时代的支付变革》中指出，数字支付增加了支付中介能够掌握的客户信息、交易信息等各类信息，使得支付的价值不再局限于支付本身，支付的基础功能被急剧放大。

四、 数字支付的类型

1. 按照支付场景的不同划分

（1）近场支付。

近场支付是指通过实体受理终端（如 NFC 读卡器），以联机或脱机方式接入收单网络完成货币资金转移的支付，如过地铁闸机口需进行识别支付。

（2）远程支付。

远程支付是指不通过实体终端受理，使用互联网、电信网等于后台服务器之间进行信息交互，完成货币资金转移的支付，如网上购物使用支付宝支付、微信支付等。

2. 按照支付媒介的不同划分

（1）传统货币的数字支付。

①电子支票网络支付。

电子支票区别于传统支票，是一种无条件的数字化指令。电子支票网络支付是一种数字化的支付指令，该指令的发出方是客户，接收方是收款人，其借助互联网或者其他联机设备最终实现支付功能。

②银行卡网络支付。

银行卡支付又称卡基支付，是指付款人通过各种交易发起方式基于银行卡向收款人转移后者对发卡主体的货币债权，其核心在于将资金储值在银行卡中，支付在本质上基于其背后的银行卡系统，具体分为借记卡、信用卡、现金卡和支票卡四类。

随着互联网技术的不断发展成熟，银行卡支付不仅包括基于实体银行卡的线下支付，还包括基于网上银行、手机银行的线上支付，世界上各商业银行联合软件开发商推出了各类安全便捷的银行卡网络支付系统。

③第三方平台支付。

中国人民银行 2010 年在《非金融机构支付服务管理办法》中给出的第三方平台支付的广义定义为：第三方支付是指非金融机构作为收、付款人的支付中介所提供的网络支付、预付卡发行与受理、银行卡收单以及中国人民银行确定的其他支付服务。网络支付是指依托互联网、移动终端等开放网络为支付渠道，通过第三方支付机构与商业机构之间的支付接口，为收付款人提供货币资金转移服务的活动。预付卡发行与受理是指发卡企业以储值卡形式发行，持卡人用于指定交易场景购买商品或服务的预付凭证。银行卡收单是指通过传统 POS 机、移动 POS 机等 POS 终端以及自主支付服务终端（拉卡拉、缴费易、ATM等），基于电话线、互联网以及移动互联网在特约商户处为持卡人提供本外币交易资金结算的服务。而狭义的第三方支付是指具备一定实力和信誉保障的非银行机构，借助通信、计算机和信息安全技术，采用与各大银行签约的方式，在用户与银行支付结算系统间建立连接的电子支付模式。

第三方支付的大致交易过程为：买家选购商品后，使用第三方平台提供的账户进行货款支付，由第三方平台通知卖家货款到达、进行发货；买家检验物品后，就可以通知付款给卖家，第三方平台再将款项转至卖家账户。

支付宝支付、微信支付、京东白条等都是典型的第三方平台支付，只不过前两者是基于客户银行账号的资金支付，后者是基于互联网企业给客户提供的信用额度进行支付。第三方平台支付在很大程度上推动了网络支付的发展，使得数字支付的应用范围得到大规模扩张。

（2）数字货币支付。

数字货币支付是指使用以数字信息形式存在的数字货币在线上或线下完成支付。其和基于传统货币的数字支付的最大不同在于数字货币支付基本不需要银行的直接参与，这在很大程度上提高了交易效率，降低了交易成本。数字货币大多以分布式、去中心化的区块链技术为基础，具有高匿名性、不可回溯性等特点。与第三方支付相比，数字支付的过程更加安全和可靠，不过缺乏银行的直接参与，数字货币支付仍然存在伪造和重复使用的风险。

五、中国数字支付的现状

1. 卡基支付市场规模持续增长

银行账户数量稳步增长。截至2021年末，中国共开立银行账户136.64亿户，同比增长9.00%，增速较上年末下降1.43个百分点。单位银行账户数量持续增长，市场主体新开户数量增长迅速。截至2021年末，中国共开立单位银行账户8 336.97万户，同比增长11.44%，增速较上年末上升2.01个百分点。个人银行账户数量有所增长，增速呈下降趋势。截至2021年末，中国共开立个人银行账户135.81亿户，同比增长8.99%，增速较上年末下降1.45个百分点。

发卡量保持持续增长。截至2021年末，中国银行卡发卡量达到92.47亿张，较2020年增加2.93亿张，同比增长3.27%。2011年以来，中国银行卡渗透率从38.6%增长到49.2%。从人均持卡量来看，2015—2021年期间，中国人均银行卡持有量持续增长，2015年人均持有量仅为3.99张，2021年提升至6.55张。

银行卡联网POS机具数量有所增长。截至2021年末，银联跨行支付系统联网特约商户为2 798.27万户，较2020年末减少96.48万户；联网POS机具为3 893.61万台，较上年末增加60.58万台；ATM机具为94.78万台，较上年末减少6.60万台。中国每万人拥有联网POS机具275.63台，同比增长0.68%；每万人拥有ATM机具6.71台，同比下降7.34%。

银行卡交易量稳步增长。从交易量来看，2011—2021年，中国银行卡交易量从318亿笔增至4 290亿笔，年均复合增速为29.72%；在交易金额方面，银行卡交易金额从324万亿元提升至1 002万亿元，年均复合增速为11.95%。

2. 电子支付业务量庞大

电子支付业务量稳步增长。2021年中国银行共处理电子支付业务2 749.69亿笔，较2020年增加了397.44亿笔，同比增长16.90%。其中，2021年中国网上支付业务量完成1 022.78亿笔，较2020年增加了143.47亿笔；移动支付业务量完成1 512.28亿笔，较2020年增加了280.08亿笔；电话支付业务量完成2.73亿笔，较2020年增加了0.39亿笔。

电子支付业务金额也持续增长。2021年中国电子支付业务金额达2 976.22万亿元，较2020年增加了264.41万亿元，同比增长9.75%。其中，2021年中国网上支付业务金额完成2 353.96万亿元，较2020年增加了179.42万亿元；移动支付业务金额完成526.98万亿元，较2020年增加了94.82万亿元；电话支付业务金额完成11.65万亿元，较2020年减少了1.08万亿元。

3. 第三方支付市场规模持续增长

第三方支付的总业务量不断增长。央行报告显示，2021年中国非银行支付机构处理网络支付业务10 283.22亿笔，金额为355.46万亿元，分别同比增长24.30%和20.67%。

第三方支付的综合交易规模也不断增长。截至2021年底，中国第三方支付的综合交易规模达到449万亿元，增速达20.3%。而其中第三方企业支付交易规模达到167.9万亿元，增速达20.0%，占第三方支付的综合交易规模的比例达到37.4%，其中接近一半以上的第三方企业支付交易规模来源于第三方产业互联网支付交易。

第三方支付的用户总数稳步增加。截至 2021 年底，中国网络支付用户规模达 9.04 亿，较 2020 年 12 月增长 4 929 万，占网民整体的 87.6%。截至 2020 年 12 月，中国移动支付用户规模达到 8.54 亿，比 2019 年 6 月增长了 34.9%，网民移动支付的使用比例由 2018 年底的 72.5%提升至 86.4%。

中国第三方支付的 C 端市场现已形成支付宝、财付通两大巨头垄断的市场格局。从 2020 年第二季度的市场份额来看，支付宝占据半壁江山，市场占有率高达 55.6%，财付通排名第二，占比也超过 30%。

4. 数字人民币推广提速

自 2019 年底以来，数字人民币试点测试规模有序扩大，应用领域逐步拓展，促进了中国数字经济规模扩张与质量提升。数据显示，截至 2021 年 12 月 31 日，数字人民币试点场景已超过 808.51 万个，累计开立个人钱包 2.61 亿个，交易金额达 875.65 亿元。

9.2 数字货币

一、数字货币的产生与发展

1. 数字货币的产生

近年来，随着网络技术和金融科技等迅速崛起，数字经济和数字贸易等快速发展，货币的形态也更加无形化、数字化，数字货币在此背景下应运而生。数字货币不是突然出现的，从支付形式来看它产生于电子支付，是由电子货币、虚拟货币等新型货币概念演化而来，从技术手段来看它是区块链技术的产物，是基于数字原理通过特定的算法大量计算产生的网络虚拟货币。

数字货币是货币，作为货币，其存在的意义在于满足现实中有摩擦的商品经济顺畅流通的需要，而这种需要的满足是以货币发挥特定职能为基础的。货币的职能包括价值尺度、流通手段、支付手段、贮藏手段和世界货币五个方面，前两项职能是货币的基本职能，是货币具有生命力的内生性前提条件，而其余职能则是货币价值尺度和流通手段职能的派生职能。

从满足人类交易便利性的角度来看，数字货币的产生具有必然性，这是由货币形式演变的主要矛盾决定的。从实现货币职能的角度来看，人类技术进步促使货币带来交易便利性的不断提高，使数字货币的产生具有必然性和可行性。

梳理历史上货币的发展，从“金属货币—纸币与票据—电子货币—加密货币—数字货币”的演进路径来看，任何一种货币的生命力或货币的形态无不需要与其存在时期的社会生产力发展水平相适应。

在原始商业行为当中，金属硬币使用效率高，方便交易结算，但使用范围仅限于一城一地；商业行为自动扩大后，交易范围越来越广，金属货币携带成本高，纸币的诞生以及银行的诞生，使得前往不同地域的商人直接持有该银行的票据便可取款；随着全球化商业行为越来越多，票据的使用范围也越来越大，而互联网和智能手机的出现和发展，催生了包括中国的支付宝、微信、苹果的 Apple Pay 等在内的电子货币专业支付服务机构；但是国家与国家之间电子货币的价值不尽相同，电子货币只能在一个国家内部进行交易结算，所以经济全球化下加密货币、数字货币等便接连诞生。

2. 数字货币的发展

（1）第一阶段：比特币类数字货币阶段。

比特币（Bitcoin）的概念最初由中本聪于 2008 年提出，并于 2009 年 1 月 3 日正式诞生，比特币是一种 P2P 形式的虚拟的加密数字货币，点对点的传输意味着一个去中心化的支付系统。随着比特币的产生，以太币（Ether）、莱特币（Litecoin）也应运而生，这些货币也被称为加密货币，是不依托任何实物，使用密码算法的数字货币。这一阶段的数字货币币值不稳定并缺乏信用支持，严重影响了它价值尺度职能的发挥，其在民间的流通也因为缺乏国家信用的背书而由其拥有者承担信用、市场、流通性等一切风险。

（2）第二阶段：稳定币类数字货币阶段。

第二阶段的数字货币以泰达币（USDT）、Dai 币、天秤币（Libra）等为代表，它们主要是以中心化资产为依托或抵押，货币币值相对稳定。为实现价值尺度职能，稳定币类数字货币的信用是建立在其他资产或主权货币基础之上的，但由于使用范围有限，所产生的影响力亦十分有限。

（3）第三阶段：法定数字货币阶段。

第三阶段的数字货币便是中央银行发行的法定数字货币。法定数字货币的发行源于私人数字货币存在不具有国家信用、价格不稳定、风险大、配套技术薄弱且被过度追捧投机等弊端。法定数字货币与法定货币是价值等价的关系，且能够得到主权国家的支持，具备能够体现出价值尺度职能的基础和条件。另外，前两个阶段的数字货币是受到一定限制的，因为它们一旦推行开来，将导致政府对国内经济控制权的下降，政府货币政策的效用减弱，也无法再征收铸币税。因此，主权国家不会让私人数字货币有广阔的发展空间，法定数字货币的发行便是对原有货币权力的巩固，法定数字货币的产生是具有必然性的。

扩展阅读

比特币是怎么被发明出来的?

二、数字货币的定义、属性特征与特点

1. 数字货币的定义

数字货币最早的概念是欧洲银行业管理局对虚拟货币的定义：价值的数字化表示，不由央行或当局发行，也不与法定货币挂钩，但由于被公众所接受，所以可作为支付手段，也可以电子形式转移、存储或交易。国际清算银行（BIS）则将数字货币定义为以数字形式表示的资产。随着技术的发展，数字货币概念也逐步延伸，不仅仅限制于使用区块链技术，还有其他配套技术。同时由于新型货币的不断发展与创新，政府对数字货币的监管政策日新月异，特别是各国央行开始推动数字货币发行和应用后，数字货币的概念也在不断地变化。

学术界一般把数字货币区分为狭义数字货币与广义数字货币。狭义数字货币专指电子货币，包括第三方支付以及使用银行卡进行交易时所用的货币，广义数字货币则不仅包含电子货币（如巴克莱银行发布的 Pingit），还包括狭义的虚拟货币（如腾讯的 Q 币、任天堂的积分）、以区块链为底层技术的加密货币（如比特币、以太币）以及各国央行发布的法定数字货币（如数字人民币）。

中国官方意义上的数字货币指的是央行的法定数字货币，即中央发行的数字货币，属于央行负债，具有国家信用，与传统法定货币等值，在价值层面没有任何差异。中国对数字货币的英文称谓是 ECDP，即 Electronic Currency and Digital Payment，中文翻译为“电子货币与数字支付”，从这个英文称谓可以看出数字货币具有两种职能——货币职能与支付职能。

2. 数字货币的属性特征

（1）无形性。

数字货币是不依赖于物理载体的新型货币，是具有传统货币多种职能的“观念

化”货币，是在数字化技术高度发达的基础上产生的一种无形货币。

（2）具有实际价值。

虽然数字货币不具有货币实体，但是数字货币的背后必须存在真实的价值支撑，这种支撑可以来源于货币当局或者权威的金融机构，以保证数字货币具有价值性。

（3）可交易性。

数字货币可以与商品或者其他形式的资产进行自由交换，且数字货币的交换方式更为方便快捷，能够更好地发挥支付手段和流通手段的职能。

（4）可分割性。

传统货币受制于物理载体，无法满足低于单位币值的超小额支付，而数字货币具有无限的可分割优势，可以满足日常交易中的较小交易额。

（5）可存储性。

数字货币可以通过数字形式存储在使用者的各种设备中，满足使用者任意时间的存取、划转、支付以及查询等操作。

3. 数字货币的特点

（1）交易成本低。

与第三方平台支付等方式相比，特别是相较于向支付服务供应商提供高额手续费的跨境支付，数字货币交易不需要向诸如支付宝支付、微信支付、京东支付等第三方支付费用，其交易成本更低。

（2）交易速度快。

数字货币所采用的区块链技术具有去中心化的特点，不需要任何类似清算中心的中心化机构来处理数据，交易处理更快捷。

（3）高度匿名性。

除了实物形式的货币能够实现无中介参与的点对点交易外，数字货币相比于其他电子支付方式的优势之一就在于支持远程的点对点支付，它不需要任何可信的第三方作为中介，交易双方可以在完全陌生的情况下完成交易而无须彼此信任，因此具有更高的匿名性，能够保护交易者的隐私，但同时也给网络犯罪创造了便利，容易被洗钱和其他犯罪活动等所利用。

当然，数字货币的使用必须存在某种第三方确认机制，因此所有的交易都会留下痕迹，不存在真正的匿名使用，可以完美解决现金交易所导致的无法追踪的问题。

（4）依赖智能外部设备。

数字货币本质上是一种互联网行为，因此数字货币必须配合智能外部设备才能被使用，这会成为数字货币使用中的额外成本。

数字货币利用的是计算机网络以及信息化技术，可以有效地降低其发行成本以及使用时的交易成本；而传统的纸币需要经过印制、发行、流通到销毁等一系列工作，在各个环节都需要采取合理的措施进行管理，因此在管理过程中需要消耗一定的管理成本。此外，数字货币由于其自身的特殊性，可以在全世界范围内使用，因而可以用于国际贸易中的交易结算，能够促进国际贸易的开展。数字货币的发展为数字贸易的结算提供了高效快捷的方式，例如，亚马逊曾经多次传出支持使用比特币来进行在线购物。当然，各国央行开始发行数字货币之后，未来数字货币可能成为数字贸易的主要支付工具之一。目前，中国的数字人民币也处于如火如荼的推进过程中，某些省份的数字人民币试点已促进良好的数字人民币生态的初步形成，支持数字人民币被用于购物消费、网上支付、交通出行、生活缴费等各个领域。

三、 数字货币的类型

1. 按照数字货币的广义内涵进行分类

数字货币按照是否锚定法定货币可以划分为电子货币和广义虚拟货币。广义虚拟货币根据是否去中心化可以划分为狭义虚拟货币和加密货币。

（1）电子货币。

电子货币只是政府监督发行或监督承认的法定货币的数字代表，如美国监管机构承认的 1∶1 锚定美元的 USDT/GUSD/PAX 等，巴克莱银行新发布的名为 Pingit 的电子货币，还有银行卡、公交卡等。

（2）狭义虚拟货币。

狭义虚拟货币是由开发人员控制和创建，并在特定的社区获得价值的数字货币，如各种购物积分、游戏币、淘宝的淘宝币等等。这些虚拟货币仅仅适用于自己的生态圈，在理论上不能用于购买任何真实的商品和服务。

（3）加密货币。

加密货币是一种使用密码学原理来确保交易安全及控制交易单位创造的交易媒介。如比特币和莱特币等，以去中心化的区块链技术进行加密货币的创造，没有任何监管者，可以在实体和用户之间进行传输，可以进行真实商品的交易，且允许无国界转让所有权以及进行即时交易。

2. 按照数字货币的发行主体分类

（1）私人数字货币。

私人数字货币是由私人或者公司主导的，主要依靠密码技术创建、发行和流通的一种基于节点网络及数字加密算法的货币，其需要区块链技术对交易记录进行证明。现有的私人数字货币包括比特币、以太币等。因此，我们可以将私人数字货币理解为由非主权国家主导的，依靠技术支撑的（主要依赖数字加密算法技术而存在且需要区块链技术对交易记录的证明），以字符串形式存储于电子设备的货币。

私人数字货币在一定程度上来讲不是真正意义上的货币，除了不符合国家货币主权的要求外，其价值不稳定，更应归类为一种高度投机的资产。其具有以下风险：第一，不具备国家信用背书，其的流通可能加剧货币市场波动，给个人和企业带来相关风险；第二，高匿名性特点易被不法分子利用从而引发社会风险；第三，可能引发信用风险、不对称性风险等，从而加大了其带来的风险强度。

（2）法定数字货币。

法定数字货币是央行主导发行的数字货币，其以国家信用为支撑，在法律上受到支持和保护，在本质上也是一串加密字符串，是与纸币无差别化的数字化货币。

与私人数字货币相比，法定数字货币具有如下优点：第一，有国家信用背书，能更好地发挥数字货币价值尺度的职能；第二，法定数字货币流动性强，适用范围更广，在具备流通环境的条件下具有法偿性；第三，对国家发挥宏观调控作用具有积极意义；第四，法定数字货币下的交易行为和资金流动是处于监管之中的，可以有效遏制灰色交易行为。

表 9-1 从发行主体、适用范围、发行数量、储存形式、流通方式、货币价值、信用保障、交易安全性、交易成本、运行环境等方面对电子货币、狭义虚拟货币、私人数字货币、法定数字货币等数字货币进行了对比。

表 9-1　数字货币对比

主要因素	电子货币	狭义虚拟货币	私人数字货币	法定数字货币
发行主体	金融机构	网络企业	无	中央银行
适用范围	一般不限	特定网络社区	接受此类支付的网民群体之间	一般不限
发行数量	由法定货币决定	由发行主体决定	数量一定	由法定货币决定

续表

主要因素	电子货币	狭义虚拟货币	私人数字货币	法定数字货币
储存形式	磁卡或账号	账号	数字	数字
流通方式	双向流通	单向流通	双向流通	双向流通
货币价值	与法定货币对等	与法定货币不对等	与法定货币不对等	与法定货币对等
信用保障	政府	企业	网民	政府/央行
交易安全性	较高	较低	较高	较高
交易成本	较高	较低	较低	较低
运行环境	内联网、外联网、读写设备	企业服务器和互联网	开源软件以及P2P网络	数字钱包，不需要账号和网络
典型代表	银行卡、公交卡	Q币、积分	比特币、莱特币	数字人民币

四、全球主要加密数字货币

1. 比特币

数字革命推动了经济发展，越来越多的消费者依赖并享受在线交易，逐渐降低了对实物货币的依赖。比特币的出现颠覆了人们对货币职能和本质的认知。

中本聪于2008年提出了比特币的概念。比特币的特点是通过密码学知识来控制货币的发行和管理，而非将货币发行权交给特定的中央货币发行机构。2010年5月18日，比特币论坛的一位用户使用近1万个比特币购买了一份比萨，这是比特币第一次在现实意义上被用来交易。

比特币不依靠特定货币机构发行，它依据特定算法，通过大量计算产生，比特币经济使用整个P2P网络中众多节点构成的分布式数据库来确认并记录所有的交易行为，并使用密码学的设计来确保货币流通各个环节的安全性。P2P的去中心化特性与算法本身可以确保无法通过大量制造比特币来人为操控币值。基于密码学的设计可以使比特币只能被真实的拥有者转移或支付。这同样确保了货币所有权与流通交易的匿名性。比特币的总数量有限，被永久限制在2 100万个。

可以通过在二级市场上购买来获取比特币，也可以通过“挖矿”来获得比特币。所谓挖矿，实质上是用计算机解决一项复杂的数学问题，来保证比特币网络分布式记账系统的一致性。比特币网络会自动调整数学问题的难度，让整个网络约每10分钟得到一个合格答案。随后比特币网络会新生成一定量的比特币作为区块奖励，奖励获得答案的人。

由于总量固定，算法特殊，挖矿获得比特币奖励（可以看作原始股）越来越难，挖矿需要天量的算力，必须有电力支持，对资源、环境的考验巨大，中国已经全面禁止比特币挖矿。

此外，比特币的价格在二级市场上的波动异常剧烈。2018 年 11 月，比特币的价格基本在 3 000 多美元/枚。2020 年 2 月 10 日，比特币的价格突破了 1 万美元/枚。2021 年 1 月 8 日，比特币价格涨至 4 万美元/枚关口上方；2 月 16 日，比特币的价格升至 5 万美元/枚上方；2 月 20 日，比特币总市值突破 1 万亿美元大关；3 月 13 日，比特币价格达到 6 万美元/枚，总市值约为 1.1 万亿美元。自 2022 年以来，比特币价格再现过山车行情，目前已经跌至 2 万美元/枚以下。

2. 莱特币

莱特币是受比特币的启发而推出的改进版数字货币，由一名曾任职于谷歌的程序员设计并编程实现，于 2011 年 11 月 9 日发布运行。莱特币与比特币在技术上具有相同的实现原理，莱特币的创造和转让基于一种开源的加密协议，不受到任何中央机构的管理。

莱特币旨在改进比特币，与比特币相比，莱特币具有三种显著差异：第一，莱特币网络每 2.5 分钟（而不是 10 分钟）就可以处理一个块，因此可以提供更快的交易确认。第二，莱特币网络预期产出 8 400 万枚莱特币，是比特币网络发行货币量的四倍之多。第三，莱特币在其工作量证明算法中使用了 scrypt 加密算法，这使得相比于比特币，在普通计算机上进行莱特币挖掘更为容易。

虽然莱特币的价格波动也比较大，但和比特币不可同日而语，目前莱特币的价格在 50 美元/枚左右。

3. 以太币

以太坊（Ethereum）是 2013—2014 年间由程序员维塔利克·布特林（Vitalik Buterin）受比特币启发后提出，大意为“下一代加密货币与去中心化应用平台”，在 2014 年通过 ICO 众筹开始得以发展。以太坊通过其专用加密货币以太币提供去中心化的以太虚拟机来处理点对点合约。以太币是以太坊的一种数字代币，被称为“比特币 2.0 版”。截至 2018 年 2 月，以太币是市值第二高的加密货币，仅次于比特币。

以太币的价格波动也很剧烈，目前在 1 100 美元/枚左右。

2021 年 9 月 24 日，中国人民银行发布通知，全面禁止与虚拟货币结算和提供交易者信息有关的服务。从事非法金融活动将被追究刑事责任。境外虚拟货币交易所通过互联网向中国境内居民提供服务同样属于被禁行列，相关部门将强化对与之相关的一切行为的监控。至此，有关虚拟货币的挖矿、交易等在中国境内已经被全面禁止。

五、 中国的数字货币——数字人民币

1. 推出数字人民币的背景

自比特币问世以来，私营部门推出各种所谓加密货币。目前有影响力的加密货币已达 1 万余种。比特币等加密货币采用区块链和加密技术，宣称“去中心化”“完全匿名”，但缺乏价值支撑、价格波动剧烈、交易效率低下、能源消耗巨大等限制导致其难以在日常经济活动中发挥货币职能。同时，加密货币多被用于投机，存在威胁金融安全和社会稳定的潜在风险，并成为洗钱等非法经济活动的支付工具。

针对加密货币价格波动较大的缺陷，一些商业机构推出所谓稳定币，试图通过与主权货币或相关资产锚定来维持币值稳定。有的商业机构计划推出全球性稳定币，将给国际货币体系、支付清算体系、货币政策、跨境资本流动管理等带来诸多风险和挑战。

当前，各主要经济体均在积极考虑或推进央行数字货币研发，65 个国家或经济体的中央银行中约 86%已开展数字货币研究，美国、英国、法国、加拿大、瑞典、日本、俄罗斯、韩国、新加坡等国央行及欧洲央行近年来以各种形式公布了关于央行数字货币的考虑及计划，有的已开始甚至完成了初步测试。

近年来，中国电子支付尤其是移动支付快速发展，为社会公众提供了便捷高效的零售支付服务，在助力数字经济发展的同时也培育了公众的数字支付习惯，提高了公众对技术和服务创新的需求。同时，经济社会要实现高质量发展，在客观上需要更为安全、通用、普惠的新型零售支付基础设施作为公共产品，进一步满足人民群众多样化的支付需求，并以此提升基础金融服务水平与效率，促进国内国际双循环，为构建新发展格局提供有力支撑。

2. 数字人民币的定义

数字人民币是中国人民银行发行的数字形式的法定货币，由指定运营机构参与运营，以广义账户体系为基础，支持银行账户松耦合功能，与实物人民币等价，具有价值特征和法偿性。其主要含义是：

第一，数字人民币是央行发行的法定货币。一是数字人民币具备货币的价值尺度、交易媒介、价值贮藏等基本功能，与实物人民币一样是法定货币。二是数字人民币是法定货币的数字形式。三是数字人民币是央行对公众的负债，以国家信用为

支撑，具有法偿性。

第二，数字人民币采取中心化管理、双层运营方式。数字人民币发行权属于国家，中国人民银行在数字人民币运营体系中处于中心地位，负责向作为指定运营机构的商业银行发行数字人民币并进行全生命周期管理，指定运营机构及相关商业机构负责向社会公众提供数字人民币兑换和流通服务。

第三，数字人民币主要定位于现金类支付凭证，将与实物人民币长期并存。数字人民币与实物人民币都是央行对公众的负债，具有同等法律地位和经济价值。

第四，数字人民币是一种零售型央行数字货币，主要用于满足国内零售支付需求。

扩展阅读

通俗易懂，一篇“白话”看懂“数字人民币”

3. 数字人民币的良好属性

一是数字人民币的应用融合了线上线下多场景和多领域，覆盖生活缴费、餐饮服务、交通出行、购物消费、政务服务等领域。其中，零售是目前数字人民币试点侧重的领域。

二是法定人民币加密程度高、可追溯能力强，既有利于国家实时掌握货币资金去向，实行精准的宏观货币政策，也有利于国家及时监管和打击非法囤积资金、制造假币、洗钱、逃税和贪污腐败等违法犯罪行为。

三是数字人民币钱包主要基于手机客户端，有可视卡、嵌入数字人民币钱包芯片的可穿戴设备等硬钱包形式，不需要任何账号和网络，只需要下载数字钱包就可以用手机实现在多种业务和消费场景下的支付或收款，满足消费者多场景的支付需求，适应不同人群的使用习惯。

四是数字人民币可以优化支付方式，营造良好的金融支付环境，降低中小微企业的支付成本和支付门槛。

4. 数字人民币的发展历程及现状

2014—2016 年，中国人民银行成立法定数字货币研究小组，启动法定数字货币相关研究工作。2016 年，中国人民银行搭建中国第一代法定数字货币概念原型，成立数字货币研究所，并提出数字人民币顶层设计和基本特征。

经国务院批准，中国人民银行自 2017 年底开始数字人民币研发工作，并依据资产规模和市场份额居前、技术开发力量较强等标准，选择大型商业银行、电信运营商、互联网企业作为参与研发机构。

2019 年末以来，中国人民银行遵循稳步、安全、可控、创新、实用原则，在深圳、苏州、雄安、成都及2022北京冬奥会场景开展数字人民币试点测试，以检验理论可靠性、系统稳定性、功能可用性、流程便捷性、场景适用性和风险可控性。从2020年11月开始，增加上海、海南、长沙、西安、青岛、大连6个新的试点地区。

截至2022年上半年，中国人民银行继续按照“十四五”规划要求，扎实稳妥推进数字人民币试点测试。圆满完成了北京冬奥会的场景试点，使数字人民币作为科技名片在北京冬奥会、冬残奥会上完成了精彩亮相。经报国务院同意，数字人民币试点从原来的“10+1”试点地区拓展到15个省市的23个地区，深圳市、苏州市、雄安新区、成都市4个地方取消了白名单限制，同时积极参与国际交流合作，拓展数字人民币“朋友圈”。截至2022年5月31日，15个省市的试点地区通过数字人民币累计交易笔数大约是2.64亿笔，金额大约是830亿元人民币，支持数字人民币支付的商户门店数量达到456.7万个。下一步，中国人民银行将稳妥有序扩大试点范围，加强场景建设和应用创新，开展重大问题研究，深化国际交流合作。

9.3 数字支付、数字货币与数字贸易

一、数字支付与数字货币的关系

1. 数字支付与数字货币的区别

数字支付并不等同于数字货币，数字货币除了具备数字支付的职能之外，还具有货币的其他职能，二者的主要区别在于——数字货币会导致货币总量的增加，而数字支付则不会产生这方面的效应。

同时，数字支付与数字货币的支付职能也并不完全相等，二者存在交叉关系。数字支付除了包括数字货币的支付之外，还包括诸如支付宝支付、微信支付等在内的第三方支付等。

数字货币的支付职能与数字支付在支付环节上也存在较大的差异。传统的现金交易的法律关系最为简单，也即“一手交钱，一手交货”。如此，传统的现金交易只涉及买卖双方和货币的转移。以银行转账为基础的支付则需要借助商业银行这个第三方。因此，银行转账支付大体上涉及一次转账行为（买方银行账户→卖方银行账户）与四个主体的对接（买方→买方银行→卖方银行→卖方）。法定数字货币的支付

与银行转账支付所涉及的环节完全相同。法定数字货币的支付也涉及一次转账行为（买方数字货币账户→卖方数字货币账户）与四个主体的对接（买方→买方银行→卖方银行→卖方）。而私人数字货币与现金交易类似，甚至不需要买方银行和卖方银行两个主体，只需买卖双方之间进行私人数字货币的转移。与数字货币的支付相比，数字支付除了涉及商业银行这个主体之外，还可能涉及第三方支付平台。数字支付的完成大体上需要涉及三次转账行为（买方银行账户→买方第三方支付账户→卖方第三方支付账户→卖方银行账户）和五个主体的对接（买方→买方银行→第三方支付平台→卖方银行→卖方）。综上来看，与数字支付相比，数字货币的支付功能涉及更少的主体和更少的转账环节，因此也比数字支付更为便捷。

2. 数字货币对当前数字支付体系的影响

（1）数字货币有助于建立健全高效稳健的数字支付体系。

数字货币运用区块链等先进信息技术，是一种“去中心化”的可编程币，能够保证交易信息的可追溯，拥有可靠、系统的数据基础。而第三方支付虽然没有涉及实体货币，但其实质仍需基于电子账户完成支付，涉及三次转账行为，使得结算过程比较冗长，资金在账户之间的转移流动存在一定的滞后性。而数字货币不涉及第三方平台，甚至无转账行为，其结算的便捷性和实时性等特点弥补了第三方支付的不足，节约了货币流通的支付成本。

（2）数字货币有助于降低数字支付系统风险。

数字货币采用的分布式支付系统可以通过去中心化消除现行支付系统中的信用风险、流动性风险和操作风险。非数字货币等第三方支付依赖于传统的中心化的互联网通信技术和平台，受互联网开放性、分享性以及协作性等影响，第三方支付平台在支付期间很容易暴露客户的信息。同时，目前网络病毒十分复杂，这也增大了第三方支付的危险性，比如部分黑客会侵入用户计算机盗取银行卡号与密码，或者直接截取交易信息等。数字货币采用的分布式支付系统可以通过去中心化下的高匿名性有效保护客户信息，防止客户信息的泄露和被非法利用。

（3）数字货币有助于打破第三方支付的平台壁垒。

境内跨平台数字支付的主要表现形式是同一国家境内的多个第三方支付平台共同参与完成支付过程。由于支付许可牌照的限制和平台对于各自利益的考虑，很多跨平台的数字支付并不互通，例如中国境内腾讯旗下的微信客户端支付功能不能在阿里巴巴旗下的淘宝电商平台完成支付。法定数字货币作为一种具有法偿性的货币，其发展成熟后可以在具备流通环境的条件下完成各类支付而不依赖于第三方平台，从而打破境内跨平台支付壁垒。此外，基于松耦合账户设计的数字货币可以无须绑定银行账户即进行转账支付，让缺少银行等传统金融基础设施的民众使用数字支付成为可能，提高数字支付的普及度。

（4）数字货币有助于形成新的数字支付业务发展模式。

跨境电子商务的第三方支付存在信用风险、网络风险和流动性风险等风险，造成长期以来跨境支付体系不透明、虚拟化、安全性低、耗时长、效率低等问题。基于法定数字货币建设新型全球跨境支付网络，能有效改善当前跨境支付耗时长、费用高的问题，使用分布式账本技术的代币还将推动高度中心化的全球跨境支付体系，提高全球跨境支付体系的透明度和安全性，有效降低信用风险、网络风险和流动性风险。用户可以在国内通过销售终端、在线接口等方式，将本国的法定货币兑换为数字货币并储存在数字钱包中，然后通过数字货币的安全网络跨境传输到海外收款人的数字钱包并以相同方式兑换为当地的法定货币。世界银行数据显示，数字货币所支持的去中心化的交易模式可使跨境支付效率得到极大提升，可从传统的3～5天缩短到1天之内；同时交易费用也大幅下降，从传统系统的7.21%可降至1%以下。

二、数字支付与数字贸易

1. 数字支付对数字贸易的积极影响

（1）数字支付促进了数字贸易过程中的商品流动。

任何贸易过程都涉及商品的流动，数字贸易也不例外。与传统贸易相比，随着数字技术的普及，时空界限被数据打破，数字贸易已经在很大程度上促进了贸易中的商品流动，而作为数字贸易的重要环节，数字支付的持续发展将更加促进数字贸易过程中的商品流动。跨境支付平台可让银企之间信息共享，帮助企业实现数字化交易，可以随时在线上操作，从而加快一次贸易完成的时间，这样便可以提升一定时间（如一年）内的贸易流转次数。商品流动速度的加快将促进贸易的繁荣发展，从而促进经济增长。

（2）数字支付促进了数字贸易过程中的资金流动。

数字支付作为数字贸易的一种重要支付方式，能满足传统现金支付不能满足的数字贸易的一些特定要求。传统现金支付存在资金流动性较差、资金处理效率较低等问题。而数字支付方式，如第三方平台支付，可以通过银行卡发生资金转移和支付清算，提升银行卡用户的活跃度，拓宽银行卡使用范围，促进社会范围内的资金流动。此外，当今世界范围内跨境电子商务蓬勃发展，其作为数字贸易的重要组成部分，往往伴随着跨境高频率资金流动，所以良好的资金流动对数字贸易的持续发展至关重要，数字人民币等数字支付方式的发展无疑将促进跨境数字贸易中支付环节效率的提升，进而影响数字贸易全链条的效率。

（3）数字支付促进了数字贸易过程中的信息流动。

数字贸易过程产生并依赖于大量的数据信息流动，促进这些信息的快速流转将有利于打破数字贸易中的信息不对称问题，提高数字贸易交付的效率。而数字支付作为基于互联网的支付方式，其支付行为不仅可以完成货币债权的转移，还能够实现信息在客户和收款者之间的共享，以及在具体的数字支付流程中，它还可以实现交易信息和资金流动的同时传输，从而促进数字贸易中信息的流动，使得贸易信息得到及时全面的收集，从而避免因信息不对称问题而带来的市场扭曲，促进数字贸易的顺利交付。

2. 数字支付对数字贸易的消极影响

（1）数字支付可能存在较大的信用风险。

以第三方平台支付为例，这种依赖于某一平台的中心化支付方式存在着较大的信用风险，除了存在客户个人隐私安全问题之外，寡占市场的第三方支付平台也容易因重大安全事故造成信誉受损，从而对数字贸易链条造成沉重打击。虽然以去中心化的数字技术为基础的数字货币的支付具有高匿名性特征，在一定程度上可以解决客户信息安全的问题，但是除了法定数字货币外，现今跨境数字贸易中依旧存在着私人数字货币的泛滥，这种处于灰色地带的数字贸易无法被准确监管，将会对整个跨境数字支付体系产生负面影响，从而不利于数字贸易的发展。

（2）数字支付在国际范围内缺乏公认标准。

目前国内外央行对支付系统的监管已经覆盖了支付过程中的交易、清算和结算等全过程，但各国央行针对数字货币采取的管制措施并不相同，在国际范围内缺乏公认标准。公认标准的缺乏意味着差异化的国家间支付规则，当资金涉及跨境流动时，这种支付规则的差异将会导致支付效率降低，给数字贸易带来消极影响。

综上，数字支付对数字贸易既有积极影响，也有消极影响。数字支付作为数字贸易的重要环节，可以促进数字贸易中的商品流动、资金流动和信息流动。但是数字支付潜在的信用风险和国际数字支付公认标准的缺乏也会给数字贸易带来不利影响。国际组织和国家政府应当形成合力，完善数字支付规则框架，制定国际统一的数字支付标准，进一步发挥数字支付对于数字贸易的建设性作用。

三、数字货币与数字贸易

1. 数字货币对数字贸易的积极影响

以法定数字货币为例，数字货币会对数字贸易产生以下方面的积极影响。

（1）数字货币可以提高数字贸易的效率。

法定数字货币通过加密签名转换，可以在资金转移的同时实现信息传递，完成资金流和信息流的整合，能够解决依赖于传统货币的跨境数字贸易的支付结算流程的冗余问题，减少支付的时间成本。法定数字货币只涉及一次转账行为，其在数字贸易的支付结算环节上通过实现点对点的即时对接，减少了中间机构对账、清算、结算等流程，提高了数字贸易的效率。

（2）数字货币可以防范数字贸易风险。

央行可以运用相关技术化手段对数字货币的流转进行追踪和监控，利用大数据对个体和群体进行实时分析，及时感知到数字贸易中的风险行为和违法行为，从而保护个体客户的数据隐私、促进数字贸易的合法进行、打击数字贸易中的逃税及恐怖融资等行为。

（3）数字货币可以助力数字贸易宏观调控。

以数字人民币为例，依赖于其去中心化的特点，央行可以对数字人民币进行大数据追踪并进行流通监控，这可以帮助有关机构分析出经济个体的实时数字贸易状态和数字贸易走势，为制定数字贸易政策提供有效依据，加强数字贸易宏观调控，还可以帮助央行对货币供应进行精准调控，促进货币的流通性，稳定货币价值。

2. 数字货币对数字贸易的消极影响

（1）数字货币存在安全风险。

数字货币的去中心化特点虽有优势，但也存在风险。目前数字货币真正出现在人们视野中的时间还比较短暂，交易的平台还不够严谨，各方面的发展还不够成熟等原因导致其可能存在许多技术漏洞。如果交易平台在网络上被黑客攻击，则会造成巨大的经济损失，不利于数字贸易的发展。

（2）数字货币存在信用风险。

目前虽然有包括中国在内的部分国家推出了法定数字货币，但是还有很多国家并没有推出法定数字货币，这其中原因之一可能是不同国家对数字货币的持有是存在分歧的，这就意味着不同国家进行数字贸易时因为数字货币问题可能会引发潜藏的信用危机。

（3）数字货币可能增加贸易风险。

一方面，数字货币具有匿名性的特点，不会强制要求用户公开个人信息，但贸易双方可能会利用数字货币的这一特性逃避法律监管，进行非法贸易。另一方面，数字货币的运行需要极大的电力消耗以及财力消耗，世界各国的发展水平不一致，发达国家可以使用高效的电力设备来极大地缩短交易过程，而众多发展中国家由于经济实力相对较弱，因此在数字货币的研发与使用上都不如发达国家，数字货币话语权的弱势地位将会给发展中国家数字贸易的发展带来不利影响。

综上，数字货币对数字贸易既有积极影响，也有消极影响。数字货币可以提高数字贸易的效率，帮助防范数字贸易风险，也有利于国家对数字贸易的宏观调控。但是数字货币因为某些技术缺点和其他原因会给数字贸易带来安全风险、信用风险和贸易风险等。

本章小结

本章主要讲述了数字贸易的支付和结算问题，从数字支付、数字货币的定义、历史、技术、市场和应用等方面进行探究，介绍了数字货币的发展与应用现状，并探讨数字货币可能对未来的影响和挑战以及数字支付、数字货币和数字贸易的协同发展问题。

复习与思考

一、单选题

1. 以下哪种支付方式不属于数字支付？（　　）。

A. 信用卡支付　　B. 现金支付

C. 支付宝支付　　D. 数字人民币支付

2. 以下不属于第三方平台支付的是（　　）。

A. 微信支付　　B. 京东白条

C. 数字人民币支付　　D. 支付宝支付

3. 广义的数字货币不包含以下哪一个？（　　）。

A. 支票　　B. USDT　　C. 比特币　　D. 数字人民币

二、多选题

1. 以下属于数字支付特征的是（　　）。

A. 支付介质为电子性质的货币

B. 数字支付涉及资金流，但不涉及信息流

C. 可能会用到生物特征技术

D. 用到新型数字技术

2. 数字支付大致可分为哪几个发展阶段？（　　）。

A. 电子支付阶段　　B. 数字支付阶段

C. 票据支付阶段　　D. 第三方支付阶段

3. 以下属于数字货币属性特征的是（　　）。

A. 无形性　　B. 可交易性　　C. 可分割性　　D. 可储存性

三、简答题

1. 数字支付有哪些特征？

2. 数字货币按照货币发行主体可分为哪几类？

3. 法定数字货币与私人数字货币相比具有哪些优点？

4. 数字支付和数字货币对数字贸易有什么影响？

第10章 数字贸易风险及其管理

案例导入

2023 年 3 月 23 日，短视频巨头 TikTok 首席执行官周受资出席美国国会众议院能源和商务委员会主题为“TikTok：国会如何保护美国数据隐私，保护儿童免受网络伤害”的听证会，回应来自美方议员“国家安全和数字隐私”等方面的问题。

TikTok 是字节跳动旗下的短视频社交平台，于 2017 年 5 月在海外上线，目前在美国拥有 1.5 亿月活跃用户，在全球拥有 10 亿月活跃用户。TikTok 本身承载着巨大的数据价值，同时也是外贸企业重要的获客渠道，承载着全球数字贸易的重要一环。随着 TikTok 的发展和中美博弈的加剧，美国针对 TikTok 数据安全、隐私等方面的质疑从未停歇。2020 年 7 月，美国特朗普政府以“全面封禁”为要挟，试图强行将 TikTok 在美业务收购；2023 年 3 月，拜登政府再次对 TikTok 发起质询，TikTok 在美面临着被强制出售或被禁的结局。

面对数据安全、隐私等方面的质疑，TikTok 首席执行官周受资在书面证词中表示，已经成立 TikTok 美国数据安全公司，该公司拥有近 1 500 名全职员工，用于保护平台用户的数据安全，目前已在数据安全上投入超过 15 亿美元资金。同时，TikTok 还与甲骨文签订了存储 TikTok 美国用户数据的合同。同时，周受资做出四大承诺，其中包括：第一，将把安全，尤其是青少年安全，作为 TikTok 首要任务。第二，将通过防火墙保护美国用户数据不受未经授权的外国访问。第三，TikTok 将是一个自由表达的平台。第四，将保持透明，并允许第三方独立监督机构继续对平台承诺负责。

数字贸易企业由于自身的特殊性，在进行跨国贸易时面临诸多风险。如何区分风险并加以防范成为企业面临的重要议题。

学习目标

掌握数字贸易风险的定义；了解数字贸易风险的类型；了解数字贸易法律风险的分类及特征；了解数字贸易交易风险的分类及特征；掌握数字贸易数据跨境流动风险的定义及防范方法；掌握数字贸易知识产权风险的定义；了解数字贸易知识产权风险的类型及防范方法；掌握数字贸易物流风险的定义；了解数字贸易物流风险的类型及防范方法；掌握数字贸易汇率风险的定义；了解数字贸易汇率风险的类型；理解数字贸易风险评估的方法；掌握数字贸易风险管理系统的定义；了解建立数字贸易风险管理系统的要求。

形势分析

2022 年 12 月 19 日，中共中央、国务院发布《关于构建数据基础制度更好发挥数据要素作用的意见》。意见中明确指出要构建数据安全合规有序跨境流通机制。具体内容包括：开展数据交互、业务互通、监管互认、服务共享等方面国际交流合作，推进跨境数字贸易基础设施建设，以《全球数据安全倡议》为基础，积极参与数据流动、数据安全、认证评估、数字货币等国际规则和数字技术标准制定。坚持开放发展，推动数据跨境双向有序流动，鼓励国内外企业及组织依法依规开展数据跨境流动业务合作，支持外资依法依规进入开放领域，推动形成公平竞争的国际化市场。针对跨境电商、跨境支付、供应链管理、服务外包等典型应用场景，探索安全规范的数据跨境流动方式。统筹数据开发利用和数据安全保护，探索建立跨境数据分类分级管理机制。对影响或者可能影响国家安全的数据处理、数据跨境传输、外资并购等活动依法依规进行国家安全审查。按照对等原则，对维护国家安全和利益、履行国际义务相关的属于管制物项的数据依法依规实施出口管制，保障数据用于合法用途，防范数据出境安全风险。探索构建多渠道、便利化的数据跨境流动监管机制，健全多部门协调配合的数据跨境流动监管体系。反对数据霸权和数据保护主义，有效应对数据领域“长臂管辖”。

关键概念

数字贸易风险　数据跨境流动风险　知识产权风险　汇率风险　物流风险　数字贸易风险管理系统

10.1 数字贸易风险概述

一、数字贸易风险的定义

数字贸易风险是指在跨境数字贸易过程中由于各因素变化而导致贸易主体成本或收益不一致，从而造成数字贸易企业在经营过程中遭受损失的可能性。相比传统出口贸易，数字贸易企业具有业务环节复杂、交易主体差异大等特点，使其风险更具有多发性、偶然性和复杂性。

二、数字贸易风险的类型

1. 政治风险

政治风险指的是一国发生的政治事件或者一国与其他国家的政治关系发生变化时对数字贸易企业造成不利影响的可能性。数字贸易作为对外贸易转型升级的一种新形式，各国的对外贸易政策直接影响着数字贸易的交易规模和数量。数字贸易政治风险通常包括政策变动风险、政治动荡风险、贸易壁垒风险以及主权违约风险等。

（1）政策变动风险。

政策变动风险是常见的数字贸易政治风险之一。在市场经济条件下，受价值规律的影响，数字贸易企业不可避免地在竞争机制下争夺市场资源、争取市场规模的最大化，而这种行为具有触犯国家有关政策的风险；同时，数字贸易作为对外贸易的组成部分，也具有打破渠道垄断、降低交易成本、促进产业结构升级、打造品牌国际知名度、提升国家对外开放水平等优点。国家依据宏观经济条件以及数字贸易市场情况，通过调整其对外贸易相关政策来限制、约束或鼓励、刺激数字贸易企业的经营活动。

对于国内而言，政策变动通常包括出口退税或补贴政策的调整、海关监管政策的变化、外汇政策的变化等；对于国外而言，在一般性政策变动风险的基础上，还包括政权更迭、政治动荡、贸易壁垒影响下的政策变化等。

案例探讨

英国脱欧对数字贸易的影响

2020年1月31日，英国宣布正式退出欧盟。对于数字贸易企业而言，英国脱欧带来的政治风险将从仓储配送、商品合格认证、品牌注册、增值税法规等方面产生影响。

在仓储配送方面，自2021年1月1日起，英国正式退出欧盟单一市场及海关联盟，英国和欧盟间设立海关边境，因此数字贸易平台如亚马逊正式停止英国与欧盟间的边境运输配送，两者将分别使用不同的仓储限制规则；在商品合格认证方面，制造商对英国销售的商品需更改商品合格认证标志（使用UKCA标志取代此前的CE标志）；在品牌注册方面，脱欧后英国与欧盟不再有统一品牌认证，数字贸易卖家在注册品牌时需注册英国与欧盟两个品牌，已有欧盟品牌的卖家将自动分裂出一个英国品牌供其在英国销售使用；在增值税法规方面，英国自2021年1月1日起实施一套新的增值税法规，需要数字贸易卖家提前做好应对。

（2）政治动荡风险。

政治动荡风险包含战争、内乱、冲突、恐怖活动等暴力行为带来的风险，通常会直接导致数字贸易正常经营活动的中断或停止，且由于暴力行为的突发性和规模性，其造成的影响往往对数字贸易企业的实体资产具有更大的危险性和破坏性。但是，由于受局势动荡影响下的地区往往有着较低的准入门槛和较弱的市场竞争，数字贸易在其中的经营活动可以获得相对更高的回报，因此也有相当数量的数字贸易企业选择在存在政治动荡风险的区域开展经营活动。

政治动荡风险同样包含国家因政局不稳、政权更迭等原因带来的风险。政权频繁更迭不仅会造成数字贸易政策的方向改变，还会因其政治制度缺陷带来主权债务危机、金融危机等多重风险，对数字贸易企业造成的间接伤害显而易见。

数字贸易企业应当正视政治动荡风险的存在，切不可抱有侥幸心理，对自身、市场、国家造成不可避免的损失。

（3）贸易壁垒风险。

数字贸易面对的贸易壁垒风险指的是一国对外国数字贸易企业商品进口所设置的人为限制，即一国通过实行各种限制措施干扰市场竞争机制和正常商品流通。贸易壁垒通常包含关税壁垒和非关税壁垒。关税壁垒指的是国家对数字贸易企业征收高额进口税、各种进口附加税或起到同等效果的其他捐税，目的是限制和阻止外国数字贸易商品进口。非关税壁垒指的是国家针对数字贸易商品流通实施数量限制、对数字贸易企业实行各种歧视和特殊对待措施、对本国企业给予补贴、利用许可证人为划分市场范围等行为，包括针对数字产品的数据流动壁垒、针对个人数据流动的政策壁垒、旨在限制外商直接投资的贸易壁垒、由公开源代码和加密方面要求带来的贸易壁垒等。

扩展阅读

数字贸易壁垒影响中国出口扩展边际

（4）主权违约风险。

主权违约风险指的是数字贸易企业在他国经营过程中，由东道国政策法规变动、贸易保护主义抬头造成的对贸易协议条款的违反，具体体现为：政策法规变动、协议项目适用范围变动、撤销许可证、没收或征用数字贸易企业资产等。主权国家违约的主要原因包括债务危机、货币危机、财政危机、经济危机、政治危机以及政府还债意愿不足等几个方面，其深层原因是出于东道国优势，认为违约成本不高，于是选择牺牲本国对外贸易信誉而违背协议。

2. 法律风险

法律风险指的是数字贸易企业在经营过程中，由于本国或外国法律环境变动、区域性法律环境或国际法律环境变动对企业造成损失的可能性。法律风险在狭义上强调商业银行所签署的各类合同、承诺等法律文件的有效性和可执行能力，在广义上强调与法律风险类似或密切相关的风险，包括外部合规风险和监管风险。数字贸易企业在一般企业法律风险的基础上，更要关注东道国对外法律风险，如以下法律的变动风险：外国投资法、外国公司经营法、营销和销售法、外汇法、环境法、互联网和电子商务法、合同法、数据监管法等。

（1）政府监管风险。

政府监管风险是数字贸易企业法律风险的一种。通常外国政府监管部门在国际贸易一般进出口业务中的监管对象是当地经销商和零售商，然而数字贸易业务的出现打破了传统监管模式的流程。由于数字贸易企业在境外直接作为经销商和零售商，外国政府对数字贸易企业的监管不再通过境内企业加以传导，其监管结果直接影响到企业的日常经营和现金流，法律后果随处理周期加快而更为严重。

（2）数据跨境流动风险。

数据跨境流动风险指的是数据在跨越国境进行移动和流转的过程中，在数据生产、采集、传输、存储、处理和共享等各环节面临的一系列风险。数据跨境流动风险渗透在数字贸易的各个环节，安全威胁成因复杂交织。如在传输环节，跨境流动的数据面临传输过程被中断，数据被截获、篡改、伪造等风险；又如在存储环节，跨境数据的承载介质多样、存储属地分散、访问人员庞杂，容易导致数据跨域存储防护薄弱部位出现数据泄露等问题。这其中，既有传统安全风险在新行业新领域的蔓延，也有新技术新业态引发的新风险；同时，数据安全技术漏洞、管理缺位和政策法规不完善等问题也不容忽视。

案例探讨

欧盟《通用数据保护条例》对本地数字产业的限制

2018 年 5 月 25 日，欧盟发布的《通用数据保护条例》正式实施，其严格的监管和广泛的影响都标志着全球近 20 年在数据隐私保护领域最重大的变化。《通用数据保护条例》是欧盟为解决互联网时代用户数据的收集、使用问题而制定的。2016 年《通用数据保护条例》获批通过后，为给科技公司一定缓冲时间，将生效时间定于两年后。它是保护欧盟个人数据的法律，将取代 1995 年发布的《个人数据保护指令》，适应云计算、互联网、大数据等新技术的发展。《通用数据保护条例》是目前全球在保护个人数据方面，规定最为严格、处罚最为严厉的法规之一，提出的最高 2 000 万欧元的罚款或公司全球收入 4%的罚款让全球数字贸易企业被迫退出欧洲市场，也限制了本土互联网产业的发展。

强力监管并没有如欧盟所设想的那样有利于建设统一的欧洲数字市场，反而成为各国针对数字贸易企业的征税工具。截至 2020 年，法国、英国、奥地利、西班牙、意大利、匈牙利、土耳其、波兰等八国通过了数字税的立法，税率为 1.5%到 7.5%不等，征收范围也各有不同，极大地限制了本地数字产业的发展，也因为严重损害美国科技巨头的利益而受到美国政府的反对。最终，欧盟于 2021 年 7 月宣布搁置原定于月底出台的数字税提案。

扩展阅读

欧洲是如何掐死自己战略级产业的？

(3) 知识产权风险。

知识产权风险指的是数字贸易企业在生产经营过程中，由有关知识产权事项的不确定性或者管理不当造成的负面影响，以及潜在的因侵犯知识产权而造成的损失。知识产权风险包括专利风险、商标风险、著作权风险及商业秘密风险等，既包含侵犯他人专利、商标、著作权的风险，也包含被侵害专利、商标、著作权的风险，以及商业秘密流失、被非法占有的风险。应当注意的是，知识产权的保护具有地域性，数字贸易企业极有可能遭遇其国内销售的、具有合法知识产权的产品在国外不能合法销售的情况，因此企业应当将知识产权风险防范作为知识产权管理的重要内容，建立健全知识产权风险防控体系，有效规避各类知识产权风险，以保障企业可持续发展。

数字贸易企业主要通过第三方平台进行销售，平台对于知识产权纠纷有着很大程度的主导权。各主要平台数字贸易知识产权规则如下：

全球速卖通： 若用户发布、销售涉嫌侵犯第三方知识产权的商品，则有可能被知识产权所有人或者买家投诉，平台也会随机对商品（包含下架商品）信息进行抽查。若涉嫌侵权，则信息会被退回或删除，并根据侵权类型执行处罚。商标、著作权、专利权一般违规处理办法为：首次违规扣 0 分，其后每次重复违规扣 6 分，累计达 48 分者关闭账号。严重违规处理办法为：三次违规者关闭账号。此外，当用户侵权情节特别显著或极端时，全球速卖通有权直接关闭用户账号、冻结用户关联国际支付宝账户资金及全球速卖通账户资金。

阿里巴巴国际站： 用户不得利用网站服务从事侵犯他人知识产权的行为，包括一般侵权行为和严重侵权行为，处罚如下：官方抽检发现侵权扣 2 分，店铺不当使用他人权利大于等于 2 次扣 6 分。严重侵权行为 1 次限权 7 天、2 次限权 14 天、3 次关闭账号。扣分达 60 分或售假 3 次，关闭账号，视情况给予账号限权、限制发布商品、屏蔽商品或店铺、关闭账号等。

亚马逊： 用户如果发现侵权行为，可以通过亚马逊平台进行投诉。如果对收到的投诉有异议，被投诉者可以回复收到的投诉通知，提出申诉。若卖家销售或供应假货，亚马逊将会立即暂停或终止其亚马逊销售账户（以及任何相关账户），并销毁其在亚马逊运营中心存储的所有假货库存。

eBay： 发现侵权行为后，权利人可通过 VeRO 举报，随后平台给商家发送邮件，说明侵权原因以及如何与侵权人取得联系。若举报成功，eBay 下架侵权产品、没收侵权者 eBay 费用、取消“超级卖家”资格、限制或冻结卖家账户；侵权行为严重的，参加知识产权考试评分达标才被允许正常发布商品。

案例探讨

数字贸易涉“小猪佩奇”著作权侵权

2017 年上半年，“小猪佩奇”著作权所有公司开始在全球范围内主动打击涉及“小猪佩奇”的假冒商品及未经授权的活动，并通过港口扣押和市场突击在全球查获了25万件假冒产品，在阿里巴巴、Mercado Libre和亚马逊等40多个主要电子商务平台上下架了超过5万件侵权商品。

2018年8月20日，杭州互联网法院对一起“小猪佩奇”著作权纠纷案进行网上公开宣判，案件原告为艾斯利贝克戴维斯有限公司、娱乐壹英国有限公司，即美国《小猪佩奇》(Peppa Pig) 著作权登记及登记证书、中国国家版权局《佩奇、乔治、猪爸爸、猪妈妈》(Peppa Pig，George Pig，Daddy Pig，Mommy Pig) 著作权登记及登记证书所有者，被告为汕头市聚凡电子商务有限公司（以下简称聚凡公司）、汕头市嘉乐玩具实业有限公司（以下简称嘉乐公司），聚凡公司在其淘宝店铺中大量销售印有涉案作品“小猪佩奇”人物形象的玩具，而嘉乐公司则是该玩具的制造商。原告认为，聚凡公司未经许可销售涉案被控侵权产品并展示图片，嘉乐公司未经许可生产、销售涉案被控侵权产品，已严重侵害其享有的美术作品著作权。

杭州互联网法院认为，生产商嘉乐公司侵害了涉案美术作品的复制权、发行权，销售商聚凡公司侵犯了作品发行权、信息网络传播权，二者均应承担停止侵权、赔偿损失的民事责任。因此判决聚凡公司、嘉乐公司立即停止销售、生产侵犯原告著作权的“小猪佩奇厨房小天地”玩具，聚凡公司赔偿经济损失3万元，嘉乐公司赔偿12万元，共计15万元。

（4）海关事务风险。

海关事务风险指的是数字贸易企业在进出口申报缴纳关税时所面临的各类法律风险。海关是数字贸易企业最主要的监管机构，根据中华人民共和国法律法规的规定，准许进出口的货物、进境物品，除法律、行政法规另有规定外，由海关依法征收进出口关税。

海关事务风险包含欠缴海关税风险、税率政策调整风险、商品归类风险、价格申报风险、原产地申报风险、未如实申报缴纳关税风险、海关稽查税款的补征与追征风险、海关退税风险、走私偷逃应缴税款风险等。其中特别应当注意的是欠缴海关税风险。《中华人民共和国海关法》第六十条明确规定：“进出口货物的纳税义务人，应当自海关填发税款缴款书之日起十五日内缴纳税款；逾期缴纳的，由海关征收滞纳金。纳税义务人、担保人超过三个月仍未缴纳的，经直属海关关长或者其授权的隶属海关关长批准，海关可以采取下列强制措施：（一）书面通知其开户银行或者其他金融机构从其存款中扣缴税款；（二）将应税货物依法变卖，以变卖所得抵缴税款；（三）扣留并依法变卖其价值相当于应纳税款的货物或者其他财产，以变卖所得抵缴税款。海关采取强制措施时，对前款所列纳税义务人、担保人未缴纳的滞纳金同时强制执行。进出境物品的纳税义务人，应当在物品放行前缴纳税款。”而关税滞纳金则是在纳税义务人不按法定期限缴纳关税情况下由海关采取的课以金钱给付义务的措施。《中华人民共和国进出口关税条例》第三十七条规定：“纳税义务人应当自海关填发税款缴款书之日起 15 日内向指定银行缴纳税款。纳税义务人未按期缴纳税款的，从滞纳税款之日起，按日加收滞纳税款万分之五的滞纳金。”

（5）刑事风险。

数字贸易企业所面临的刑事风险主要为与走私相关的法律风险，其本质上是由海关事务风险所衍生的。与境内贸易类似，数字贸易同样也存在刷单的情况，但是该刷单行为，因违反海关法规和逃避海关监管而被判定为涉嫌走私普通货物、物品罪而定罪量刑，其风险远高于境内电商刷单的补税责任。因此数字贸易企业应严格防范构成走私或者走私犯罪的法律风险。在自营模式下，企业应做好供应链管理，同时保证所控制的物流企业的关务合规。在第三方商家入驻的模式下，数字贸易平台应对入驻商家的资质进行合理审查，保证交易的真实性和可追溯性，必要时对失信商家实行惩戒措施，发现入驻商家的走私行为及时向海关部门披露并配合调查等，避免被认定为走私共犯。

（6）税务风险。

税务风险指数字贸易企业的纳税行为不符合税收法律法规的规定，应纳税而未纳税、少纳税，从而面临补税、罚款、加收滞纳金、刑罚处罚以及声誉损害等风险，或企业经营行为适用税法不准确，没有用足有关优惠政策，多缴纳了税款，承担了不必要的税收负担。数字贸易出口企业主要面临的税务风险涉及增值税、企业所得税和个人所得税。企业应注意避免缺少增值税进项发票导致无法正常出口收汇、通过结汇到个人账户规避企业所得税、个人所得税未合规申报纳税等情况。

①缺少增值税进项发票导致无法正常出口收汇。按照有关规定，出口环节如没有增值税进项发票，不仅不能退税，反而需缴纳 13%的增值税。许多数字贸易企业采购的无票货物无法正常报关出口和收汇，只能采用“0110”买单出口或者“1039”市场采购等方式解决出口通关问题。

②通过结汇到个人账户规避企业所得税。居民企业应当就其来源于中国境内、境外的所得缴纳企业所得税，税率为 25%。目前部分数字贸易企业为了逃避高额税

负，通过第三方支付机构收汇到境内个人账户，规避企业所得税是典型的偷税行为，将会面临很大的税务风险。

③个人所得税未合规申报纳税。居民个人从中国境内和境外取得的收入，都需要缴纳个人所得税。工资薪金等综合所得税率为3%～45%，经营所得税率为5%～35%，其他所得税率为20%。目前很多数字贸易企业直接将收入汇入个人账户，但是个人收入未按照规定申报纳税。

案例探讨

数字贸易出口退税

2020年6月，为适应数字贸易新模式，海关总署发布了《关于开展跨境电子商务企业对企业出口监管试点的公告》，增列“9710”（跨境电商B2B直接出口）和“9810”（跨境电商出口海外仓）两种监管方式代码，企业可通过跨境物流将货物运送至海外仓，再通过跨境电商平台完成交易，可采用跨境电商出口海外仓“9810”模式报关出口、申报退税。

中山市得莱卫浴科技有限公司从2020年下半年开始，主要利用亚马逊等数字贸易平台扩展欧美国家的出口业务，出口浴室镜、镜柜、淋浴房等卫浴产品。2020年下半年，公司首笔跨境电商“9810”模式出口货物顺利通关，出口海外仓退税流程成功走通。

3. 交易风险

交易风险指的是参与国际数字贸易的企业由于跨境线上支付平台、跨境物流系统引发的不确定性而造成损失的可能性。

（1）跨境支付风险。

数字贸易大量使用线上支付工具建立跨境收付款通道，如使用不当，会导致形成店铺关联，进而违反支付平台规则。跨境支付风险指的是数字贸易支付参与方未能遵守相关支付契约（违约）使得收款方未能及时、全额、顺利和无新增成本收回交易款项而导致利益损失的可能性，收款方因自身因素导致的收款风险除外。

支付参与方包括付款方、中介方和清算方。相关支付契约包括数字贸易交易契约中的支付条款，中介服务协议、清算服务协议中的相关条款以及支付参与方所在国的法律、行业规范和惯例。利益损失包括收款方经济利益损失和精神利益损失。其中，经济利益损失包括直接的应收款项、新增成本损失和间接的经营机会成本、商务延时责任成本等。

(2) 跨境物流风险。

跨境物流风险指的是数字贸易企业在进行商品物流转运、交接、存储过程中，潜在的实物资产蒙受损失的可能性。目前，数字贸易物流包括传统跨国物流、邮政小包、专线速递、海外仓及多式联运五种模式。影响物流网络协同效应的主要因素包括物流成本、物流效率、物流损耗和物流信息等方面。跨境物流运输时间长、距离远，增加了通关、商检、退税结汇、海外仓储等环节，同时各国国情有所差异，物流设施有明显区别，这些因素都在极大程度上提高了跨境物流风险产生的可能性，也对跨境物流服务质量及效率方面提出了更高要求。

案例探讨

跨境物流公司瞒报商业件申请通关

2022 年 5 月，某知名物流公司发布《关于日线经营部 2021 年异常损失处理结果通报》。通报显示，该公司 2021 年 10 月 11 日柜子被日本海关查验，2021 年 10 月 21 日再遭查验，出现货不对板、货证不一现象，相关负责人出于侥幸心理并未向上反馈，直至 11 月 8 日才暂停收货，但此时已有 91 个柜子被查，且报关代理商无法提供抬头，造成柜子超期产生大量堆积费，随后历经 166 天才处理完全部柜子。

该事件不仅对物流公司造成 1 100 万元的直接经济损失，而且有 640 家跨境电商客户货物涉及其中，造成的经济损失和账号风险无法弥补。

日线与美线选择物流方式不同。自 2020 年 4 月 1 日起日本实行逆算税金，即以逆向计算方式征收关税。此前通过数字贸易渠道销售到日本的商品在清关时采用税关事务管理人的方式进口，进口后所产生的销售额因为没有注册法人和申报主体，所以并没有在日本本土缴纳任何税金，而是作为利润转回至国内，但日本本土贸易商则需要缴纳综合税率达 25%～35%的法人税及消费税等税种。所以，为了保护本土经营主体、避免不公平竞争，日本政府实施逆算，从进口环节全额收取消费税。逆算之后货物的申报价格为售价的 40%～80%，税费大大高于在原本申报方式下缴纳的税额，这就造成了日线物流公司收费不一的现象，未合理合规缴税的物流公司在日本严苛的税法下面临巨额罚款及刑罚。

4. 市场风险

市场风险指的是数字贸易企业在市场交易过程中遇到因价格波动或汇率变化而造成损失的可能性。

（1）价格波动风险。

在数字贸易进出口中，交易双方按照确定的价格水平和交割时间签订买卖合同之后，货物价格的变化会给参与数字贸易的某一方造成一定的经济损失，由此造成的风险被称为价格波动风险。在市场机制的作用下，数字贸易企业之间、数字贸易企业与境外企业之间的市场竞争易造成价格波动，影响产品价格，甚至使企业陷入得不偿失的价格战，从而蒙受损失。

（2）汇率风险。

汇率风险是在一定时期的国际数字贸易经济交易中，以外币计价的资产或负债由于汇率波动而引起的价值涨跌的可能性。影响一国汇率波动的因素包括国际收支及外汇储备、利率、通货膨胀和政治局势等。当本币兑外币汇率降低时，外币对本国商品购买力提高，有利于数字贸易出口，不利于进口；当本币兑外币汇率升高时，外币对本国商品购买力下降，不利于数字贸易进口，不利于出口。

数字贸易企业完成交易过程的各阶段时效是影响汇率风险的重要因素。数字贸易跨境支付流程为：国际数字贸易卖家展示商品及价格，买家下单购买商品，卖家向支付机构请求支付，支付机构向银行请求支付，得到支付结果后再返回给卖家，卖家将商品支付结果返回给买家。数字贸易跨境结算流程为：数字贸易企业向支付机构请求结算，随后支付机构向外汇合作银行购汇，外汇合作银行向支付机构返回购汇结果，支付机构再向数字贸易卖家付汇。在上述支付、结算流程中，每一次返回结果所需的时间不等，如买家下单、卖家发货到买家收货的物流时间通常需要3～15天；买家收到产品后确认收货时间因其操作习惯而异，平台自动确认收货时间通常为5～7天。在此期间一旦汇率发生大幅变动，数字贸易企业就有蒙受损失的可能。

近几年东南亚市场发展较快，中国对东盟的进出口延续了增长态势。东南亚新兴市场货币价值波动较为明显，如印尼盾、泰铢等货币的汇率年波动率经常达到20%～30%。汇率波动对数字贸易经营成果的影响越来越大，因此，能否管理好汇率风险对数字贸易来说十分重要。

案例探讨

美元汇率下降造成数字贸易企业损失

2021年，美国持续的通货膨胀导致美元兑人民币汇率下降。2021年10月22日，在岸人民币兑美元汇率开盘拉升近70点，逼近6.39关口，与此同时，离岸人民币兑美元汇率直线走高，升破6.39关口。对于在美国销售商品的中国数字贸易卖家来说，持续走低的汇率不仅降低了销售净利润，令卖家结汇困难、造成直接经济损失，而且更是让其在定价上左右为难：汇率压顶逼迫数字贸易卖家只能通过涨价来维持利润，但涨价又意味着同行业其他卖家可以轻松使用降价打法占据市场，损失其艰苦争取来的海外市场份额。

类似地，2022—2023年，美国核心CPI同比增速创三十年新高。在美元兑人民币汇率下降带来损失的基础上，数字贸易又面临新问题：虽然面临通货膨胀，但美国居民消费需求依然强劲，但更多人追求高性价比的单次消费，数字贸易平台退货潮涌现。面对商品退货，数字贸易企业还需考虑以下成本：退货产品的仓储成本，即卖家需要承担退货产品在仓库中的长期仓储费；商品损坏成本，即卖家收到的退回产品大部分本身存在问题；二次转售成本，即数字贸易卖家将仍可使用的商品转售到二手市场所需要的运输、运营、人力成本。

5. 运营风险

扩展阅读

RCEP框架下跨境电商面临的合规风险与挑战

运营风险指的是企业在运营过程中，由于内外部环境的复杂性和变动性以及主体对环境的认知能力和适应能力的有限性，而导致的运营失败或使运营活动达不到预期目标的可能性及损失。

（1）刷单风险。

刷单风险指的是不法分子帮助某些数字贸易卖家通过刷空单的方式，完成多笔虚假交易，从而使商家信誉迅速提升，因而造成数字贸易卖家受到法律制裁的潜在可能性。在刷单产业链中，商家和刷手都要在刷单平台上注册信息，待商家在平台注册充值后，即可发布任务，会有刷手前来领取，佣金取决于商品价格和数量。除刷单之外，快递公司会将刷单所需要的空包装入橡皮筋或纸张，向网站提供从快递公司获取的邮寄空包和快递的真实单号，帮助企业维持高销售额、高好评率。

近年来，国家不断提出和要求建立电子商务信用保障体系，为电子商务健康快速发展保驾护航。2015年，《国务院关于大力发展电子商务加快培育经济新动力的意见》提出："发展电子商务可信交易保障公共服务，完善电子商务信用服务保障制度，推动信用调查、信用评估、信用担保等第三方信用服务和产品在电子商务中的推广应用。"2017 年，国家发改委、中央网信办和商务部联合颁布的《关于印发促进电子商务发展部际综合协调工作组工作制度及三年行动实施方案（2016—2018 年）的通知》也要求"推进电子商务信用体系、追溯体系及统计监测体系建设"。对于日益猖獗的刷单行为，此次会议明确将完善包容审慎监管，严厉打击假冒伪劣，依法保护商家和消费者权益，引导相关电商平台加强知识产权维权服务。

案例探讨

亚马逊大规模封禁中国卖家账号

2021 年 4—9 月，亚马逊开启大规模平台集中治理，关停大批中国数字贸易企业账号、下架产品。此次封号事件涉及约 1 000 家企业、5 万多个账号，预估损失超过千亿元，其中数字贸易企业收款账户被冻结金额从数千万美元至数亿美元不等。其中有约 600 个中国品牌的销售权限被关闭，涉及这些品牌的约 3 000 个卖家账号，包括消费电子、日用、家居和运动等商品品类。亚马逊提供的封号理由主要是商家的违规操作，包括操纵评论、刷单和违规账号关联等。2021 年 9 月 17 日，亚马逊回复说此次封号事件"非针对中国，申诉成功机会不大"。

2020 年由于中国率先控制住疫情，跨境数字贸易逆市爆发。然而亚马逊的大规模封号处罚远远超出以往的力度：一是对品牌彻底封禁；二是申诉极为困难；三是扣押账户资金和库存商品，不予退回或直接没收。中国亚马逊卖家大多采用 FBA（亚马逊物流）模式，即卖家需要将货物先发送到亚马逊仓库，销售资金在一段时间内存留在亚马逊账户，因此数字贸易卖家普遍现金流压力较大，业务开展受到压制。

案例探讨

浙江查处首例跨境数字贸易刷单案

2017 年 11 月 27 日，美国新闻报道称：一位美国女士希文·麦基汉（Heaven McGeeha）接连不断地收到从中国寄来的不值钱的小包裹，包裹内都是很廉价的扎头绳，但该包裹并非她所购买的商品。由于该女士曾在中国全球速卖通平台购买过商品，因此怀疑是商家泄露了她的个人信息。

获取该线索以后，金华市市场监督管理局高度重视，立即成立专案组以一体化监管理念立案查处。经查，当事人义乌市 QS 公司是一家经营跨境网络交易的公司，该公司在全球速卖通、Wish 等数字贸易平台上共开设了 499 家网店，并使用 ERP 系统管理上述网店。2017 年 1 月，当事人为提升 Wish 平台上网店的信誉和销量排行，将其他交易平台上的真实客户信息导出，雇用专人利用导出的真实客户信息在 Wish 网站上虚假注册、虚假下单，使用跨境物流发送包裹的方式虚构交易。从 2017 年 1 月至案发时止，当事人采用上述方式，共虚假注册了 3 999 个 Wish 平台买家账号，虚构交易共计 27 092 单，仅 2017 年 8 月一个月就采用上述方式虚构交易 3 121 单，客户名为麦基汉的美国消费者一个月就收到空包裹 29 个。当事人通过虚假注册、虚构交易的方式提升自己网店的商业信誉。其上述行为构成了《中华人民共和国反不正当竞争法》第八条的规定情形，属于虚构交易行为。对此，金华市市场监督管理局相关负责人表示，数字贸易刷单案件不是个例，需要多方协作进行整治。此外，刷单案件需要持续打击。无论境内数字贸易平台刷单还是跨境数字贸易刷单，此行为均一方面侵犯了消费者的知情权，另一方面，频繁多次寄出低价无用的包裹，影响了消费者的正常生活。

（2）促销税务处置风险。

促销税务处置风险指的是数字贸易进口企业促销时提供很多优惠券，开展打折、满减等优惠促销活动，其价格优惠部分不计入完税价格而计征进口关税和进口环节税造成的潜在风险。《关于明确跨境电商进口商品完税价格有关问题的通知》（税管函〔2016〕73 号）规定：对直接打折、满减等优惠促销价格的认定应遵守公平、公开原则，即优惠促销应适用于所有消费者，而非仅针对特定对象或特定人群，海关以订单价格为基础确定完税价格。在订单支付中使用电商代金券、优惠券、积分等虚拟货币形式支付的“优惠减免金额”，不应在完税价格中扣除，应以订单价格为基础确定完税价格。

此外，在采用“包税”（如采用 DDP 完税后交货术语）成交方式下，无论采用直接约定包税价格，还是发放包税券的形式，所报税款都不应从完税价格中扣除；如果数字贸易进口企业为降低所包税款而低报价格，则构成违规或走私。但需注意的是，在会计处理方面，数字贸易进口企业应参照商业折扣的方式进行处理，即以实际收取的款项确认销售收入。因此，数字贸易进口企业应如实、详细区分优惠促销的具体形式，准确申报完税价格和代征代缴税费；如果数字贸易进口企业自查发现批量订单有少缴税款情形，应尽快向所在地海关主动披露并后续补税，否则少缴税款累计达到一定数额或次数时，将受到海关行政处罚，甚至构成走私。

（3）营销风险。

营销风险指的是数字贸易企业通过分销模式、返利模式等，使消费者以提供销售渠道、推荐客户等方式获得购物优惠或返利。现实中，数字贸易企业经常采用佣金推广模式，即平台注册用户可将平台上销售的商品推荐给不特定的终端消费者，平台向终端消费者配送所售产品并提供售后服务，而用户可获取一定的推广佣金。由于此种推广模式以实际商品交易为支撑背景，消费者获取此种佣金并不违法。

但需注意的是，如果数字贸易经营者利用佣金推广模式开展没有真实商品交易背景的虚假销售，从而导致在经营者与消费者之间只存在资金流通关系而不存在商品交易，则很可能会被认定为《禁止传销条例》所界定的传销行为：组织者或经营者通过发展人员，要求被发展人员交纳费用或以认购商品等方式变相交纳费用，取得加入或发展其他人员加入的资格，牟取非法利益。因此，建议数字贸易经营者注意审核交易的真实性，以防止其营销模式被认定为传销活动或成为资金非法出入境的渠道。

10.2 数字贸易数据跨境流动风险

一、数据跨境流动风险的定义

1. 数据跨境流动风险与本地化

数据跨境流动风险指的是数据在跨越国境进行移动和流转的过程中，在数据生产、采集、传输、存储、处理和共享等各环节面临的一系列风险。数据跨境流动风险渗透在数字贸易的各个环节，安全威胁成因复杂交织。如在传输环节，跨境流动的数据面临传输过程被中断，数据被截获、篡改、伪造等风险；又如在存储环节，跨境数据的承载介质多样、存储属地分散、访问人员庞杂，可能导致数据跨境存储防护薄弱部位出现数据泄露等问题。

数据本地化通常是指国家出于各种目的而采取的旨在对数据施加控制的措施，这些措施使数据的流动逐渐退缩至本国内部。自本地化概念被提出以来，其内涵的演变主要包括了三个阶段，即服务本地化、设施本地化和数据本地化。比如，在不少国家提出本地化储存后，有些国家要求数字贸易企业对数据进行本地处理，通过这样的手段防止数据的跨境传输，或要求数字贸易企业必须征得数据主体事先同意后才能进行传输，或要求数字贸易企业在跨境传输前必须在本地进行数据复制。这其中最严厉的无疑是禁止数据跨境流动政策，目前主要是应用在一些特定的行业。发展到今天，数字产品贸易本地化壁垒已经逐步形成了有条件的数据跨境流动制度，即针对不同的数字信息采取不同严格程度的限制措施，一般是对重要的数据禁止跨境流动，相关行业的技术数据以及公共部门的数据有条件限制流动，普通个人数据则在满足安全要求的基础上允许流动。

2. 主要国家的数据跨境流动法规

2020年11月3日，美国加州选民投票通过了第24号提案，也就是《2020年加州隐私权法》（CPRA），该提案修正并扩展了加州里程碑式的《2018年加州消费者隐私法》（CCPA）。特别是，CPRA为加州居民确立了新的数据隐私权，对企业和服务提供商施加了新的义务和责任，并创建了一个独立的数据监管机构，授权其实施该法并起诉违规行为。CPRA于2023年1月1日生效，除一些例外情况外，适用于2022年1月1日之后由机构收集的加州居民个人信息。CPRA设立了一个新的监管机构，即加利福尼亚隐私保护局，该机构被赋予充分的行政权力、特权和管辖权来实施CPRA。该机构将调查并举行听证会，以确定企业、服务提供商或承包商是否符合CPRA的要求，对违规行为处以罚款，并要求其承担相应的法律责任。

《通用数据保护条例》是欧盟为解决互联网时代用户数据的收集、使用问题而制定的。保护范围包括：基本的身份信息，如姓名、地址和身份证号码等；网络数据，如位置、IP地址、cookie数据和RFID标签等；医疗保健和遗传数据；生物识别数据，如指纹等；种族或民族数据；政治观点；性取向。管辖原则包括属地原则和属人原则。属地原则是指营业场所设于欧盟的企业或分支机构需遵守该条例。属人原则是指设于欧盟以外的企业，在下述情况下需遵守该条例：为了向欧盟境内可识别的自然人提供商品和服务而收集、处理他们的信息，无论是否付费；为了监控欧盟境内可识别的自然人的活动而收集、处理他们的信息。

扩展阅读

中共中央 国务院关于构建数据基础制度更好发挥数据要素作用的意见（国务院公报2023年第1号）

中国积极完善数据安全保护及数据跨境流动法律法规体系，立法覆盖面逐渐扩展，初步形成较为完整的数据安全保护、个人信息保护和跨境数据依法有序流通的法律体系。《中华人民共和国网络安全法》《中华人民共和国数据安全法》等就数据出境做出了相关规定，构建起安全条件下促进数据自由有序高效流动的基本管理制度。2022 年 7 月发布的《数据出境安全评估办法》，就中国个人信息和重要数据出境安全审查评估等提出全面系统的要求、提供具体的法律解决方案，是中国破题数据跨境流动管理规则的重要实践。

二、 数据跨境流动风险的防范

1. 了解国内外相关法规

数字贸易企业应首先了解《中华人民共和国数据安全法》《中华人民共和国网络安全法》《中华人民共和国个人信息保护法》《中华人民共和国电子商务法》，以及欧盟的《通用数据保护条例》、美国加州的《2020 年加州隐私权法》等数据跨境流动相关法律法规；其次应梳理自身的数据情况表，包括收集的个人信息类型，如何使用个人信息等情况；最后应完善《用户协议》及《隐私政策》等文本，保证文本的完整性及可获取性，并在文本中充分告知消费者收集个人信息的事项，采取勾选同意的方式获得用户明示同意。

2. 建立专职部门并做好数据合规管理

数字贸易企业应明确自身在数字经济产业链中的地位与角色，建立健全制度、梳理完善流程、成立专职部门，防范与控制法律风险。数字贸易企业在选定数据处理服务商之后要注意签订书面合同，明确数据处理的方式方法，严格要求服务商按照约定处理数据，服务商不可以开展没有明确指示的事项；加强数据合规内控管理，如对处理个人信息的关键员工提供周期性培训，完善网络安全事件应急处置和报告制度等。

3. 问题发生后立即处理

如果发生了数据泄露，数字贸易企业要立刻上报相关部门并通知被泄露的主体，以减少企业后期的责任。

10.3 数字贸易知识产权风险

一、知识产权风险相关概念

1. 知识产权

（1）知识产权的定义。

知识产权，也被称为知识所属权，是指权利人对其智力劳动所创作的成果和经营活动中的标记、信誉所依法享有的专有权利，一般只在有限时间内有效。各种智力创造比如发明、外观设计、文学和艺术作品，以及在商业中使用的标志、名称、图像，都可被认为是某一个人或组织所拥有的知识产权。

知识产权具有无形性。知识产权从本质上说是一种无形财产权，其客体是智力成果或知识产品，是一种无形财产或者一种没有形体的精神财富，是创造性的智力劳动所创造的劳动成果。

知识产权具有专有性，即独占性或垄断性；除权利人同意或法律规定外，权利人以外的任何人均不得享有或使用该项权利。这表明权利人独占或垄断的专有权利受严格保护，不受他人侵犯。

知识产权具有地域性，即只在所确认和保护的地域内有效；也就是说，除签有国际公约或双边互惠协定外，经一国法律所保护的某项权利只在该国范围内发生法律效力。

知识产权具有时间性，即只在规定期限内受到保护。

（2）知识产权的类型。

知识产权主要分为专利权、商标权和著作权。

专利权，是指国家根据发明人或设计人的申请，以向社会公开发明创造的内容，以及发明创造对社会具有符合法律规定的利益为前提，根据法定程序在一定期限内授予发明人或设计人的一种排他性权利。

商标权，是指民事主体享有的在特定的商品或服务上以区分来源为目的的排他性地使用特定标志的权利。商标权的取得方式包括通过使用取得商标权和通过注册取得商标权两种方式。通过注册获得商标权又被称为注册商标专用权。在中国，商标注册是取得商标权的基本途径。《中华人民共和国商标法》第三条规定：经商标局核准注册的商标为注册商标，商标注册人享有商标专用权，受法律保护。

著作权，是指自然人、法人或者其他组织对文学、艺术和科学作品享有的财产权利和精神权利的总称。在中国，著作权即指版权。广义的著作权还包括邻接权，《中华人民共和国著作权法》称之为与著作权有关的权利。

(3) 保护知识产权。

保护知识产权，有利于调动人们从事科技研究和文艺创作的积极性。知识产权保护制度致力于保护权利人在科技和文化领域的智力成果。只有对权利人的智力成果及其合法权利给予及时全面的保护，才能调动人们的创造主动性，促进社会资源的优化配置。

保护知识产权，能够为企业带来巨大经济效益，增强经济实力。知识产权的专有性决定了企业只有拥有自主知识产权，才能在市场上立于不败之地。越来越多的企业开始意识到技术、品牌、商业秘密等无形财产的巨大作用，而如何让这些无形资产逐步增值，有赖于对知识产权的合理保护。

保护知识产权，有利于促进对外贸易，引进外商和外资投资。中国已于 2001 年 12 月 1 日加入世界贸易组织，履行《与贸易有关的知识产权协定》，保护国内外自然人、法人或者其他组织的知识产权。如果没有知识产权保护，中国就不能参与世界贸易活动。

《中华人民共和国对外贸易法》第五章对与对外贸易有关的知识产权保护做出规定：

国家依照有关知识产权的法律、行政法规，保护与对外贸易有关的知识产权。进口货物侵犯知识产权，并危害对外贸易秩序的，国务院对外贸易主管部门可以采取在一定期限内禁止侵权人生产、销售的有关货物进口等措施。

知识产权权利人有阻止被许可人对许可合同中的知识产权的有效性提出质疑、进行强制性一揽子许可、在许可合同中规定排他性返授条件等行为之一，并危害对外贸易公平竞争秩序的，国务院对外贸易主管部门可以采取必要的措施消除危害。

其他国家或者地区在知识产权保护方面未给予中华人民共和国的法人、其他组织或者个人国民待遇，或者不能对来源于中华人民共和国的货物、技术或者服务提供充分有效的知识产权保护的，国务院对外贸易主管部门可以依照本法和其他有关法律、行政法规的规定，并根据中华人民共和国缔结或者参加的国际条约、协定，对与该国家或者该地区的贸易采取必要的措施。

2. 知识产权风险

知识产权风险是指企业知识产权未来的不确定性对企业实现经营目标的影响。知识产权风险常涉及的是知识产权侵权风险，可分为专利权侵权、著作权侵权及商标权侵权三种。

专利权侵权是指未经专利权人允许，以生产经营为目的实施依法受维护的有用专利的做法，以及其他法律规定的危害专利权人合法权益的做法。

著作权侵权是指未经著作权人允许，又没有法律上的依据，运用别人作品或行使著作权人专有权的做法，以及其他法律规定的危害著作权人合法权益的做法。

商标权侵权是指没有经商标权人的允许，在商标权核定的同一或相似的产品上运用与核准注册的商标一样或相近的商标的做法，以及其他法律规定的危害商标权人合法权益的做法。

二、 知识产权风险的类型

1. 研发期内的风险

研发期内的风险包括研发立项论证时没有对现有技术进行详细检索，导致了重复开发、自主开发成果无法使用的风险；研发结束后没有对研发成果进行有效保护，导致研发成果被他人抄袭、自身被授权专利被他人使用的风险。

2. 生产周期内的风险

生产周期内的风险主要是采购环节中供应商提供的产品、技术没有进行知识产权评估，可能导致对第三方知识产权的侵权；委托他人制造时未明确规定研发过程中所涉及的知识产权的归属、使用和保密，从而引起知识产权纠纷；对上游或下游单位未明确规定知识产权归属以及保密责任。

3. 销售期内的风险

销售期内的风险是指产品商标、广告语营销方案等在产品销售活动过程中，可能引发对他人知识产权的侵犯。

从上述知识产权风险类型来看，企业没有对知识产权进行有效的管理，没有建立有效的预警和防范机制，是造成知识产权风险的主要原因。

三、 知识产权风险的防范

1. 加强知识产权保护意识

数字贸易企业应加强本企业的知识产权保护，建立专门的知识产权管理机构或聘请提供知识产权律师服务的专业机构，对企业知识产权风险定期进行评估，帮助企业及时发现可能存在的知识产权风险；充分了解产品销售目的国的知识产权相关法律制度和强制执行流程，提高企业员工的知识产权风险意识，在保护本企业知识产权的同时，自觉尊重和保护他人的知识产权。

2. 规避潜在的知识产权纠纷

数字贸易企业应做好产品生产或销售前的知识产权检索工作。当前数字贸易企业大多为销售型企业，应在产品销售前，通过相关国家的商标局、专利局等网站，查询该产品所涉及的商标、专利等知识产权注册、许可使用等情况，防止因商标等知识产权已在他国注册而引发知识产权侵权风险；应确保许可协议和特许协议提供了监督条款，保证知识产权按预想使用，特许合同应要求被特许人向特许人共享任何对特许资产的改良和发展，被特许人、供应商、分销商必须报告所发现的侵权行为，同时监控被特许人、分销商的任何资产侵权行为以及当地生意伙伴可能泄露重大信息和资产的活动，要求员工恪守商业机密，在所有员工合同里加入“竞业禁止”条款；应使用最新技术最小化仿冒行为，并且持续更新技术和产品，保持企业竞争力。

3. 积极应对知识产权纠纷

数字贸易企业在发生知识产权风险事件后应积极主动应对知识产权纠纷。

对于数字贸易企业来说，如果已经收到相关律师函，权利人准备提起侵权诉讼，应当予以高度重视，切不可置之不理。若抱有侥幸心理的话，不仅电子账户易被法院冻结，在境外的其他资产也可能被冻结或者被法院判决强制执行以偿还司法裁决认定的赔偿金。这会极大地影响数字贸易企业的经营活动，对个人信用也会产生影响，由此造成一系列不利后果。因此，面对侵权诉讼，数字贸易企业不应采取逃避的态度，而应当积极应诉，维护自身的合法权益，将损失降至最低程度。面对诉讼，数字贸易企业应当及时向政府部门或者律师事务所等专业机构进行咨询，在专业人士的建议和指导下委托职业律师与对方律师交涉。最重要的就是停止售卖涉嫌侵权的商品，防止侵权的进一步扩大，并根据律师的要求提供相应的文件和材料。

不同平台的知识产权纠纷处理流程不同，数字贸易企业应遵循平台规则，积极应对。以亚马逊为例，若权利人遭遇侵权，可通过亚马逊举报违规行为工具维权。亚马逊的具体处理流程如下：（1）以临时禁令冻结电子商户的店铺和支付平台账户。临时禁令的有效期限很短，一般不超过 14 天，无须经过听证程序以防止被申请人在得知消息后转移财产或者毁灭证据等。(2) 在临时禁令失效之前（通常一周之内），原告提出颁布初步禁令的动议，以确保听证后颁布的初步禁令能够与临时禁令无缝对接。(3) 在颁布初步禁令后发出传票，被告通常须在 21 日内应诉（出庭，或递交答辩状），否则法庭就会做出缺席判决。通常，判决会在法院收到诉状之后的一个半月左右做出，赔偿金为 10 万美元到 200 万美元不等。对于不积极应诉的被告，程序就此完结，其被冻结的支付平台账户中的资金即被划走作为赔偿金。而如果被冻结账户的资金不足以支付赔偿金，被冻结账户一般会被永久限制。而且，原告会持续监控被告的网上行为，一旦发现涉诉店铺的其他收款账户（甚至包括国内银行账户），原告会继续申请法院强制执行。

扩展阅读

跨境电商知识产权风险简析

10.4 数字贸易物流风险

一、数字贸易物流风险的定义

数字贸易物流风险可被定义为：跨境物流项目所处的外部环境和条件本身的不确定性或其他利益相关者内部在主观上不能准确预见或控制的影响因素的存在，使得物流结果与初始期望相背离，从而带来损失的可能性。

二、数字贸易物流风险的类型

1. 与跨境物流到达国相关的风险

与跨境物流到达国相关的风险包括政治风险、法律风险和经济文化风险等。跨境物流可能存在一定的潜在政治风险。涉外物流往往夹杂着国际贸易体制和政治体制的影响，甚至可能发生暴力事件和地区冲突，从而降低物流的效率。在法律风险方面，不同地区的政治环境不同，甚至存在较大差异，导致法律制度不同。在不同的法律制度下，跨境物流可能会出现业务冲突，影响物流业务的顺利进行。此外，物流配送国家和地区与数字贸易企业之间存在较大的文化差异，其市场需求发生的变化、国内宏观经济的影响以及贸易保护主义政策的影响，都可能导致数字贸易企业在库存、仓储、运输等方面出现问题，进而影响数字贸易企业的经营管理。

2. 跨境物流自身存在的风险

跨境物流过程是指在数字贸易平台中，由国外卖方交付给买方，或由国内代购机构将货物交付给买方所涉及的一种物流过程。物流过程有三个环节，即海外物流公司的运输、中间转运公司的运输、国内物流公司的运输。商品的交易过程是在两国之间完成的。受时间、距离等因素影响，跨境物流运输的时间也会相应增加。跨境物流过程中多主体的存在增加了物流的时间、成本和损耗，也会再次增加物流风险。那么，跨境物流自身存在的风险，首先是产生损失赔偿的风险，例如，货物在运输过程中可能会发生损坏、丢失，从而造成卖方的赔偿；其次是跨境物流效率下降的风险；最后是商品流通错误或丢失的风险。

3. 与跨境物流合作方相关的风险

数字贸易企业开展物流业务，本质上是数字贸易企业与物流企业之间开展合作业务。入驻平台的数字贸易企业将物流业务外包给物流企业。双方的合作关系可靠与否会给数字贸易企业带来一定的经营风险。考虑到数字贸易企业物流过程的复杂性和长期性，物流风险几乎是不可避免的。因此，选择合适的第三方物流合作伙伴是在一定程度上规避物流风险的重要方法之一。

4. 与跨境物流海关通关相关的风险

由于数字贸易企业经营的商品均为跨境商品，海关需要对此类商品进行法律规定的查验和申报，所需时间较长，相关工作流程也较为复杂，易导致跨境物流的通关风险。海关对商品的查验效率受物流目的国商品查验的电子化水平、商品本身的特性、报关的及时性和买方信息等因素的影响。即使很多数字贸易企业选择物流预通关的方式，在通关过程中也难免会出现通关时效低的问题，最终导致货物无法及时发货。此外，在通关过程中，可能存在跨境商品商标侵犯知识产权的问题，使得跨境商品无法通过物流到达国内，从而影响通关的时效性。

三、 数字贸易物流风险的防范

1. 加强目标市场评估与调研

为进一步防范外部环境风险，数字贸易企业必须提前做好物流风险预警和防控工作。对此，企业的物流管理人员可以通过借鉴其他企业的物流管理经验，加强对目标市场的外部环境包括政治、法律和自然环境风险的评估，做好防范预案。在遇到阻碍物流推进的事件时，应提前通知买家以最大限度地减少客户的投诉。此外，还应通过相应的数据分析，构建完善的目标市场法律政策体系，同时结合以往经验，提前分析可能会出现的风险，做好风险防范工作。

2. 完善跨境物流信息系统

数字贸易企业在物流业务发展过程中，可能存在物流跟踪信息滞后、不能及时反馈的风险。因此，进一步加强跨境物流信息系统的安全性和稳定性显得尤为重要。数字贸易企业管理者应建设跨境物流信息系统，不断优化基础搭配，提高网络硬件的安全性，明确数字贸易物流的应用范围，开发专门针对跨境物流的配套软件。在软硬件结合的情况下，对物流运输数据进行实时监控，可以避免物流货物的丢失，提高物流数据和信息的安全性。

3. 建设适宜的跨境仓储体系

针对数字贸易企业面临的跨境物流风险，有必要建设适宜的跨境仓储体系。海外仓模式是从本国出口，通过海运、陆运、空运的方式将货物批量发送至国外仓库，实现本地销售、本地配送的跨国物流形式。数字贸易企业应借助相关数据分析判断是否建立海外仓，或是否租用、共享海外仓；若建立海外仓，则应选择合理的海外仓位置，或选择合适的海外仓使用方式，如租赁、共享等。针对物流过程中可能出现的损失，与买方协商通过海外仓库将货物交付给买方，可以大大降低物流风险。

2022 年 4 月 20 日，我国首个跨境数字贸易海外仓标准《跨境电子商务海外仓运营与管理服务规范》实施，由中国服务贸易协会、浙江省电子商务促进中心、广州市商务局、宁波市商务局、宁波跨境电商综试区及海外仓相关企业等共同起草编制，首次规定了跨境数字贸易海外仓企业的运营与服务管理范围、服务管理要求及服务管理规范等内容，对海外仓的关键概念、海外仓关键作业流程及规范等进行了厘定与明确，为企业海外仓建设提供了统一规范。

4. 签订物流合同、积极参与投保

为了防范跨境物流中可能出现的不确定性，数字贸易企业应采取法律手段保证自己的合法利益。在审慎选取具有良好信誉的合作伙伴的同时，数字贸易企业还应该在进行每一笔物流业务时都反复论证其在法律上的可行性，选取有经验的法律人士参与签订合同，确保合同合法性，明确划分双方责任。跨境物流本身存在着诸多不可避免的潜在风险，数字贸易企业应积极通过投保的方式转移风险，摒弃投保无用的错误观念，在考虑自身业务情况和经济实力的基础上选择合适的保险产品，签订保险合同。

10.5 数字贸易汇率风险

一、数字贸易汇率风险的定义

数字贸易汇率风险指的是数字贸易企业经营过程中因汇率变动造成的风险。一笔跨境电子交易一般包括交易、支付结算、物流配送等配套服务环节以及监管部门监管等。在从接收订单到采购、发货再到支付资金的各环节之间存在时间差，因而会不可避免地出现汇率变动，从而给企业带来影响。

二、数字贸易汇率风险的分类

数字贸易汇率风险主要涉及支付结算环节的汇率风险和物流配送环节的汇率风险。

1. 支付结算环节的汇率风险

支付结算环节涉及两种货币的转换和交易日、结算日之间的时间差。中国数字贸易支付结算主要包括人民币结算和外汇结算，主要外币结算货币为美元、英镑、欧元等。对于数字贸易企业来说，其在交易平台上售出商品所得到的收入要经由第三方支付机构向银行请求支付并返回支付结果。企业结算时，也依靠第三方支付机构向外汇合作银行购汇并返回结算货币。这样的支付结算环节必然存在购汇、付汇的时间差。而且由于第三方在收到买方确认通知后才会将资金支付给卖方，因此支付资金会在第三方支付平台上作为沉淀资金停留两三周。这段时间出现的汇率波动变化将显著影响数字贸易企业的经营收入。

2. 物流配送环节的汇率风险

数字贸易物流从卖方发货开始，经国内物流运送至海关，通关后又由国际物流送达目的国。此后，货物还要再通过目的国物流，最终送达买方手中。通常，在消费者确定收货后，数字贸易平台上的货款才能被转移到卖方账户中。因此，物流复杂的中间环节会拉长从买方支付到卖方收到货款的时间，增加汇率风险。现阶段数字贸易物流能做到的最快物流时间为 3～10 天；国际快递 DHL 的基本时效为 3～5 天，UPS、FedEx、TNT 为 4～7 天，邮政 EMS 为 7～15 天，快递清关慢、货物排仓、恶劣天气、人工处理等因素也会延长物流时间。

三、 数字贸易汇率风险的防范

1. 进行套期保值

企业在经营中可以综合运用财务手段和汇率管理工具，积极管理汇率风险，避免和减少汇率波动。套期保值指的是交易人在买进实际货物的同时，在期货交易所卖出相同数量的期货交易合同作为保值手段。数字贸易企业采用包括外汇远期、掉期等在内的套期保值方法，便可根据当前市场价格锁定未来外汇成本，减少价格发生不利变动的损失，避免汇率波动对企业的影响；此外，数字贸易企业还可以利用金融衍生工具（如外汇期权和期权组合产品等），既完成外汇保值，又从汇率变动中获利，从而提高企业对冲外汇风险的灵活性。

2. 完善跨境支付清算系统

跨境支付清算系统是跨国或跨境金融机构的资金清算通道，目前全球居主导地位的是以美元为主要载体的 SWIFT 系统。完善的跨境支付清算系统可以有效降低汇率波动风险，解决清算效率低、统计监测难度大、清算渠道复杂、境外风险传导快等问题，支持数字贸易企业在境内进行银行卡清算，推动系统内使用同一种货币进行交易，从而有效解决支付结算中的汇率风险。

3. 使用人民币交易

人民币跨境支付系统（CIPS）是专司人民币跨境支付清算业务的批发类支付系统，旨在进一步整合现有人民币跨境支付结算渠道和资源，提高跨境清算效率，满足各主要时区的人民币业务发展需要，提高交易的安全性，构建公平的市场竞争环境。人民币跨境支付系统建成后，全国支付系统运行平稳，社会资金交易规模不断扩大，支付业务量稳步增长。有条件的企业可以逐步应用该系统、使用人民币进行交易，以降低汇率波动的风险。

2022 年 6 月，中国人民银行印发的《关于支持外贸新业态跨境人民币结算的通知》通过完善跨境电商等外贸新业态跨境人民币业务相关政策，并将支付机构跨境业务办理范围由货物贸易、服务贸易拓宽至经常项下，加大了对外贸新业态的支持力度。

4. 利用海外仓

利用海外仓加快物流速度是规避汇率风险的重要途径之一。利用海外仓，数字贸易卖家可以一次性批量申报、运输货物，在销售目的地进行货物的仓储、分拣和派送。相比本国直发货物，海外仓可以提供更快的到货速度、更低的物流成本、更高的产品曝光率和下单率。对于无法承担建立海外仓高额成本的数字贸易企业来说，可以利用第三方物流企业建立并运营的公共海外仓来规避其高额成本。

10.6 数字贸易风险管理

一、数字贸易风险的主要特点和管理方法

1. 当前数字贸易风险的主要特点

（1）政治风险不断升高。

在当前全球政治经济格局的复杂演变下，地缘性矛盾冲突加剧，骚乱、暴力、恐怖活动的发生概率显著提高，数字贸易面临的政治风险升高。同时，2008 年金融危机的影响延续至今，又叠加 2020 年新冠疫情对世界经济的冲击，贸易保护主义抬头和逆全球化思潮泛起。当下，在各国采取积极有效的财政和货币政策以恢复经济的同时，也有部分国家选择采取贸易保护主义手段来维护本国企业利益，挤压外国企业的生存空间，给数字贸易的发展带来了不利影响。

对于数字贸易而言，政治风险的提高体现在：受地缘冲突波及，造成实物资产损失；外国政府采取关税壁垒和非关税壁垒来限制数字贸易进口，如采取进口许可证制度、进口配额制、数据流动壁垒等一系列政策来限制数字贸易产品流动等。

（2）经济走势较不明朗。

从宏观层面来看，全球正处于疫情冲击后的恢复阶段，经济形势仍存在很多不确定性因素。供给冲击、美国货币超发以及大宗商品价格上涨等原因造成的通货膨胀正快速传导至世界各国，给数字贸易活动带来了更多不利影响。从微观层面来看，全球主要经济体抬高基准利率以抑制通胀，制造业中小企业融资成本增加，资金链条收紧，产业链供应链安全隐患突出。虽然近几年数字贸易依托网络技术有较快发展，但经济景气度降低也带动居民消费意愿降低，数字贸易市场或有缩小。

全球经济下行对数字贸易的影响在于：制造业下行，数字贸易产品供应端不稳定性提高；海外居民消费能力下降，消费需求萎缩，数字贸易产品销售额下降。

(3) 知识产权监管收紧。

《与贸易有关的知识产权协定》是WTO规则体系的重要组成部分，旨在通过规则的确立与实施，充分有效地保护国际贸易中的知识产权，防止因对知识产权的无视或侵害而带来的贸易障碍及贸易扭曲。近年来，针对数字贸易的知识产权监管收紧。2019年11月24日中共中央办公厅、国务院办公厅印发的《关于强化知识产权保护的意见》明确提出要研究建立数字贸易知识产权保护规则，2021年7月9日国务院办公厅发布的《关于加快发展外贸新业态新模式的意见》再次明确提出，要研究制定数字贸易知识产权保护指南，引导数字贸易平台防范知识产权风险。

数字贸易侵犯知识产权的后果包括：平台针对违规数字贸易账号限权、删除账号、冻结账户资金；数字贸易企业面临本国、外国法律诉讼。

(4) 汇率不稳定性增加。

美元是国际结算货币，美国的货币政策不仅影响美国当地的经济状况，而且对全球经济产生影响。美联储加息以抑制不断拉升的通货膨胀，对世界各国尤其是新兴市场国家带来了货币贬值压力，当前全球不断涌现的“去美元化”本币结算浪潮正是各国应对多年积累的美元信用透支风险的体现。数字贸易企业应注意各国货币政策变化对进口国与出口国之间的汇率影响，要合理利用汇率变化下的有利条件，并注意避免因汇率波动带来的损失。

(5) 市场竞争逐渐加剧。

数字贸易行业参与者众多，中端、低端数字贸易企业面对的竞争压力进一步加剧。只有建立企业独有的品牌力、渠道力和运营力，数字贸易企业才能建立自身的核心竞争壁垒，在产品同质化背景下实现突围。同时，企业应将视野转向增量市场，在日韩、欧美等海外市场已经得到充分开发的情况下，数字贸易企业也可以尝试在东南亚、非洲、拉丁美洲等尚未饱和的新兴市场开展业务，分散企业市场竞争风险。

2. 数字贸易风险的管理方法

面对政治、经济等多重压力，数字贸易企业应针对当前国际电子商务以及跨境数字贸易的新特点，全面、有效、合理地评估风险，并以此建立准确而符合实际的风险评估机制，推动企业风险防范机制作用的发挥，从而实现企业的健康稳定发展。

数字贸易企业的风险管理应建立在规范自身经营活动的基础上。面向海外的数字贸易企业直接面对多变的国际形势以及复杂的贸易风险，更有必要以严谨的态度对待生产经营过程中可能出现的风险，不断借鉴其他数字贸易企业的成功管理经验，将风险管理结合到企业的经营实际中；充分考虑到经济周期、国际政治局势影响，正确认识国际、国内经济环境，对企业的经营环境、市场形势以及面临的挑战有充分的认识，抓住企业经营的主线，坚定盈利创效的目标，在严峻的外部环境下规避风险、克服挑战；熟悉本国及外国的法律法规、行业要求和风俗习惯，保证企业自身各项业务合法合规，资质文件和许可证件的经营范围和经营期限均在政府允许范围内。

数字贸易企业应增强风险防范意识，提高风险防范能力。有条件的企业可以设立研究部门，针对企业发展方向、主营业务进行政策性研究，制定稳健的企业发展规划；建立内控制度，确定成熟的业务操作模式，实现流程化、专业化、规范化的闭环管理，专设风控部门；关注平台、客户、代理商的资信状况，对其进行评估建档并保持档案更新。

数字贸易企业应在企业内部树立牢固的风险管理意识，加强员工风险防范教育，强化责任落实和制度执行；培养企业上下对于违规违约操作的认识，避免在经营过程中发生偏差；应当注重总结过去失败的经验教训，防范风险再次发生。

二、 数字贸易风险管理系统

1. 数字贸易风险管理系统的定义

数字贸易风险管理系统是数字贸易企业用于处理现实的或者潜在的偶然损失，从而抵御偶然损失所产生的不利效应，降低风险成本的管理系统。

数字贸易风险管理系统的基本组成包含数据库、软件、硬件、人事四部分。其中，数据库是跨境电商风险管理系统的核心，是贮存基本信息的记忆库，企业应谨慎选择需要包含的数据类别以及每种数据类别所应搜集的数量，数据类别的多少以及数据数量取决于数字贸易企业认为其是否能够满足可行决策，并定期修改和检查实际数据。

2. 数字贸易风险管理系统的要求

数字贸易风险管理系统的具体建设及管理要求如下：

(1) 数字贸易企业应将信息技术应用于风险管理的各项工作，建立涵盖风险管理基本流程和内部控制系统各个环节的风险管理信息系统，包括信息的采集、存储、加工、分析、测试、传递、报告、披露等。

(2) 数字贸易企业应采取措施确保向风险管理系统输入的业务数据和风险量化值的一致性、准确性、及时性、可用性和完整性。对输入系统的数据，未经批准不得更改。

（3）数字贸易风险管理系统应能够进行对各种风险的计量和定量分析、定量测试；应能够实时反映风险矩阵和排序频谱、重大风险和重要业务流程的监控状态；应能够对超过风险预警上限的重大风险实施信息报警；应能够满足风险管理内部信息报告制度和企业对外信息披露管理制度的要求。

（4）数字贸易风险管理系统应实现信息在各职能部门、业务单位之间的集成与共享，既能满足单项业务风险管理的要求，也能满足企业整体和跨职能部门、业务单位的风险管理综合要求。

（5）数字贸易企业应确保风险管理系统的稳定运行和安全，并根据实际需要不断进行改进、完善或更新。

（6）已建立或基本建立数字贸易企业管理系统的企业，应补充、调整、更新已有的管理流程和管理程序，建立完善的风险管理系统；尚未建立企业风险管理系统的，应对风险管理与企业各项管理业务流程、管理软件统一规划、统一设计、统一实施、同步运行。

本章小结

本章主要介绍了数字贸易在经营中面临的多种风险，并详细阐释了其中最具代表性的知识产权风险、物流风险、汇率风险的定义、类别以及防范方法，并对数字贸易风险管理方法以及数字贸易风险管理系统加以探讨。

复习与思考

一、单选题

1. 数字贸易政治风险不包含：（　　）。

A. 政策变动风险　　B. 贸易壁垒风险

C. 海关事务风险　　D. 政治动荡风险

2. 下列属于贸易壁垒中的关税壁垒的是：（　　）。

A. 进口许可　　B. 出口许可

C. 进口配额　　D. 关税减让

3. 造成他国主权违约风险的深层次原因是：（　　）。

A. 财政危机　　B. 货币危机

C. 违约成本不高　　D. 经济危机

4. 全球速卖通对于特别显著的侵权行为的处罚不包括：(　　)。

A. 商标权侵权扣 6 分　　B. 关闭用户账号

C. 冻结用户关联国际支付宝账户资金　　D. 冻结用户关联全球速卖通账户资金

5. 居民个人从中国境内和境外取得工资薪金等综合所得，税率为：(　　)。

A. 3%～45%　　B. 5%～35%

C. 3%～35%　　D. 5%～45%

6. 影响一国汇率波动的因素不包含：(　　)。

A. 外汇储备　　B. 利率

C. GDP 同比增速　　D. 通货膨胀率

7. 刷单指的是：(　　)。

A. 通过建立电子商务信用保障体系促进电子商务健康快速发展

B. 通过刷空单完成多笔虚假交易

C. 通过提高关税保护本国产业

D. 通过提供销售渠道得到数字贸易企业返利

8. 数字贸易营销模式不包括：(　　)。

A. 返利模式　　B. 分销模式

C. 佣金推广模式　　D. 逆算佣金模式

9. 下面不属于知识产权的是：(　　)。

A. 商标权　　B. 名誉权　　C. 专利权　　D. 著作权

10. 知识产权不具有：(　　)。

A. 无形性　　B. 地域性　　C. 专有性　　D. 多样性

11. 知识产权风险的类型不包括：(　　)。

A. 海关通关的风险　　B. 生产周期内的风险

C. 销售期内的风险　　D. 研发期内的风险

12. 面对已经发生的知识产权纠纷，作为被诉讼人的数字贸易企业应当：(　　)。

A. 拒绝偿还司法裁决认定的赔偿金

B. 逃避知识产权权利人诉讼

C. 积极应对知识产权纠纷

D. 先行通过亚马逊举报违规行为工具维权

13. 防范汇率风险应当做的行为不包括：(　　)。

A. 进行套期保值　　B. 规避潜在的知识产权纠纷

C. 使用人民币交易　　D. 完善跨境支付系统

14. 数字贸易防范物流风险的方式不包括：(　　)。

A. 使用人民币交易　　B. 利用海外仓

C. 进行套期保值　　D. 完善物流信息系统

15. 数字贸易风险管理系统的基本组成不包含：(　　)。

A. 数据库　　B. 软件　　C. 人事　　D. 附件

二、简答题

1. 数字贸易风险可分为哪几种类型？分别是由什么因素造成的？

2. 数字贸易数据跨境流动风险的含义是什么？当前主要有哪些监管政策？

3. 数字贸易知识产权风险的主要类型都有什么？

4. 数字贸易面对的物流风险都有什么？如何防范物流风险？

5. 数字贸易风险管理系统包含哪几个部分？建立数字贸易风险管理系统的要求有哪些？

参考文献

[1] 刘洪愧，赵文霞，邓曲恒. 数字贸易背景下全球产业链变革的理论分析. 云南社会科学，2022（4）：111－121.

[2] 马述忠，房超，梁银锋. 数字贸易及其时代价值与研究展望. 国际贸易问题，2018（10）：16－30.

[3] 盛斌，高疆. 超越传统贸易：数字贸易的内涵、特征与影响. 国外社会科学，2020（4）：18－32.

[4] 汤扬，武悦，董晓颖. 全球数字贸易规则发展趋势及我国基本对策. 互联网天地，2022（3）：12－17.

[5] 张正荣，杨金东，顾国达. 数字贸易的概念维度、国际规则与商业模式. 经济学家，2021（4）：61－69.

[6] 张夏恒，李豆豆. 数字经济、跨境电商与数字贸易耦合发展研究：兼论区块链技术在三者中的应用. 理论探讨，2020（1）：115－121.

[7] 张宇，蒋殿春. 数字经济下的国际贸易：理论反思与展望. 天津社会科学，2021（3）：84－92.

[8] 肖宇，夏杰长. 数字贸易的全球规则博弈及中国应对. 北京工业大学学报（社会科学版），2021（3）：49－64.

[9] 谢谦，姚博，刘洪愧. 数字贸易政策国际比较、发展趋势及启示. 技术经济，2020（7）：10－17.

[10] 孙玉琴，卫慧妮. “一带一路”背景下中国与中东欧国家开展数字贸易的思考. 国际贸易，2022（1）：76－87.

[11] 刘典. 全球数字贸易的格局演进、发展趋势与中国应对：基于跨境数据流动规制的视角. 学术论坛，2021（1）：95－104.

[12] 周念利，孟克. 美国拜登政府的数字贸易治理政策趋向及我国应对策略. 太平洋学报，2021（10）：55－63.

[13] 国家互联网信息办公室发布《数字中国发展报告（2021 年）》. 中华人民共和国国家互联网信息办公室网站，2022－08－02.

[13] 前瞻：《2022 年数字贸易发展研究报告》（全文）. 网经社，2022－06－08.

[14] UNCTAD. Digital Economy Report 2021. https：//unctad.org/page/

digital-economy-report-2021，2021-09-29.

[15] 徐金海，夏杰长. 全球价值链视角的数字贸易发展：战略定位与中国路径. 改革，2020（5）：58-67.

[16] 陈伟光，钟列炀. 全球数字经济治理：要素构成、机制分析与难点突破. 国际经济评论，2022（2）：60-87.

[17] 袁航，朱承亮. 数字基础设施建设加速中国产业结构转型升级了吗?：基于“宽带中国”战略的准自然实验. 经济问题探索，2022（10）：118-133.

[18] 李国龙，朱沛华. 信息基础设施建设提高了企业ESG表现吗?. 金融与经济，2022（9）：52-61.

[19] 祝志勇，刘畅畅. 数字基础设施对城乡收入差距的影响及其门槛效应. 华南农业大学学报（社会科学版），2022（5）：126-140.

[20] 范合君，吴婷. 新型数字基础设施、数字化能力与全要素生产率. 经济与管理研究，2022（1）：3-22.

[21] 范红忠，范乐怡，宋颜希. 网络基础设施建设与城市创新：基于“宽带中国”试点政策的准自然实验. 产经评论，2022（4）：52-67.

[22] 孟宏玮，赵华平，张所地. 信息基础设施建设与区域数字化创业活跃度. 中南财经政法大学学报，2022（4）：145-160.

[23] 钞小静，薛志欣，孙艺鸣. 新型数字基础设施如何影响对外贸易升级：来自中国地级及以上城市的经验证据. 经济科学，2020（3）：46-59.

[24] 袁航，夏杰长. 数字基础设施建设对中国服务业结构升级的影响研究. 经济纵横，2022（6）：85-95.

[25] 王梦颖，丛聪，张诚. 数字基础设施与服务出口复杂度：基于新兴服务贸易领域的实证研究. 当代财经，2022（9）：113-123.

[26] 李琬，张国胜. 跨越“数字鸿沟”的数字基础设施建设供给政策研究. 当代经济管理，2022（11）：24-30.

[27] 解梅娟. 数字产品贸易及其发展策略分析. 商业时代，2009（35）：37-38.

[28] 王岚. 数字贸易壁垒的内涵、测度与国际治理. 国际经贸探索，2021（11）：85-100.

[29] 齐俊妍，强华俊. 数字服务贸易限制措施影响服务出口了吗?：基于数字化服务行业的实证分析. 世界经济研究，2021（9）：37-52.

[30] 伊万·沙拉法诺夫，白树强. WTO视角下数字产品贸易合作机制研

究：基于数字贸易发展现状及壁垒研究. 国际贸易问题，2018 (2)：149－163.

[31] 彭德雷，张子琳. 数字时代金融数据跨境流动的风险与规制研究. 国际商务研究，2022 (1)：14－25.

[32] 黄现清. 数字贸易背景下我国数据跨境流动监管规则的构建路径. 西南金融，2021 (8)：74－84.

[33] 聚焦数据本地化和数据跨境流动. 中国信息安全，2021 (5)：72.

[34] 刘文杰. 美欧数据跨境流动的规则博弈及走向. 国际问题研究，2022 (6)：65－78.

[35] 宋瑞琛，冯纯纯. 中美数据跨境流动的国际法规制及中国的因应. 国际贸易，2022 (7)：89－95.

[36] 王伟玲. 数据跨境流动系统性风险：成因、发展与监管. 国际贸易，2022 (7)：72－77.

[37] 陈雨，王玫黎. 中国数据跨境流动规则与 CPTPP 的对接研究. 国际贸易，2022 (4)：20－29.

[38] 陆捷. 物联网下的智慧物流探讨. 中国物流与采购，2023 (3)：92－93.

[39] 朱养鹏，曹双. 中国智慧物流发展研究综述. 中国储运，2023 (1)：191－192.

[40] 王继祥. 中国智慧物流五大新发展理念. 中国工业和信息化，2023 (1)：12－13，15－21.

[41] 杨志华. 基于大数据的智慧物流应用模式分析. 物流工程与管理，2022 (1)：38－40.

[42] 肖雄，李泽建. 智慧物流在跨境电商海外仓中的应用机制及发展策略. 物流科技，2020 (9)：73－76.

[43] 刘春生. 跨境电商实务. 北京：中国人民大学出版社，2022.

[44] 周子衡. 数字经济发展三阶段：数字支付、数字法币与数字财政. 清华金融评论，2018 (4)：63－64.

[45] 查贵勇. 跨境电商主要经营及合规风险解析（上）. 中国海关，2021 (11)：60－61.

[46] 查贵勇. 跨境电商主要经营及合规风险解析（下）. 中国海关，2021 (12)：60－61.

[47] 孙秀英. 跨境电商背景下物流网络风险管理研究. 大连：大连理工大学，2018.

图书在版编目（CIP）数据

数字贸易 / 刘春生主编. -- 北京 : 中国人民大学出版社，2023.7

普通高等学校应用型教材 . 国际贸易

ISBN 978-7-300-31806-6

Ⅰ.①数… Ⅱ.①刘… Ⅲ.①国际贸易－电子商务－高等学校－教材 Ⅳ.①F740.4-39

中国国家版本馆 CIP 数据核字（2023）第 109536 号

普通高等学校应用型教材・国际贸易

数字贸易

刘春生　主　编

Shuzi Maoyi

出版发行	中国人民大学出版社		
社　　址	北京中关村大街 31 号	**邮政编码**	100080
电　　话	010－62511242（总编室）		010－62511770（质管部）
	010－82501766（邮购部）		010－62514148（门市部）
	010－62515195（发行公司）		010－62515275（盗版举报）
网　　址	http://www.crup.com.cn		
经　　销	新华书店		
印　　刷	天津中印联印务有限公司		
开　　本	787 mm×1092 mm　1/16	**版　　次**	2023 年 7 月第 1 版
印　　张	16.75 插页 1	**印　　次**	2025 年 1 月第 3 次印刷
字　　数	294 000	**定　　价**	46.00 元

教学支持说明

1. 教辅资源获取方式

为秉承中国人民大学出版社对教材类产品一贯的教学支持，我们将向采纳本书作为教材的教师免费提供丰富的教辅资源。您可直接到中国人民大学出版社官网的教师服务中心注册下载——http://www.crup.com.cn/Teacher。

如遇到注册、搜索等技术问题，可咨询网页右下角在线 QQ 客服，周一到周五工作时间有专人负责处理。

注册成为我社教师会员后，您可长期根据您所属的课程类别申请纸质样书、电子样书和教辅资源，自行完成免费下载。您也可登录我社官网的"教师服务中心"，我们经常举办赠送纸质样书、赠送电子样书、线上直播、资源下载、全国各专业培训及会议信息共享等网上教材进校园活动，期待您的积极参与！

2. 高校教师可加入下述学科教师 QQ 交流群，获取更多教学服务

经济类教师交流群：809471792

财政金融教师交流群：766895628

国际贸易教师交流群：162921240

税收教师交流群：119667851

3. 购书联系方式

网上书店咨询电话：010－82501766

邮购咨询电话：010－62515351

团购咨询电话：010－62513136

中国人民大学出版社经济分社

地址：北京市海淀区中关村大街甲 59 号文化大厦 1506 室　100872

电话：010－62513572　010－62515803

传真：010－62514775

E-mail：jjfs@crup.com.cn